Trauma und Blockaden im Coaching

Alexander Riechers · Radim Ress

Trauma und Blockaden im Coaching

Modelle, ihre Anwendung und Fallbeispiele

Alexander Riechers
München
Deutschland
www.anima-vitalis.com

Radim Ress
Prag
Tschechische Republik
www.anima-vitalis.com

ISBN 978-3-658-08781-4　　　　ISBN 978-3-658-08782-1
DOI 10.1007/978-3-658-08782-1

Die Deutsche Nationalbibliothek verzeichnet diese Publikation in der Deutschen Nationalbibliografie; detaillierte bibliografische Daten sind im Internet über http://dnb.d-nb.de abrufbar.

Springer
© Springer Fachmedien Wiesbaden 2015
Das Werk einschließlich aller seiner Teile ist urheberrechtlich geschützt. Jede Verwertung, die nicht ausdrücklich vom Urheberrechtsgesetz zugelassen ist, bedarf der vorherigen Zustimmung des Verlags. Das gilt insbesondere für Vervielfältigungen, Bearbeitungen, Übersetzungen, Mikroverfilmungen und die Einspeicherung und Verarbeitung in elektronischen Systemen.
Die Wiedergabe von Gebrauchsnamen, Handelsnamen, Warenbezeichnungen usw. in diesem Werk berechtigt auch ohne besondere Kennzeichnung nicht zu der Annahme, dass solche Namen im Sinne der Warenzeichen- und Markenschutz-Gesetzgebung als frei zu betrachten wären und daher von jedermann benutzt werden dürften.
Der Verlag, die Autoren und die Herausgeber gehen davon aus, dass die Angaben und Informationen in diesem Werk zum Zeitpunkt der Veröffentlichung vollständig und korrekt sind. Weder der Verlag noch die Autoren oder die Herausgeber übernehmen, ausdrücklich oder implizit, Gewähr für den Inhalt des Werkes, etwaige Fehler oder Äußerungen.

Lektorat: Dr. Lisa Bender

Gedruckt auf säurefreiem und chlorfrei gebleichtem Papier

Springer Fachmedien Wiesbaden ist Teil der Fachverlagsgruppe Springer Science+Business Media
(www.springer.com)

Inhaltsverzeichnis

1	**Einleitung**	1
1.1	Traumaarbeit im Coaching	1
1.2	Trauma als Existenzielle Grenzerfahrung	10
1.3	Wie kann man die Seele erfahren?	14
1.4	Traumaarbeit als Weg der Selbsterkenntnis	18
2	**Seelische Spaltungen und ihre Folgen**	21
2.1	Die ideale seelische Einheit gibt es nicht	21
2.2	Die Geburt als erste Existenzielle Grenzerfahrung	22
2.3	Seelische Spaltung	23
2.4	Gesunde Qualitäten	26
	2.4.1 Die vitale Kraft der Instinkte	26
	2.4.2 Die Beziehungsebene als Grundlage gesunder Qualitäten	27
	2.4.3 Gesunde Qualitäten als gesundes Potenzial	27
2.5	Ebenen der Spaltung	28
	2.5.1 Eine Einheit – Körper, Geist und Seele	28
	2.5.2 Spaltung auf Ebene des Weichgewebes	29
	2.5.3 Spaltung in den Gehirnzentren	31
	2.5.4 Der gewichtige Satz als unbewusstes Leitmotiv	34
	2.5.5 Kompensatorische Qualitäten des Geistes	36
2.6	Die gespaltene Seele und ihre Dynamiken	38
	2.6.1 Wiederholungszwang als Heilungsversuch	38
	2.6.2 Die Zugkraft des unbewussten Willens	41
	2.6.3 Störung hat Vorrang – der Weichensteller im Unbewussten	42
	2.6.4 „Weg von" Bewegung	44
	2.6.5 Projektionen und Defizite	46

	2.6.6 Das Rad der Projektionen	47
	2.6.7 Widerstand – oder die Zwecklogik des Verdrängens	49
	2.6.8 Täter- und Opferdynamik	50
2.7	Generationsübergreifende Tragweite Existenzieller Grenzerfahrungen	54
	2.7.1 Traumaverkettung im Familiensystem	54
	2.7.2 Erb- und Zwangsschicksal	55
	2.7.3 COEX – System of condensed experience	56
	2.7.4 Transgenerationale Existenzielle Grenzerfahrungen (TEG)	58
	2.7.5 Traumaursachen im Familiensystem	59
	2.7.6 Die Instanz des transgenerationalen Verdrängens	62
	2.7.7 COEX am Beispiel der Weltkriege	62
	2.7.8 Die drei Ordnungen der Überlebensstrukturen	66
2.8	Die Grenzen des Bewusstseins – Das Bojen-Gleichnis	67
2.9	Hologramm – Impulserhaltung im System	70
3	**Tragweite der Existenziellen Grenzerfahrung im Business**	**73**
3.1	Drei Ebenen von Trauma und Folgen	73
3.2	Seelisches Unterscheidungsvermögen im Coaching	75
3.3	Tragweite der Traumafolgen	78
	3.3.1 Tragweite im privaten Umfeld	78
	3.3.2 Tragweite im beruflichen Umfeld	79
3.4	Widerstand und seine Tragweite im Business	80
3.5	Rolle und Identität als Führungspersönlichkeit	85
3.6	Die Kreativität des Einzelnen	86
3.7	Das Ersticken von Kreativität im Unternehmen – ein typisiertes Szenario	88
4	**Traumaarbeit für eine stabile Mitte im Berufsumfeld**	**93**
4.1	Traumaarbeit als Erkenntnisweg	93
4.2	Genese des gesunden Ich	94
4.3	Traumaarbeit ist Ressourcenarbeit	97
4.4	Herauslösung aus dem Erb- und Zwangsschicksal	99
4.5	Neue Qualitäten einer Führungskultur	104
	4.5.1 Authentizität und Charisma als Frucht bewusster Identität	104
	4.5.2 Objektivität und Realitätsbezogenheit	105

    4.5.3   Unterscheidungsvermögen als Schutz gegen
             Manipulation 107
    4.5.4   Gesunder Machteinsatz 108
4.6   Coaching konkret – Bewegung hat Vorrang 109

5 Methoden 113

5.1   Methoden und ihr Zusammenwirken 113
5.2   Körperarbeit 117
5.3   EMI – Eye Movement Integration 120
    5.3.1   EMI – Grundlagen 120
    5.3.2   EMI im Rahmen der Trauma-Aufstellungsarbeit 122
5.4   Körperorientierte Trauma-Aufstellungsarbeit 124
    5.4.1   Grundlagen der körperorientierten
             Trauma-Aufstellungsarbeit 124
    5.4.2   Phänomenologische Vorgehensweise 125
    5.4.3   Denkart bestimmt Wahrnehmung 126
    5.4.4   Ursprungskontext 128
    5.4.5   Intervention 128
    5.4.6   Doppelfokus 129
    5.4.7   Disidentifikation 129
    5.4.8   Exkurs: Organisationsaufstellungen als Instrument im
             Management 131
5.5   Voice Dialogue 132
    5.5.1   Die Inneren Personen 133
    5.5.2   Voice Dialogue als Differenzierungsmethode 135
    5.5.3   Die Kunst des dialogischen Miteinanders 135
    5.5.4   Widerstände im Voice Dialogue 136
    5.5.5   Das Wesen des dialogischen Miteinanders 137
    5.5.6   Das Sichtbarwerden der unbewussten Haupttendenzen
             der Inneren Personen 138
    5.5.7   Voice Dialogue als die moderne Coaching-Methode 138
5.6   Pontifex oppositorum als Induktion gesunder Qualitäten 140

6 Praktische Hinweise für die Traumaarbeit 143

6.1   Kunden für die Traumaarbeit gewinnen 143
    6.1.1   Würdigung der Überlebensanteile 143
    6.1.2   Der Vorrang des Überlebens-Ich 144
    6.1.3   Den Heilungsimpuls der traumatisierten
             Seele aufnehmen 145

		6.1.4 Das Thema Traumaarbeit offen präsentieren 146

      6.1.4   Das Thema Traumaarbeit offen präsentieren 146
      6.1.5   Den Nutzen der Arbeit klar kommunizieren 147
      6.1.6   Zehn Praxis-Punkte für die Traumaarbeit 148
  6.2   Pro und Contra Traumaarbeit 149
  6.3   Verantwortung und Nachbetreuung 151

7 Fallbeispiele 153
  7.1   Fallbeispiel: „Es fehlt der rote Faden" 153
  7.2   Fallbeispiel: „Es ist alles viel zu leicht!" 157
  7.3   Fallbeispiel: „Des lieben Friedens willen" 159
  7.4   Fallbeispiel: „Klarheit vor Harmonie" 161
  7.5   Fallbeispiel: „Ich bin auch da!" 163
  7.6   Fallbeispiel: „Kein eiskalter Stein werden" 167
  7.7   Fallbeispiel: „Ich habe keinen Bock auf Vertrieb" 170
  7.8   Fallbeispiel: „Mein Unwille" 174
  7.9   Fallbeispiel: „Den höheren Dingen verpflichtet" 176
  7.10 Fallbeispiel: „Keine Sexualität in der Ehe" 179

8 Begriffsverzeichnis 183

Literatur 187

Prolog – Das dürfen Sie in diesem Buch erwarten

Das vorliegende Buch „Trauma und Blockaden im Coaching" wird das mittlerweile weit verbreitete Coaching durch die körperorientierte Traumaarbeit entscheidend erweitern. Ob im beruflichen Umfeld oder bei privaten Themen, der Grundgedanke dieser nötigen Ergänzung ist folgender:

Die meisten Menschen verdanken ihren Erfolg oder ihr Überleben in widrigen Umständen einem teilweise geradezu ungeheuren inneren Antrieb. Es mag paradox erscheinen, aber häufig sind gerade Stärke, Macht und Erfolg an Schwäche, Ohnmacht und Mangel gekoppelt, und das verbindende Element sind traumatische Erfahrungen eines Individuums oder seines gesamten Familiensystems. Durch Traumata findet in der Seele eine Spaltung statt, und die gespaltene Seele schützt sich gegen erneute Verletzungen, indem sie – im Unbewussten, im Nervensystem, aber auch im Körper, und zwar in der Muskulatur – eine Art Panzerschutz aufbaut. Dieser bildet später die Grundlage für Durchsetzungsvermögen, Ausdauer, Härte, Stärke, etc. – all jene Qualitäten, die für den beruflichen Erfolg und das weitere Vorankommen im Leben ausschlaggebend sind. Das Traumatische bleibt jedoch im Körper und im Unbewussten gespeichert, von wo aus es mit der Zeit zur größten Einschränkung von Vitalität und Lebensfreude werden kann. Die Folgethemen dieser Einschränkung zeigen sich als Symptome unterschiedlicher Ausprägung mit denen auch Coaches konfrontiert werden. Coaching, das mit der Persönlichkeit des Klienten arbeitet, kann schnell eine Tiefe erreichen, in der kaum ein Weg an den Traumastrukturen eines Menschen vorbeiführt.

Das vorliegende Buch ist als Einübung in eine neue Sicht- und Denkweise konzipiert, und zwar auf die Entstehung und das Wirken unserer Persönlichkeit im privaten und professionellen Umfeld. Das, was als Eigenschaften und Charakterzüge, als Stärken und Schwächen einer Person erscheint, entpuppt sich bei näherer Untersuchung durch die Traumaarbeit in den meisten Fällen als Folge erlebter Traumata, die im Unbewussten wirken. Das ständige und machtvolle Wirken des Unbewussten fordert von uns auch, unser Wesen und unsere Vorstellung von Autonomie mit völlig neuen Augen zu sehen. Die Bereitschaft, sich forschend mit der Tiefe und Weite der eigenen Seele auseinanderzusetzen, ist die notwendige Haltung, um sich dem vorgestellten und für die weitere berufliche wie private Entwicklung höchst relevanten Thema zu nähern. Wer eine schnell und leicht zu handhabende Gebrauchsanweisung mit „Tipps und Tricks" erwartet, kann allerdings enttäuscht werden. Man sollte das vorliegende Buch eher im Lichte dessen betrachten, wie C.G. Jung seinen Prozess der Thesenformulierung knapp beschrieben hat:

> Es handelt sich nicht um ein ausgeklügeltes Gedankensystem, sondern um die Formulierung psychischer Erlebniskomplexe, welche noch nie Gegenstand einer wissenschaftlichen Betrachtungsweise waren. (Jung 1990, S. 8)

Da die Traumaarbeit im Wesentlichen auf das Wirken der Seele im Unbewussten abzielt, das anderen Gesetzmäßigkeiten folgt als der bewusste Verstand, mögen manche der verwendeten Begriffe, die diese Gesetzmäßigkeiten spiegeln, sowie auch die Denkart zunächst befremdlich erscheinen. Wir empfehlen daher, sich vor und während der Lektüre, mit dem Begriffsverzeichnis am Ende des Werkes vertraut zu machen. Die Denkart, die sich durch die Klärung der Begriffe und Modelle erschließt, bestimmt in entscheidendem Maße die Wahrnehmung. Die realen Fallbeispiele am Ende des Buches werden ein Gefühl für das Wesen der Traumaarbeit vermitteln und bieten sich selbst ohne explizite Methodenkenntnis jederzeit zum Lesen an. Die erwähnte Begriffsklärung sollte als Vorbereitung dafür genügen.

An dieser Stelle wollen wir auch zwei Personen danken, die uns bei der Fertigstellung des Buches besonders behilflich gewesen sind. Dank gebührt dem tschechischen Graphiker Tomáš Červenka und dem deutschen Lektor Klaus Skarabis.

München und Prag, im April 2015

Einleitung

1.1 Traumaarbeit im Coaching

Panta rhei – Alles fließt. Heraklit von Ephesos

Wenn der Philosoph Heraklit davon spricht, dass wir nicht zweimal in den gleichen Fluss steigen können, dann können uns seine Worte an die Kontinuität und Dynamik der Veränderung erinnern. Der Fluss des Lebens bringt immer wieder neue wie altbekannte Situationen hervor, denen wir uns im privaten oder beruflichen Alltag stellen müssen. Wirtschaftliche, technische und soziale Veränderungen, genauso wie Krisen und Schicksalsschläge geben unserem Umfeld zu jeder Zeit ein neues Gesicht und fordern neue Reaktionen. Besonders in der Wirtschaft sind Führungskräfte und Mitarbeiter in Folge von Globalisierung und hoher Arbeitsverdichtung mehr denn je gefordert. Um sich in diesem Fluss nicht als Getriebener zu verlieren oder gar unterzugehen, braucht ein Mensch Stabilität und Festigkeit. Im gleichen Moment muss er aber auch anpassungsfähig bleiben, um flexibel auf die einströmenden Situationen reagieren zu können. Damit verläuft das Leben grundsätzlich innerhalb dieser Polarität zwischen Stabilität und Flexibilität.

Entwicklungsansatz – die stabile Mitte
Ein Mensch, der sich selber nicht verliert, braucht daher eine stabile Mitte, in der er als Persönlichkeit ruhen und in innerer Balance dem externen Druck der Umwelt standhalten kann. Diese in sich ruhende Mitte ist gleichzeitig auch beweglich und empfänglich für Impulse von Mitmenschen und kann diese zu ihrer stetigen Erneuerung und Fortentwicklung nutzen. Besonders im beruflichen Umfeld gehö-

ren Kritik- und Innovationsfähigkeit zu den Schlüsselqualifikationen erfolgreicher Führungskultur.

Die Mehrzahl der Anliegen, mit denen wir als Coaches konfrontiert sind, können auf eine Blockade oder eine wesentliche Unausgewogenheit innerhalb des erwähnten Spannungsfeldes zwischen Stabilität und Flexibilität zurückgeführt werden. Im Coaching geht es daher weniger um die sachlich richtige Antwort, sondern um die Auseinandersetzung mit den Ursachen, die diese Unausgewogenheit erzeugt haben. Wir erkennen sie an ihren Symptomen, wenn Manager nicht mehr zur Ruhe kommen, wenn der Strom sie ständig an- oder vorantreibt. Sie wird offensichtlich, wenn der lebendige Kommunikationsfluss in der Familie zum Erliegen kommt und der Austausch mit dem Partner nicht mehr gut gelingt. Die Unausgewogenheit offenbart sich, wenn Entscheidungen nicht mehr getroffen werden können oder grenzenlose Flexibilität gefordert oder gezeigt wird, und schließlich auch dann, wenn der Innovationsfluss in einer Firma ins Stocken gerät. Nicht selten manifestiert sich diese fehlende Balance auf der körperlichen Ebene, wenn der Organismus mit chronischen Symptomen im wahrsten Sinne des Wortes die Beweglichkeit einschränkt.

Dies sind Hinweise auf die beeinträchtigte Funktion einer Mitte, der immer häufiger nachhaltige Antworten auf den adäquaten Umgang mit dem Spannungsfeld von Stabilität und Flexibilität fehlen. Die handelnde Person mag zwar äußerlich ihr Leben noch im Griff haben, zahlt dafür jedoch einen hohen Preis, weil sich ihre vitale Kraft in vielen Dingen aufzehrt. Dies geht häufig mit dem Gefühl einher, sich selbst im Weg zu stehen, und zwar unabhängig davon, was man auch immer oder wie intensiv man etwas dagegen unternimmt. Dieses Gefühl verstärkt sich sogar, da die funktionierenden Mechanismen und Verhaltensweisen der Vergangenheit offensichtlich nicht mehr greifen. Die Devise „mehr vom Gleichen" wirkt sich dann unter Umständen sogar kontraproduktiv aus und wird zur größten Bremse für den beruflichen Erfolg und das weitere Leben. Das sich verändernde Unternehmen oder die neue Lebenssituation bringen den Menschen an seine Grenzen.

Die Grenzen des Bewusstseins
Der Klient, der sich für ein Coaching entschieden hat, ist auf der Suche nach einer Lösung für ein Anliegen, das ihn im Alltag belastet. Diverse Vorgänge und Situationen spiegeln ihm die Stellen in seiner Persönlichkeit, für die noch keine Lösung gefunden wurde oder die nun Widerstand und Unwillen auslösen. Doch die Suche nach einer Lösung impliziert und zeigt bereits das, was ungelöst ist, was sich also nicht in Bewegung, sondern in Erstarrung befindet, genauso wie das, was Unruhe, Verwirrung und Chaos stiftet. Im Idealfall will der Klient soweit sein, dass er ganz in seiner Mitte ruhen kann, ohne Blockade und vielmehr im Fluss – und dies im wahrsten Sinne des Wortes. Diese Form der (Auf-)Lösung stellt eine gänz-

lich andere Herausforderung dar als das Finden einer richtigen fachlichen Antwort oder das Trainieren von Fähigkeiten. Es geht grundsätzlich um den Einsatz und die Steuerung der Persönlichkeit im Spannungsfeld zwischen Flexibilität und Stabilität. Die Frage stellt sich, was oder wer die Persönlichkeit steuert und sie drängt sich auf, denn obwohl wir die Symptome und unseren Anteil daran oftmals klar erkennen, reichen Logik, Einsicht und Wille – die wesentlichen Aspekte unseres Ich-Bewusstseins – dennoch oftmals nicht aus, um eine nachhaltige Änderung herbeizuführen. Es gibt einfach, und das zeigt uns die Erfahrung, der jeweiligen Situation angemessene oder gar erforderliche Haltungen sowie Verhaltensweisen, die wir nicht mehr vertreten, ausführen oder einnehmen können, selbst wenn es die Ratio oder der gesunde Menschenverstand und dessen Reflexion von uns fordern. Der Umstand, dass es uns meist weder an Intelligenz, noch an Willen oder Erfahrung mangelt, weist uns auf der Suche nach einer Erklärung umso deutlicher auf eine andere leitende Instanz hin: das Unbewusste. In Fällen offensichtlichen Unvermögens, eine gewollte Änderung herbeizuführen, sind die Ressourcen des Bewusstseins offensichtlich erschöpft, und es wäre weder praktikabel noch nachhaltig, in dieser Situation weiterhin nur auf der Ebene des Bewusstseins eine Lösung zu suchen. An diesem Punkt muss der Begleiter des Klienten die ganze Seele und ihre unbewussten Schichten erreichen, die offenbar einen anderen Plan verfolgen und nach anderen Maßgaben agieren, als es das Bewusstsein verlangen würde. Doch wie lässt sich das Unbewusste greifen und erfassen?

Coaching und das Unbewusste

In der Erforschung des Unbewussten erkannte C.G. Jung schon vor langer Zeit:

> Furcht und Widerstand sind die Wegweiser, die an der via regia zum Unbewussten stehen. (C.G. Jung 2000, S. 195)

Wir begegnen dem Unbewussten demnach häufig dort, wo wir Furcht spüren, also das aktive innere Erleben von Angst, und zwar meist ohne dass äußere Anlässe dafür sprechen würden. Es regen sich in uns Widerstände, etwas zu tun oder zu unterlassen, obwohl der Verstand und die Reaktion unserer Umgebung uns eine andere Wegweisung gibt. Auch plötzliche Gemütsveränderungen wie das Kippen der Stimmung von einem Moment zum anderen geben uns einen Hinweis, dass in uns noch andere Instanzen über die Bewertung der Realität mitentscheiden, und es scheint so etwas wie einen zweiten oder gar mehrere Herren im Hause zu geben. Durch die Einbeziehung des Unbewussten müssen wir von der reinen Intentionalität, also der Idee des ausschließlich vernünftigen Menschen, Abstand nehmen und das Unbewusste fragend untersuchen. Es ist für den Entwicklungsprozess entscheidend, differenzieren zu können, mit welchen Anteilen seiner Persönlichkeit die

Führungskraft gerade arbeitet, d. h. welche Anteile in Wahrheit auf dem Chefsessel sitzen und die Geschicke der Firma lenken.

Da das Unbewusste eine so starke Wirkung auf die Geschicke eines Menschen hat, tun wir gut daran, die Ursachen nicht mit den Folgen zu verwechseln. Unbewusste Ursachen können nur auf der Ebene des Unbewussten selbst behoben werden, mit dem Bewusstsein lassen sie sich definitiv nicht erschließen. Dies ist auch der Grund, warum Methoden, die auf der Ebene des Bewusstseins arbeiten, in Bezug auf die Weiterentwicklung der Persönlichkeit so wenig Nachhaltigkeit zeigen. Der Grund ist einfach: Sie erreichen nicht den Kern, sondern beschäftigen sich nur mit der Korrektur der Folgen, die jener Persönlichkeitskern in seiner beruflichen oder privaten Umwelt bewirkt. Friedrich Nietzsche bringt es in seinem Werk „Götzendämmerung" in allgemeiner aber unmissverständlicher Form zum Ausdruck:

> Es gibt keinen gefährlicheren Irrtum, als die Folge mit der Ursache zu verwechseln.

Auf die Praxis bezogen heißt dies beispielsweise, dass mangelnde Empathie nicht nur mit Verhaltenslehre oder Kommunikationstrainings korrigiert werden kann. Ihre Quelle ist vielmehr ein nicht ausreichendes Empfinden für die eigene psychische Realität, und deshalb muss hier eben auch mit dem Anteil gearbeitet werden, der den Zugang zum Fühlen verhindert, aber unbewusst ist. Auch mangelndes Vertrauen in andere Kollegen oder Mitarbeiter kann nicht allein mit Team-Buildings oder allgemeinen Vertrauen stiftenden Maßnahmen korrigiert werden. Vielmehr muss vorrangig mit der unbewussten Quelle des Misstrauens gearbeitet werden, genauso wie mit dem Schmerz, der Enttäuschung und der Angst, die dieses Misstrauen hervorgerufen haben. Denn ob wir wollen oder nicht, die Menschen und die Umwelt reagieren auf unsere unbewussten Haltungen, Ängste und Befürchtungen. Erst wenn diese innere Hemmung bearbeitet worden ist, kann sich dauerhaft echtes Vertrauen im Außen aufbauen. Diese hohe Zielsetzung ist unseres Erachtens aber mit den gewöhnlichen Coachingmitteln nicht zu erreichen.

Trauma als neue Via Regia ins Unbewusste
Für die Tiefenpsychologen, allen voran Sigmund Freud, führte der Königsweg ins Unbewusste über den Traum und seine Symbole. Die aktuelle Traumaarbeit geht dagegen einen methodisch klareren Weg. Sie „stolpert" dabei nicht über Freud'sche Versprecher, Träume und ihre Deutung sondern gelangt über die neue Via Regia ins Unbewusste, über das Trauma als Existenzielle Grenzerfahrung.

Traumatische Erfahrungen sind keine exklusiven oder gar pathologischen Sonderkategorien menschlicher Prägung, sondern Existenzielle Grenzerfahrungen, die über die seelischen Kräfte eines Menschen und insbesondere die eines Kindes hinausgehen und sie überfordern. Dabei gehören Existenzielle Grenzerfahrungen

1.1 Traumaarbeit im Coaching

als Phänomene der Endlichkeit und Verletzlichkeit allerdings eher zur Regel als zur Ausnahme des menschlichen Daseins. Ganz allgemein gesagt spaltet sich die gesunde Seele in Folge einer Existenziellen Grenzerfahrung in drei Teile:

- Es verbleibt zwar ein gesunder, allerdings nun reduzierter Anteil, daneben bestehen
- ein Überlebensanteil, der vor künftiger Traumatisierung schützen soll sowie
- ein traumatisierter und gleichzeitig verdrängter Anteil (Ruppert 2010, S. 30 f.).

Diese seelische Spaltung ist an sich nichts Pathologisches, sondern ein von der Natur vorgesehener, allerdings völlig unbewusst und autonom ablaufender Schutzmechanismus, wenngleich die Folgen der Spaltung unter Umständen aber auch pathologische Formen annehmen können. Ursache und Folge dürfen auch hier nicht verwechselt werden.

Unter diesem Blickwinkel betrachtet bekommen die Qualitäten, die einem Menschen zum Erfolg verholfen haben, wie z. B. Zielstrebigkeit, erfolgreiche Manipulation, Härte, Ausdauer, Unnahbarkeit, Unnachgiebigkeit, große Belastbarkeit oder grenzenlose Flexibilität eine völlig andere Bedeutung. Und wenn wir uns die individuellen Entstehungsgeschichten der ursprünglichen Erfolgsfaktoren anschauen, zeigt sich, dass sie von Anfang an eine zweifache Funktion hatten: Sie dienten einerseits dazu, die Person vor seelischer Verwundung zu schützen, andererseits aber auch dazu, sich an das jeweilige Umfeld so anzupassen, dass sie darin erfolgreich bestehen kann. Diese schützenden Qualitäten sind also unzertrennlich mit alledem verbunden, wovor ein Kind oder ein junger Erwachsener geschützt werden sollte: vor Zerbrechlichkeit, Ohnmacht, Schwäche, Angst etc., also vor Gefahren, denen ein Mensch jederzeit existenziell ausgesetzt sein kann und häufig auch ausgesetzt ist. Anders ausgedrückt: Der Schutz bleibt stets mit seinem seelischen Ursprung verbunden, und diese Verbindung besteht deshalb weiter, weil die ursprüngliche traumatische Erfahrung der Bedrohung der Seele ins Unbewusste verdrängt wurde, von wo sie aber dennoch weiter wirkt.

In den Überlebensstrukturen befinden sich tatsächliche Qualitäten, die unter anderem durch das Verdrängen von Kindheitserfahrungen, Schicksalsschlägen oder tiefgreifenden Ängsten entstanden sind. Durch die erfolgreiche Überwindung Existenzieller Grenzerfahrungen sind sie auch im späteren (Berufs-)Leben ein Garant für den Erfolg. Allerdings muss der Schutz ständig gewährleistet bleiben und darf keinesfalls in Frage gestellt werden, weil man sich sonst dem traumatischen Schmerz erneut stellen müsste. Dadurch entsteht nun aber ein zwanghafter Charakter, und es bildet sich eine Art Abwehrpanzer aus. Auch deshalb ist die Bereitschaft, Defizite im (Führungs-)Verhalten auf ein Trauma zurückzuführen, bei den meisten Menschen zunächst nicht vorhanden. Vielmehr reagieren die Menschen

– hinter der Maske der Unverletzlichkeit – mit hohem Widerstand. Es wird bagatellisiert, rationalisiert, ausgewichen oder auch die Kompetenz des Coaches in Frage gestellt. An dieser Stelle braucht der Coach geeignete Mittel, um den Klienten zu erreichen, um dann die Blockade doch lösen zu können. Von ihnen wird im weiteren Verlauf die Rede sein.

Ansprache und Führung der Seele im Coaching-Prozess
Um die seelischen Spaltungen und ihre Auswirkungen auf das Streben und Erleben eines Menschen erfassen und aufheben zu können, bedarf es daher zu allererst der Einsicht in die Existenz der Seele. Wenn wir uns die moderne Literatur anschauen, wird rasch klar, dass die Coaches und psychologischen Berater die Seele und das Unbewusste weitestgehend aus ihren Programmen und Methoden ausgesperrt haben. Fröhlichs Wörterbuch der Psychologie beschreibt dies in einem bezeichnenden Satz so: „Offen bleibt die Frage, ob ein durch seine Metaphorik interessanter, ansonsten aber unoperationalisierbarer Begriff wie S.[eele] in der Psychologie verwendet werden sollte, nur weil er in der griechischen Fassung dem ganzen Fach den Namen gegeben hat." (Fröhlich 2005, S. 430 f.)

In Bezug auf die Seele verhält es sich jedoch nicht anders als in der zwischenmenschlichen Kommunikation. Ohne direkte Ansprache können wir keinen echten Kontakt aufnehmen, nicht mit dem anderen Menschen und nicht mit seiner Seele. Ist aber die Seele weder als Begriff noch als erfahrbare Realität im Coaching-Prozess vorhanden, kann ihre Ansprache und Führung nicht gelingen.

> Wenn die Seele nicht vom Anfang an dabei ist, wird sie nicht am Ende auftauchen. (Hillman 1997, S. 48)

Systemik der Seele
Ohne Einbeziehung der Seele, die ja für das Persönlichste schlechthin steht, gelingt keine ausreichende Tiefe in der Arbeit, die für nachhaltige Veränderungen zu einer ausgeglichenen Mitte hin aber notwendig ist. Das Unbewusste selber ist dabei das Tor, das wir durchschreiten, um die Seele zu finden (vgl. Hilmann 1969, S. 53) – in der Traumaarbeit ganz konkret in Form der unbewussten seelischen Spaltungen. Der in diesem Buch vorgestellte Coaching-Ansatz soll das Bewusstsein für die Realität, Macht und Kraft des Unbewussten schärfen, um die seelischen Ursachen von ihren Folgen unterscheiden zu können. Wollen wir wirklich ernst machen mit nachhaltiger Entwicklung unserer Persönlichkeit, müssen wir also direkt im Unbewussten ansetzen und mit ihm arbeiten. Da es im Unbewussten keine Unterscheidung zwischen privaten und beruflichen Themen gibt, zeigt sich zudem, wie künstlich die Trennung zwischen Business- und Personal-Coaching ist. Abbildung 1.1

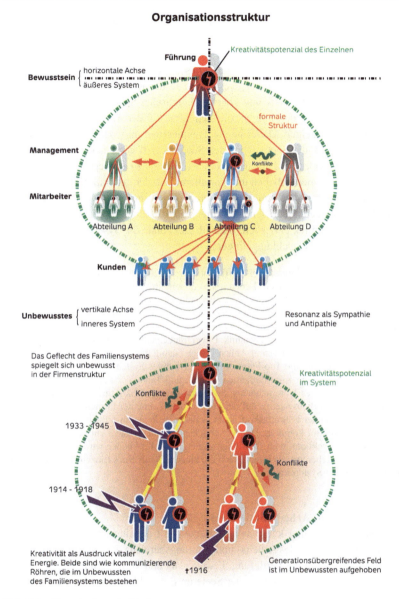

Abb. 1.1 „Organisationsstruktur"

zeigt, wie unser unbewusstes inneres System (vertikale Achse) und die Systeme, in denen wir bewusst leben und arbeiten (horizontale Achse) eine untrennbare systemische Einheit bilden. Sie stehen in einer Wechselwirkung und formen und bestimmen so das Wesen des Einzelnen. Dieses Wesen wirkt in der Führungskraft auf die gesamte Firmenstruktur, wenn auch in der Regel völlig unbewusst. Die Traumaarbeit setzt die Tiefe und Tragweite seelischer Spaltung in Bezug zum Familiensystem und zu den Folgen, die sich daraus in der Arbeitswelt und anderen Lebensbereichen zeigen. Daher ist die Traumaarbeit im Coaching auch eine umfassende Systemik der Seele. Ohne den Seelenbegriff wäre es kaum möglich, ein zusammenhängendes Bild des menschlichen Lebens zu entwerfen. Die Tragweite und Dynamik der persönlichen und vor allem auch der generationsübergreifenden Existenziellen Grenzerfahrungen und deren Folgen im Leben des Einzelnen würden ohne einen Seelenbegriff in zusammenhanglose Einzelsymptome zerfallen, die sich dem Gesamtblick entziehen. Deshalb kann ohne die Systemik der Seele kein wirklich effektives Coaching gelingen.

Abb. Organisationsstruktur: Der Begriff systemisch steht für die Grundauffassung, nach der sich der Einzelne in seinem Leben immer innerhalb von Systemen bewegt, ob nun in seinem inneren System oder in Systemen der äußeren Welt. Zu den Systemen der äußeren Welt gehören Herkunftsfamilie, Partnerbeziehungen, Arbeitsbeziehungen oder Firmenorganisationen. Das innere System eines Menschen, besteht aus weitestgehend unbewussten Teilpersönlichkeiten und deren Dynamik. Dabei trägt eine Person immer auch die unbewussten Konflikte und Traumata ihrer Ahnen in sich (familiäres Unbewusstes). Als Spitze der Organisation überträgt die Top-Führungskraft ihr inneres System ebenfalls unbewusst auf die Firmenstruktur. Die Konfliktthemen, Regeln und Tabus der Führungskraft werden so zum Resonanzfeld des Unternehmens. So setzen sich Konflikte und Themen der vertikalen Ebene des Familiensystems, auf der horizontalen Ebene der Firmenstruktur fort. Ohne Traumaintegration der Führungskraft kann es daher zu keinem nachhaltigen Wandel in der Organisationsstruktur kommen. Das Kreativitätspotenzial ist dabei ein von der Seele nicht zu trennender Aspekt der in ihr fließenden vitalen Kraft. Ihr Fließen wird in Folge der seelischen Spaltung gehemmt. So nimmt auch die kreative Kraft eines Einzelnen oder eines mit ihm verbundenen Systems ab.

Traumaarbeit ist Arbeit mit der Seele
Traumaarbeit ist daher keine neue Variante des Coachings, sondern eine grundlegende Erweiterung des Arbeits- und Wirkungsbereichs des Coaching. In diesem Rahmen geht es um die Vertiefung, Erweiterung und Verfeinerung von Methoden, die der Ansprache und Führung der Seele im Entwicklungsprozess dienen. Durch

1.1 Traumaarbeit im Coaching

sie soll es gelingen, die gesamte Tragweite und Tiefe seelischen Strebens und Erlebens in einem Modell zu erfassen, um sie dann nachhaltig zu verändern.

Während die geistigen Bedingtheiten und Prozesse des Unbewussten lange nicht klar waren, bietet nun das Modell der seelischen Spaltung Zugangspunkte, die die menschliche Widersprüchlichkeit, inneren Zwänge und schicksalhaften Verbindungen in einen verständlichen Sinnzusammenhang setzen können. Sie erklären die unerschöpfliche Gesamtheit der Seele zwar nicht, bieten aber Hinweise auf die Grundstrukturen des durchaus komplexen seelischen Aufbaus, wie wir ihn vorher noch nicht kannten. Erst unter Heranziehung der Traumadynamiken erkennen wir, warum das Unbewusste so immense Auswirkungen auf unsere psychische Realität und unser alltägliches Handeln hat, und zwar sowohl im Privatleben als auch im beruflichen Alltag.

Zudem gewinnen wir durch die Traumaarbeit einen methodisch klar beschreibbaren Weg in das Unbewusste. Was vorher als diffuses seelisches Leiden, Blockade oder unerklärlicher Widerstand beschrieben worden ist, kann nun mit innovativen Methoden gezielt als abgespaltener seelischer Inhalt im Unbewussten identifiziert und dann wieder in das Bewusste Ich integriert werden. Dadurch finden Symptome, also alles das, was in der Welt sichtbar wird oder ausbleibt, wieder mit ihren unbewussten Ursachen zusammen.

Integrativer Ansatz

Die Methoden der Traumaarbeit erheben den Anspruch, alle Daseinsbereiche menschlicher Existenz untersuchen und unterscheidend spiegeln zu können. Sie ermöglichen es, die unterschiedlichen Instanzen und Kräfte des Bewusstseins und des Unbewussten voneinander abzugrenzen. Gleichzeitig sollten wir uns aber auch nicht in der unübersichtlichen Komplexität der Systemik der Seele verlieren, sondern lernen, mit ihr umzugehen. So gesehen, geht es um eine *„komplexitätserhaltende Komplexitätsreduktion"* (Helm Stierlin). Da jede Methode in sich selbst begrenzt ist und nur einen Teilaspekt seelischer Realität erfassen kann, verfolgen wir hier einen integrativen Ansatz. Das Ziel des integrativen Ansatzes wurde sehr treffend bereits von Norbert Elias formuliert: *„Auf dem gegenwärtigen Stand der [...] Theorie-Entwicklung ist die Verzahnung der Teilaspekte der Persönlichkeitsentwicklung eines Menschen noch nicht recht klar. Die biologischen, die psychologischen und die soziologischen Aspekte dieser Entwicklung sind Gegenstand verschiedener, getrennt arbeitender Fächer. Die Fachleute stellen sie dementsprechend gewöhnlich als getrennt existierend vor. Die eigentliche Forschungsaufgabe ist dagegen die Erfassung und Erklärung der Verzahnung und Verwobenheit dieser*

Aspekte im Prozeß und deren symbolische Repräsentation in einem theoretischen Modell." (Elias 2001, S. 249)

Die in diesem Buch vorgestellten Methoden und ihr Zusammenwirken führen zur Integration abgespaltener Anteile nach einer Existenziellen Grenzerfahrung. Sie setzen an am Körper, am autonomen Nervensystem, an den Gehirnstrukturen, dem bewussten Denken sowie dem unbewussten Erleben. Dabei richtet sich die Arbeit nach dem dialektischen Prinzip: Aus dem zwanghaften Überlebensanteil und dem verdrängten Trauma-Anteil entsteht durch die Traumaarbeit etwas Drittes, Neues, nämlich das gesunde und bewusste Ich als Pontifex oppositorum. *„Was alle Gegensatzpaare der Seele – wie ein mächtiges Rad mit vielen Achsen – an seinen Polen trägt: das ist Dein Ich, der Pontifex oppositorum, der Brückenbauer aller Gegensätzlichkeiten."* (Szondi 1977, S. 81)

An dieser Stelle schließt sich der Kreis und wir erkennen, wie uns die Traumaarbeit im Coaching helfen kann, eine verbindende Mitte zwischen Stabilität und Flexibilität zu schaffen. Die Tragweite der Seele ist enorm, auch die ihrer Spaltungen. Traumaarbeit bietet einen Weg aus der Enge festgefahrener Rationalität, seelischen wie körperlichen Widerstands sowie aus dem Gefangensein in destruktiven Verhaltensmustern. Sie ist ein praktikabler Zugang zur Seele, und dabei kann die Methode klar beschrieben und angewandt werden. Ihr Anspruch ist es, praktische Methoden der Arbeit mit dem Unbewussten zu liefern, die sich allerdings in praktischen Ergebnissen bestätigen müssen (vgl. Jung 1986, S. 29). Ziele sind dabei Resultate, die aufgrund ihrer Tiefe nachhaltig wirken und dadurch dem Menschen zu mehr Sinnhaftigkeit, Autonomie und vital fließender Energie führen.

1.2 Trauma als Existenzielle Grenzerfahrung

Der Begriff Trauma umfasst nach unserem Verständnis alle Erscheinungen im menschlichen Dasein, die als Folge der Aufspaltung (Dissoziation) in der Psyche auftreten. Aufspaltung, als Überlebensstrategie der Psyche, geschieht automatisch immer dann, wenn die Bewältigung einer Situation über die Kräfte des Menschen im Allgemeinen und die eines Kindes im Speziellen hinausgeht. Trauma bedeutet im griechischen „Wunde" und so hinterlässt es auch im Bereich des Psychischen Wunden, die sich in seelischen Spaltungen im Leben manifestieren.

Der Traumabegriff wird heutzutage weitestgehend in den Bereich der klinischen Psychologie gerückt, wo er primär als emotionale Ursache von psychischen Störungen eingeordnet wird (Fröhlich 2005, S. 486). Insofern wird Trauma meist mit Gewalttaten, Unfällen, Kriegshandlungen und anderen starken psychischen

1.2 Trauma als Existenzielle Grenzerfahrung

Erschütterungen in Verbindung gebracht, nach deren Auftreten Menschen erhebliche psychische wie körperliche Symptome aufweisen. Zur besseren Orientierung könnten wir diese Formen traumatischer Erlebnisse auch unter dem Begriff „sichtbare und offensichtliche Traumata" zusammenfassen.

Es entsteht jedoch zunehmend das Bewusstsein und die Gewissheit, dass auch „das stille, weniger sichtbare Trauma" ebenso ursächlich für seelische Wunden sein kann. Neben zahlreichen Bedrohungen von außen, in Kriegen, Naturkatastrophen, unmenschlichen Verhältnissen und Schicksalsschlägen (z. B. Unterdrückungen und Vertreibungen), sind es vor allem die Reize, Handlungen und Unterlassungen der „erwachsenen" Welt, die für die Seele des Kindes meist ungewollt wie ein Orkan oder eine Flutwelle wirken. Dabei ist eine aktive Verwahrlosung schon viel zu viel an offensichtlicher Intensität. Es kann bereits über die psychischen Kräfte eines (neugeborenen) Kindes hinausgehen, wenn es für wenige Stunden von der Mutter getrennt wird, sich die Eltern (auch ohne Streit) trennen, wenn Liebe, Zuneigung und Geborgenheit nicht ausreichend vorhanden sind, wenn das Kind Unterstützung braucht und sie nicht oder nicht rechtzeitig bekommt, wenn Leistungs- und Erwartungsdruck unerträglich werden oder wenn stille Ablehnung den Wert der Existenz in Frage stellt. Diese Beispiele zeigen, dass selbst wenn unsere Eltern nur mit besten Absichten handeln, wir eigentlich doch fast alle Situationen der seelischen Überlastung zu irgendeinem Zeitpunkt im Leben ausgesetzt sind. Denn viele Situationen und Ereignisse passieren einfach, sind unkontrollierbar, und das Leben wirft uns in sie hinein.

Endlichkeit, Begrenztheit und damit auch Verletzlichkeit sind die Eckpfeiler menschlich-körperlicher Existenz. Die Erfahrung an die existenzielle Grenze, an den Bereich zwischen Leben und Tod oder auch an das zu gehen, was eigentlich nicht auszuhalten ist, kennzeichnet die unmittelbarste Erfahrung des Lebens selbst. Aus diesem Grund fällt ein Trauma unserer Auffassung nach in den Bereich der Existenziellen Grenzerfahrungen. Durch diese Betrachtung wird uns viel deutlicher bewusst, wie zutiefst menschlich traumatische Erfahrungen sind. Sie werfen uns auf den Boden unserer existenziellen Bedürfnisse zurück, es wird unser Wesenskern berührt, und wir sind damit immer auch mit unserem und dem Daseinsgrund verbunden. Vor allem in der Phase unserer absoluten Abhängigkeit als Neugeborener wie auch in Verbindung mit dem spezifischen Erleben der ständigen Bedürftigkeit eines Kindes wird uns klar: Das Auftreten Existenzieller Grenzerfahrungen stellt im Leben jedes Menschen eher die Regel als die Ausnahme dar. Insofern verlässt hier der Trauma-Begriff definitiv die künstlich eng gehaltene Bedeutung, die ihm im klinischen Bereich gegeben wird.

Die Existenzielle Grenzerfahrung impliziert naturgemäß auch, dass wir die Situation überstanden haben, und häufig erfahren wir übrigens erst darin das Geschenk des Lebens, sei es während und nach der Geburt, nach einer überstandenen Krankheit, nach einem überlebten Unfall oder vielen Entbehrungen, also immer dann, wenn wir unsere Ziele nach hartem Kampf doch erreicht haben.

Allerdings machen wir gelegentlich auch genau die gegenteilige Erfahrung, wenn wir nicht spüren, dass wir das Leben haben, sondern dass das Leben uns hat, und dann bleiben wir unter Umständen gedemütigt, geschlagen, ungeliebt oder einfach nur leer zurück. Das Leben ist dann kein Geschenk mehr, sondern eher eine Bürde, und manche Menschen wünschen sich dann sogar, sie wären nie geboren worden. Der einzige Weg, wenn der Suizid ausscheidet, besteht dann darin, das Leben auf ein erträgliches Maß quasi einzufrieren, wodurch es allemal berechenbarer wird und mit weniger Schmerzen zu ertragen ist.

Die Traumaarbeit dagegen versteht sich als eine „Bewegung zum Leben hin." Ihr Ziel ist es, genau an solchen Existenziellen Grenzerfahrungen zu arbeiten, durch die wir im Leben Gefangene geworden sind. Dazu kann es durch eigene biographische Ereignisse oder aber auch durch das destruktive Fortwirken der Taten und Untaten unserer Ahnen gekommen sein. Abbildung 1.2 „Trauma-Baum" zeigt die Zusammenhänge zwischen möglichen Ursachen und ihren Auswirkungen in acht wesentlichen Lebensbereichen. Das Thema Existenzielle Grenzerfahrung geht jeden etwas an, weil es höchst essenziell zum Leben gehört, und Traumaarbeit als methodische Auseinandersetzung mit diesen Grenzerfahrungen kann daher für jeden zu einer Hinbewegung zum Leben werden und sogar seine Wiederentdeckung bedeuten.

Der Trauma-Baum steht symbolhaft für die Verbindung der bewussten und unbewussten Anteile der Seele eines Menschen. Eine Existenzielle Grenzerfahrung, sei sie biografisch oder transgenerational, wirkt sich ursächlich auf das gesamte innere System eines Menschen aus. Sein Seinsgrund, also seine Wurzel, ist davon im Unbewussten erfasst und geformt. Da Wurzel und Krone nicht getrennt voneinander existieren können, steht das Sichtbare immer in Verbindung mit dem Unsichtbaren. Während wir die Wurzel selber nicht sehen, geben uns die sichtbaren und spürbaren Lebensbereiche (z.B. Grundstimmung) also einen Hinweis darauf, was sich in der Tiefe verbirgt. Die Tiefe des Unbewussten ist Ursache für die Folgen an der Oberfläche – dieser Ebenen-Unterschied ist für die Traumaarbeit essenziell.

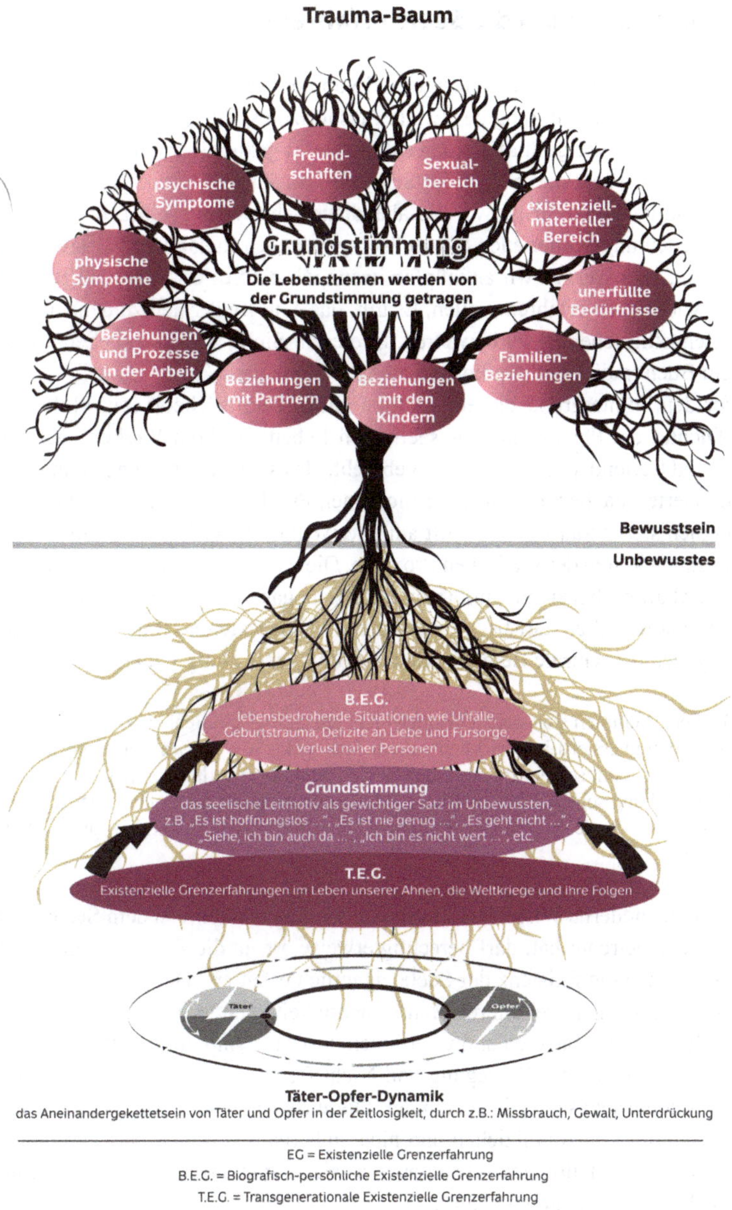

1.2 Trauma als Existenzielle Grenzerfahrung

Trauma-Baum

- psychische Symptome
- Freundschaften
- Sexualbereich
- existenziell-materieller Bereich
- physische Symptome
- **Grundstimmung** – Die Lebensthemen werden von der Grundstimmung getragen
- unerfüllte Bedürfnisse
- Beziehungen und Prozesse in der Arbeit
- Beziehungen mit Partnern
- Beziehungen mit den Kindern
- Familien-Beziehungen

Bewusstsein

Unbewusstes

B.E.G.
lebensbedrohliche Situationen wie Unfälle, Geburtstrauma, Defizite an Liebe und Fürsorge, Verlust naher Personen

Grundstimmung
das seelische Leitmotiv als gewichtiger Satz im Unbewussten, z.B. „Es ist hoffnungslos …", „Es ist nie genug …", „Es geht nicht …" „Siehe, ich bin auch da …", „Ich bin es nicht wert …", etc.

T.E.G.
Existenzielle Grenzerfahrungen im Leben unserer Ahnen, die Weltkriege und ihre Folgen

Täter — Opfer

Täter-Opfer-Dynamik
das Aneinandergekettetsein von Täter und Opfer in der Zeitlosigkeit, durch z.B.: Missbrauch, Gewalt, Unterdrückung

---

EG = Existenzielle Grenzerfahrung
B.E.G. = Biografisch-persönliche Existenzielle Grenzerfahrung
T.E.G. = Transgenerationale Existenzielle Grenzerfahrung

Abb. 1.2 „Trauma-Baum"

1.3 Wie kann man die Seele erfahren?

Wenn wir in diesem Buch weitestgehend von der Seele sprechen, entspricht dies einer gewollten Erweiterung des Erfahrungshorizonts, die auch später konsequent mit Methoden weitergeführt werden soll. Seele ist geknüpft an ihre Erfahrung und dem Leser wird sich dies Schritt für Schritt im Buch erschließen. Der Begriff Seele, der zumindest so alt ist wie die abendländische Kultur selbst, umschließt in seiner Bedeutung immer auch die seelisch-geistige Grundlage und Tragweite dieser Kultur. Hier werden wir anknüpfen, wenn wir die Seele weiter denken und sie immer wieder neu erfahren wollen. Es gilt, das Alte wieder neu zu denken, um es so gleichzeitig lebendig zu bewahren. In diesem Sinne ist die Vorgehensweise in diesem Buch traditionell, im konservativsten Sinne des Wortes.

Vor dem Hintergrund dieser Tradition haben bereits Theologen, Philosophen und Dichter die Phänomene des seelischen Lebens in ihren Werken häufig viel klarer und treffender zum Ausdruck gebracht, als es die heutigen engen und (auch) komplizierten Fachbegriffe aus der modernen Psychologie vermögen. Die letzteren eignen sich paradoxerweise oft am allerwenigsten zur Veranschaulichung der Gesetzmäßigkeiten der seelischen Prozesse. Die Psychologie als eine der „jüngsten Wissenschaften" bezeichnet mit ihren Begriffen, ganz nach dem Muster der Naturwissenschaften, eher statistisch erfassbare Detailaspekte und Randerscheinungen, wohingegen ihr zentrale Begriffe wie Geist und Seele völlig fehlen.

> Die Seele kümmert sich wahrscheinlich nicht um unsere Wirklichkeitskategorien. Für sie scheint in erster Linie wirklich zu sein, was wirkt. Wer die Seele erforschen will, darf sie nicht mit seinem Bewusstsein verwechseln, sonst verhüllt er den Gegenstand der Forschung seinem eigenen Blicke. Man muss im Gegenteil noch entdecken wie verschieden die Seele vom Bewusstsein ist, um sie erkennen zu können. (Jung 2000, S. 47)

Da sich die moderne Wissenschaft seit einigen Jahrzehnten von dem Seelenbegriff weitgehend getrennt hat, darf berechtigterweise erneut die Frage gestellt werden: Wie kann man die Existenz der Seele eigentlich erfahren? Denn selbst wenn man die Seele in der Tragweite ihrer Mehrschichtigkeit kaum erfassen kann, ist sie zugleich leicht zu beobachten und zu erfassen. Wo das Symptom ist, ist auch die Seele. Die Phänomene der Bewegung und Nicht-Bewegung der Seele sind ebenfalls als Symptome anzusehen, ja noch mehr: Diese Bewegungen sind das Leben selbst, da sie sich im Leben vollziehen und nicht außerhalb von ihm. Das Symptom der Seele als Manifestation des Verborgenen ist sichtbar und weist auf das Unsichtbare hin (vgl. Abb. 1.2 Trauma-Baum).

1.3 Wie kann man die Seele erfahren?

Die Seele zeigt sich in den Dingen (in rebus)
Seele selber entspricht damit einer allgemeinen, zeitlosen und nicht sinnlich wahrnehmbaren Idee, ähnlich wie die Begriffe „Gut" und „Böse" oder „Gerechtigkeit". Die Philosophen nennen sie daher auch Universalien. Wenn man eine Universalie wie die Seele überhaupt beobachten oder wahrnehmen kann, dann aufgrund ihrer Erscheinungen in den Dingen (universalia in rebus). Dieses philosophische Konzept der Erkenntnis symbolhafter Strukturen, das im Wesentlichen auf Peter Abälard (1079–1142) zurückgeht, kann uns auch heute noch helfen, die Seele zu erfassen.

Die Seele zeigt sich demnach in den Dingen, und zwar konkret in den zehn Lebensbereichen eines stets konkreten Menschen wie es Abb. 1.3 zeigt. Wenn die Seele für unser individuelles Leben steht, dann können wir sie daran erkennen, wie wir mit unserer Lebensenergie und Lebenskraft konkret umgehen. Wir können die Seele zwar selbst dabei nicht konkret erfassen, aber wir können sehr wohl durch einfaches Beobachten sehen, wie sie in unserem Leben wirkt. Kommen wir an unser Ziel oder treten wir auf der Stelle? Wie und in welche Ziele investieren wir unsere Lebensenergie? Was bekommen wir in welcher Form dafür zurück? Was unterlassen wir oder welchen Themen gehen wir aus dem Weg?

Wir brauchen für dieses Beobachten und Erleben weder eine dichterische Vorstellungskraft noch genauso wenig einen Glauben an die Seele. Als Voraussetzung ist aber ein lebhaftes Interesse am Leben vonnöten, das sich im Beobachten von Symptomen, sowie der Fähigkeit die Dinge bis zum Ende denken zu können und zu wollen zeigt.

Denn wenn wir unsere Seele so beobachten, fragen wir auch immer: „Und was hat das mit mir zu tun?" Ohne den Begriff Seele fiele es uns nicht ein, das Beobachtete in umfassendere Zusammenhänge mit uns selbst zu bringen.

Bewegung und Nicht-Bewegung der Seele
Allein durch die Beobachtung, in welchen Bahnen sich unsere Lebensenergie bewegt, bekommen wir viel von der eigenen Seelenbewegung mit. Unsere Lebensenergie ist unsere vitale Kraft (élan vital), die im besten Fall frei fließen kann, d. h. ohne Hindernisse und Blockaden. Die vitale Kraft und die Seele sind ohne einander nicht denkbar. Die lateinische Fassung dieser Verbindung „anima vitalis" steht für die untrennbare Einheit von vitaler Kraft und der Seele als ihrem Träger und Beweger. Eine existenziell bedrohende Grenzerfahrung schlägt sich jedoch, soviel können wir hier bereits sagen, in Körper, Nervensystem und den Gehirnstrukturen in Form einer Erstarrung nieder. Da Körper und Seele ebenfalls eine Einheit bilden, können wir die spezifische (Nicht-)Seelenbewegung auch an diesem eingefrorenen, das heißt fehlenden élan vital erkennen. Es sind konkret drei Arten von

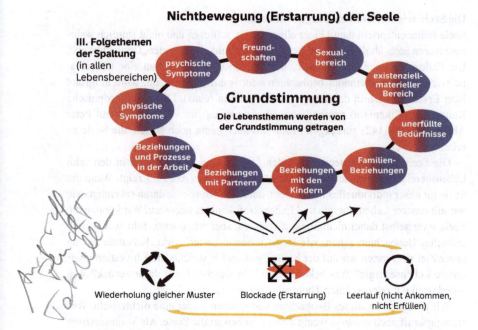

Das, was sich im Leben als Muster wiederholt: in Liebe, Partnerwahl, Beruf, Freundschaft, Krankheit und Tod (nach Leopold Szondi). Es handelt sich um das, was sich in den Wiederholungen reinszeniert, oder als Zufälle, Unfälle, die auf uns aus der Außenwelt zukommen.

Die schwer fassbaren Muster dessen, was wiederholend ausbleibt, nicht geschieht, einfach nicht in Erfüllung kommt. Das sich kontinuierlich wiederholende Unerfülltsein ist nicht Nichts, sondern ein Ereignis. Es ist das Aktuellste im Aktuellen.

Diese Wiederholungsmuster sind auch ein Symptom und Ausdruck des Sich-im-Kreise-Drehens. Diese Bewegung kann sehr intensiv sein, sogar das Einzige, was man wahrnimmt und wo man seine ganze vitale Energie einsetzt, doch ist es nur eine Scheinbewegung, da man sich im Kreise dreht.

Die andere, abgewandte Seite dieser Scheinbewegung ist die Erstarrung, die Leere, das Unerfülltsein. Da beide Phänomene als Traumafolgen aneinander gekoppelt sind, treten sie auch gemeinsam auf. Der Betreffende merkt diesen Zusammenhang kaum. Statt dessen sucht er eher die ausbleibende Erfüllung durch die Intensivierung der Scheinbewegung auszugleichen. So entsteht auch das Angetriebensein.

Abb. 1.3 Nichtbewegung (Erstarrung) der Seele

1.3 Wie kann man die Seele erfahren?

b) Nicht-Bewegung: Stehenbleiben, Kreisen oder Wiederholen der gleichen unabgeschlossenen Bewegung (Nicht-Ankommen).
Wenn wir im Leben an einer Stelle dauerhaft stehen bleiben und nicht mehr weiter wissen oder nicht mehr weiter wollen, dann ist dies in erster Linie eine Reaktion unserer Seele auf ein bedeutsames Ereignis. Wenn wir ein Muster ständig wiederholen, das nicht zufriedenstellend, sondern manchmal sogar destruktiv ist, bewegen wir uns in einer engen unabgeschlossenen Lebensbewegung, die nicht ohne Grund Symbolcharakter für unsere Entwicklungsgeschichte hat. Und wenn wir trotz erheblichen aber vergeblichen Strebens nie dort ankommen, wo es uns doch hinzieht, dann lässt dies unmissverständlich auf tiefere Ursachen unseres seelischen Lebens schließen, die einer Erfüllung noch keinen Raum geben. Denn auch das, was andauernd ausbleibt, ist streng genommen ein Ereignis – ein Zeugnis der seelischen Nicht-Bewegung.

> Was sich entzieht, versagt die Ankunft. Allein – das Sichentziehende ist nicht nichts. Entzug ist Ereignis. Was sich entzieht, kann sogar den Menschen wesentlicher angehen und in Anspruch nehmen als alles Anwesende, das ihn trifft und betrifft. (Heidegger 1992, S. 9)

Wenn wir uns mit diesem so geschulten Blick systematisch den zehn Lebensbereichen (siehe Abb. 1.3) widmen, entsteht aus vorher zusammenhangslosen Einzelelementen ein Bild seelischer Zusammenhänge. Nach und nach können wir anhand der Bewegungen die Haupttendenzen im Leben erkennen, die sich fast wie von selbst für das schauende Auge herauskristallisieren. Das heißt nicht, dass wir schon alles verstehen, vielmehr werden am Anfang eher noch weitere Fragen aufkommen, da wir die unbestreitbaren Tendenzen zu sehen beginnen, ohne deren Ursachen im Unbewussten gleich erkennen zu können. Dafür bedarf es diverser Methoden der Arbeit mit dem Unbewussten, die allerdings erst der zweite Schritt der Arbeit sein können.

Die Bewegungen der Familienseele
Das, was wir auf individueller Ebene uns systematisch durch einfaches Schauen und Beobachten erschließen können, dürfen und sollten wir natürlich auch im Kontext unserer Familie fortsetzen. Es handelt sich um das Erfassen von Daten aus dem Familiensystem: Biographische Daten, häufig auftretende Krankheiten und alle Formen von Schicksalsschlägen. Diese Arbeit ähnelt der Erstellung eines Stammbaums, unterscheidet sich aber darin, dass außer Daten auch Geschichten von oder über unsere Vorfahren, Vermutungen und Andeutungen durchaus von Interesse sein können. Auch Lücken sind häufig ein bedeutender Hinweis auf

etwas, was nicht publik werden sollte. Diese Arbeit kann – obwohl stellenweise ausgesprochen schwierig – Züge eines großen Abenteuers annehmen, in dem es zunehmend um uns selbst geht. In dem Maße, in dem wir Bezüge zwischen den Lebensbewegungen und Schicksalsmustern der Ahnen herzustellen oder auch nur zu ahnen beginnen, wird diese Arbeit zur äußeren und inneren Entdeckungsreise. Das Bild wird diverse Zusammenhänge aufweisen und das Unterscheidungsvermögen für die eigenen Bewegungen der Seele sich differenzierter gestalten.

Die Seele in den Träumen
Ein ebenfalls praktikables Mittel, die Seele zu erfahren, besteht darin, die Träume niederzuschreiben, auch ohne sie gleich zu deuten. Das Aufschreiben der Träume als Spiegelung seelischer Bewegungen und verborgener Themen, die eben nicht aus dem Bewusstsein entspringen, wird das Unbewusste anregen, und dadurch gewinnt der Austausch zwischen Bewusstem und Unbewusstem an Stärke und Umfang. *„Der Traum ist selbst ein Symbol; das heißt, er vereint in sich selbst das Bewusste und das Unbewusste, indem er Gegensätze und Unvereinbares zusammenbringt."* (Hilmann 1969, S. 61) In der Dokumentation dieser geträumten Bilder erfahren wir mehr über unsere seelischen Bewegungen und Themen, die die Seele berühren oder gar in Aufruhr bringen. Diese Themen können ein Startpunkt der Traumaarbeit sein.

Spätestens hier wird ersichtlich, dass weder besondere Fähigkeiten noch spezifisches Wissen oder eine Ausbildung vonnöten sind, um die Existenz der Seele zu erkennen. Es bedarf lediglich ernsthaften Interesses am eigenen Leben, das sich im Schauen, Beobachten und systematischen Herstellen von Bezügen äußert. Dieses Interesse zeigt sich auch darin, in welcher Tiefe wir bereit sind, uns mit dem eigenem Leben auseinanderzusetzen. Erst später kommt dann die Methodologie als Rahmen der vertieften Auseinandersetzung mit den bewussten und unbewussten Inhalten hinzu.

1.4 Traumaarbeit als Weg der Selbsterkenntnis

Wir werden von Kunden wie von Kollegen immer wieder gefragt, ob die Traumaarbeit nicht den Rahmen des Coaching sprengen würde. Diese Bedenken scheinen ebenfalls aus der zu engen Definition des Trauma-Begriffs herzurühren. Die Traumaarbeit geht ihrem Wesen und ihrer Methode nach zwar weit über den Rahmen des klassischen Coachings hinaus, aber dies allein noch kein Grund zu der Auffassung, sie bewege sich im klinischen oder gar pathologischen Bereich.

1.4 Traumaarbeit als Weg der Selbsterkenntnis

Wenn wir uns noch einmal vergegenwärtigen, dass Trauma eine Existenzielle Grenzerfahrung ist, die aufgrund ihrer Tiefe und Tragweite die seelische Grundlage eines Menschen oder eines ganzen Familiensystems bildet, so erkennen wir, dass sie elementarer Bestandteil eines Lebens ist und deshalb nicht pathologisch sein kann. Im Rahmen der Verarbeitung Existenzieller Grenzerfahrungen entstehen Überlebensstrukturen, die dazu führen, dass das Leben trotzdem weiter gehen kann. Wir können sagen, dass wir es hierbei mit der Überlebensstruktur der Natur an sich zu tun haben. Indem sie derart eng mit dem der menschlichen Existenz an sich verbunden sind, prägen sie auch wie keine andere Struktur den Persönlichkeitskern eines Menschen.

In der Auseinandersetzung mit dem seelischen Grund unserer Persönlichkeit beschreiten wir mit der Traumaarbeit den Weg der Selbsterkenntnis. C.G. Jung hat ganz bewusst das Selbst vom Ich unterschieden, da das Ich als Begriff nicht mehr ausreicht, um das zu beschreiben, was als Ergebnis der Bewusstwerdung verdrängter seelischer Strukturen entstehen kann. Dies ist für Jung ein Prozess, den er Individuation nannte. Genau dies strebt die Traumaarbeit kontinuierlich an, so dass wir nach der Integration unserer unbewussten Trauma- und Überlebensanteile zur Erfahrung des Selbst und des einfachen Soseins gelangen (vgl. Jung 2000, S. 65).

Wir vertreten die Auffassung von einem ganzheitlichen Coaching-Ansatz, und zwar als dem Spiegeln dessen, was das Wesen des Lebens ausmacht. Wenn wir wirklich an unserem Leben interessiert sind und die Verantwortung dafür nicht aus den Händen geben wollen, können wir an der Existenziellen Grenzerfahrung und ihren Folgen nicht vorbeigehen, sondern müssen uns mit ihnen beschäftigen. Obwohl Existenzielle Grenzerfahrungen im Leben allgegenwärtig sind, muss dennoch zunächst die Wahrnehmung ihrer Existenz geschult werden. Dann allerdings kann ihre Allgegenwart in allen Lebensbereichen kaum mehr übersehen werden. Die konkrete Wahrnehmung ist allerdings an spezifische Methoden gebunden, die in der Tat im klassischen Coaching kaum bekannt sind.

Der erste Schritt, sich auf die Traumaarbeit einzulassen, besteht in der Bereitschaft für das innere Abenteuer auf dem Weg zum Selbst. Es ist ein Abenteuer, da wir die Welt des Unbewussten erforschen. Diese Welt erscheint uns vorerst so, als ob sie sich nicht an die Regeln der Logik, des Verstandes oder der linearen Zeit halten würden. Vieles wirkt in dieser Welt irrational, symbolhaft und wenig klar, was allerdings daran liegt, dass wir sie nur schrittweise betreten können. Nach einer gewissen Zeit der inneren Erforschung ereignet es sich, *„[...] dass man durch das Unbewusste unerwarteterweise auch auf die Seele stößt. Strukturen werden erkennbar, Bedeutungen lassen sich entdecken; man spürt die vitale Beziehung zur Vergangenheit, zur eigenen wie zu der unserer Familie und Verwandtschaft."* (Hillman 1997, S. 71)

Wer sich der Traumaarbeit stellt, sollte die Fähigkeit aufbringen, dass Verwirrende, Aufwühlende und noch nicht Erklärbare in dem Prozess vorübergehend auszuhalten. Dabei darf und soll das kritische Denken allerdings unbedingt beibehalten werden, weil die neuen mit dem Unbewussten gewonnenen Erfahrungen ja durch den forschenden Geist erst in unser bewusstes Leben übertragen werden müssen. Dieses Zusammenwirken von Offenheit für das Neue und dessen bewusst kritischer Verarbeitung führt uns zu unserem Wesenskern, unserem Selbst, aus dem heraus wir eine stabile Mitte formen können.

Seelische Spaltungen und ihre Folgen 2

Um ein Modell und die darauf fußende Methode zu verstehen, müssen wir auch wissen, unter welchen Voraussetzungen wir es auf die individuelle menschliche Realität übertragen und anwenden können. Wir sollten uns also mit den Begriffen und Grundannahmen des Modells vertraut machen. Ein wichtiger Begriff und Ausgangspunkt des Spaltungsmodells ist selber nur implizit angedeutet: die seelische Einheit. Doch was genau bedeutet dieser Begriff im Lichte der Traumaarbeit?

2.1 Die ideale seelische Einheit gibt es nicht

Wenn wir den Gesetzmäßigkeiten der Linearität folgen, dann müsste chronologisch korrekt vor der Spaltung eine seelische Einheit existieren. Eine gesunde Seele, die im Fluss ist, ganz ohne Blockaden. Häufig assoziieren wir mit diesem Zustand neugeborenes Leben, Babys, die gerade frisch auf die Welt gekommen sind. Bei ihnen fängt noch alles, an, sie können noch gar nicht belastet oder seelisch verwundet sein. Doch ist dem wirklich so? Können ein Leben und auch eine Seele wirklich bei „null" beginnen? Unsere Antwort lautet „Nein", und dies aus einem einfachen Grund, der bei aller Offensichtlichkeit allzu häufig ausgeblendet wird: Kein Individuum existiert ohne seine Ahnen, keine Ahnen existieren ohne ihre Geschichte. Der Mensch ist vom ersten Moment an ein geschichtliches, ja ein Mehrgenerationenwesen (Franz Ruppert). So wie er in sein Familiensystem geworfen wird, so wirkt dieses sichtbar oder unsichtbar durch ihn durch. Wo wir hineingeworfen werden ist die erste unfreie Entscheidung in unserem Leben: In feindliches Gebiet, trostlose Landschaften oder auch in herzliche Wärme. Wir können es uns nicht aussuchen, sondern müssen uns in das Bestehende und auf uns Wirkende einfügen. Durch diese unfreie Wahl sind wir schicksalshaft mit unseren Eltern und Verwandten verbunden. Ihre Themen, seelischen Spaltungen, ihre Fähigkeit oder Unfähigkeit Liebe und Vertrauen zu schenken, schlicht ihr gesamter seelischer Grund, wird in diesem Moment zu unserem eigenen Grund. Dies darf nicht verwechselt werden mit der kindlichen Spontanität und Vitalität, die sich von dem erwachsenen Dasein allgemein unterscheidet. Denn diese ist noch kein individueller Charakterzug. Die individuelle Persönlichkeit kann sich nur in der Auseinandersetzung mit den Gegebenheiten des Familiensystems herausbilden. Etwas anderes ist schlicht nicht vorhanden.

2.2 Die Geburt als erste Existenzielle Grenzerfahrung

Ein weiterer Grund der einer geburtlichen seelischen Einheit widerspricht ist, dass die Geburt selber die erste Existenzielle Grenzerfahrung in unserem Leben ist. Es muss dabei nicht zwingend zu einer seelischen Spaltung kommen. Da der Geburtsschmerz – dies gilt im Übrigen auch für die Mutter des Neugeborenen – so stark mit Leben und Tod verbunden ist, eignet er sich jedoch wie kein anderer, die Grundlage einer seelischen Spaltung zu werden. Da das Ereignis der Geburt in die vorverbale Phase fällt, hat das erwachsene Bewusstsein später keinerlei Erinnerungen daran. Was jedoch bleibt sind die „imprints", die Einprägungen in das Nervensystem und den damit verbundenen Muskelgruppen, sowie den Gehirnstrukturen, die beim Fötus schon ausgebildet waren. Arthur Janov bezeichnet in seinem Grundwerk „Frühe Prägungen" richtigerweise die Geburt als *„[...] das gefährlichste Erlebnis, dem die meisten Individuen jemals ausgesetzt sind. Der Geburtsvorgang ist selbst unter optimalen, kontrollierten Bedingungen ein traumatisches, potentiell verstümmelndes Ereignis für den Fetus"* (1984, S. 15 f.) Nur weil sehr viele Menschen die Geburt überleben und es keinen anderen Weg in die Welt gibt, heißt dies nicht, dass der Vorgang dadurch „normal" oder „nicht-erwähnenswert" wird. Janov beschreibt es sehr treffend so: *„Man kann sich nicht vorstellen, was es heißt, stundenlang durch heftige Kontraktion gequetscht zu werden, in einem unnachgiebigen Geburtskanal stecken zu bleiben oder von der Hand einer Schwester wieder in den Kanal hinaufgeschoben zu werden, durch die Überdosis eines Anästhetikums beinahe zu ersticken, in einer dicken Flüssigkeit fast ertränkt zu werden, nach Luft zu ringen, von der Metallzange eines Arztes kräftig am Kopf gepackt und unsanft herausgerissen zu werden – und dann in einem kalten Zimmer mit dem Kopf nach unten zu hängen, von einer fremden kräftig Klapse zu bekom-*

men und von dem einzigen Menschen entfernt zu werden, den das Neugeborene kennt." (Janov 1984, S. 14)

Was die seelische Einheit als Ausgangspunkt des Spaltungsmodells betrifft können wir also so viel sagen: Unser Geworfensein in das Familiensystem durch unsere Geburt ist eine schicksalhafte Existenzielle Grenzerfahrung. Mit ihr treten wir in die Welt ein und sie ist die Grundlage unserer seelischen Struktur. Schon als Neugeborener tragen wir Geschichte und das Erbe unsere Ahnen in uns. Das dieses Erbe und unser Ankommen in der Welt völlig frei von seelischen Spaltungen und Verstrickungen ist, können wir realistischer Weise nicht für uns verbuchen. Für das bewusste Ich, stellt dies häufig eine Zumutung dar, denn darin erkennt es eine große Unfreiheit. Freiheit besteht aber auch darin, seine partielle Unfreiheit zu erkennen. So kann und soll sie Ausgangspunkt der freiwilligen Auseinandersetzung mit dem uns unfrei Aufgezwungenen sein. Denn dies zu tun oder zu unterlassen, darin sind wir allemal frei.

2.3 Seelische Spaltung

Die seelische Spaltung ist die Reaktion auf ein Ereignis, das mit den in der Situation vorhandenen Kräften nicht zu bewältigen ist. Das nicht Aushaltbare – also Angst, Schrecken, Ohnmacht, bedrohende Leere oder Einsamkeit – wird erst durch sein Abspalten und anschließendes Verdrängen erträglich. Eine Existenzielle Grenzerfahrung ist oft eine Erfahrung an der Grenze zwischen Leben und Tod. Es kommt dabei allerdings nicht auf eine objektive Betrachtung an, also ob eine Todesgefahr tatsächlich bestand. Allein entscheidend ist das innere Erleben der Person, die die Grenzerfahrung gemacht hat. Für ein Baby ist das Getrenntsein von seiner Mutter für nur zwei Stunden bereits existenzbedrohend. Ein kampferprobter Frontsoldat wiederum fühlt sich auch nach einer mittelschweren Verwundung noch nicht an der Grenze zwischen Leben und Tod. Eine Frau, die von einer Person in der Dunkelheit verfolgt wurde, kann so einen enormen Schrecken davon getragen haben, dass sie sich um ihr Leben bedroht fühlte. Auch wenn sich später herausstellte, dass die Situation offensichtlich nicht bedrohlich war. Es geht alleine um das innere Erleben, das von Person zu Person im jeweiligen Kontext unterschiedlich ist. Für die spätere Traumaarbeit ist es wichtig zu vergegenwärtigen, dass jede Existenzielle Grenzerfahrung stets in dem historischen, gesellschaftlichen und familiären Rahmen zu betrachten und zu behandeln ist, in dem sie entstanden ist. Spaltung ist damit im individuellen Kontext etwas ganz Konkretes, dass mit allgemeinen psychologischen Deutungen nicht zu erfassen ist.

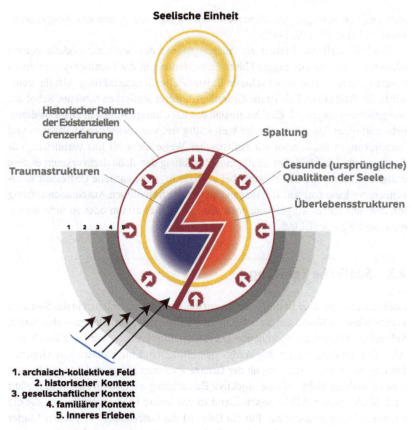

Abb. 2.1 Seelische Spaltung

Nachdem die Spaltung erfolgt ist (Abb. 2.1) und die menschliche Seele sich in die Trauma- und Überlebensstrukturen gespalten hat, werden die Traumastrukturen durch die Überlebensstrukturen unbewusst verdrängt gehalten. So bleibt auch die Spaltung aufrecht erhalten. Das Verdrängthalten folgt damit der Notwendigkeit und dem Zwang des Überlebens. Dieser besteht, solange die Spaltung besteht. Die ursprünglich gesunden Strukturen werden von der gesamten Spaltungsdynamik erfasst und verlieren an Substanz. Die Überlebensstrukturen kapseln die Traumastrukturen in ihre Schutzhülle ein und werden, ihrer Rigidität wegen, mit der Zeit zum stärksten Strukturelement der Seele (Abb. 2.2 – Einkapselung).

Da von Natur aus die Aufhebung der Spaltung nicht vorgesehen ist, kommt es auf die Kunst des Menschen an, das Unbewusste zuerst bewusst zu machen und

2.3 Seelische Spaltung

Abb. 2.2 Einkapselung von Trauma

Verkapselung und beginnende Reflexion durch die Arbeit

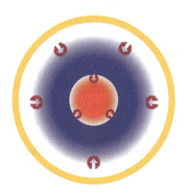

Verkapselung ohne Reflexion Identifikation mit den Überlebensstrukturen

durch die Methoden der Traumaarbeit das Abgespaltene zu integrieren, um die seelische Einheit wieder herzustellen. Die Tiefenarbeit mit den abgespaltenen Seelenanteilen ist seit eh und je ein Kulturakt. Es ist definitiv kein Akt der Natur, die das ihrige, nämlich das Gewährleisten des Überlebens durch die Spaltung, bereits getan hat.

2.4 Gesunde Qualitäten

Das Modell der seelischen Spaltung von Franz Ruppert (2010, S. 30 ff.) geht allgemein davon aus, dass nach der traumatischen Erfahrung neben Trauma- und Überlebensstrukturen ein gesunder Teil als eine Restgröße übrigbleibt. Im Rahmen eines allgemeinen Models ist diese Annahme durchaus sinnvoll. Wenn wir mit den Menschen zu tun haben, dann jedoch nie mit einem allgemeinen Menschen, sondern stets mit einem spezifischen menschlichen Dasein. Wir müssen also immer erst individuell überprüfen, inwiefern, und ob überhaupt, in einem spezifischen Menschen gesunde Qualitäten vorhanden sind. Vor tieferen Auseinandersetzung mit der Spaltung und ihrer seelischen Dynamik wollen wir noch einen genaueren Blick auf die gesunden seelischen Anteile werfen. Wie entwickeln sie sich, woran erkennen wir sie und wie stehen sie in Bezug zu den anderen Strukturelementen der Seele?

2.4.1 Die vitale Kraft der Instinkte

Die gesunden Qualitäten sind nicht ohne die vitale Kraft der Seele, als ihre Quelle und Ursprung zu denken. Die „anima vitalis" steht für den ungehinderten Fluss der vitalen Kräfte eines Menschen, die sich in den Lebensbewegungen zeigen. Allerdings sind gesunde Qualitäten wie Vertrauen, Stabilität, eigener Wille, den man frei ausrichten kann, Freude über das Dasein, Bereitschaft zum Leben, Empathie, Kreativität, sowie das Bedürfnis nach Nähe und Verständnis keine a priori in der Seele vorhandenen Eigenschaften oder Qualitäten. Sie selber sind das Resultat einer gesunden Entwicklung und haben ihre Grundlage in den vitalen Instinkten, die sozusagen der Träger der vitalen Kraft der Seele sind. Ein Säugling oder ein Kleinkind verfügt nicht sofort über ausgereifte gesunde Qualitäten, sondern zuerst einmal über Instinkte, die ihm helfen in Beziehung mit den Eltern zu treten, sich seinen eigenen Raum im Leben zu schaffen, und mit denen er sich vor Lebensgefahr schützen kann. In dieser Qualität bilden die vitalen Instinkte den notwendigen und grundlegenden Rahmen des Lebens heraus, in dem sich die gesunden Qualitäten hernach entfalten können: den individuellen Lebensraum.

▶ **Lese-Tipp** Fallbeispiel 9: „Den höheren Dingen verpflichtet". Einem Bio-Händler fällt es schwer, seine Finanzen in den Griff zu bekommen.

2.4.2 Die Beziehungsebene als Grundlage gesunder Qualitäten

Ausgehend vom Neugeborenen oder Kleinkind, wird uns nun leicht das Ausmaß bewusst, in dem es von der Mutter, und in weiterem Sinne von der Familie, in seinem Überleben abhängig ist. Damit ist die Bindungs- und Beziehungsebene, die zuerst durch das Familiensystem vorgegeben wird, existenziell für das Herausbilden der Überlebensfähigkeit und gesunder Qualitäten in der Welt verantwortlich. In der Konfrontation mit dem ausgesprochenen und unausgesprochenen System von Erwartungen, Regeln und Ansprüchen, lernt es seine vitalen Instinkte so zu nutzen, dass sie nicht in Kollision zu seinen Bedürfnissen nach Selbstausdruck, Verständnis, usw. geraten. Das Kind muss gegebenenfalls seine vitalen Impulse unterdrücken, bzw. in der Art und Weise einsetzen, dass sie der Aufrechterhaltung der Bindung dienen, wie sie von den Erwachsenen angeboten wird. Die angebotene Bindungsform ist für das Kind alternativlos als auch überlebenswichtig und wird daher zur existenziellen Basis schlechthin.

Wenn die Bindungs- und Beziehungsebene in Folge von Gewalt, Missachtung, Manipulation, ständiger Verzerrung der Realität, seelischer Leere, Entfremdung, Unverständnis oder Überflutung gestört oder verform wurde, kann das Kind auch seine vitalen Instinkte nicht mehr gesund einsetzen. Sie sind infolge der Anpassung an die gestörte existenzielle Bindung ebenfalls verformt. So ist es nicht mehr möglich, sich auf gesunde Art und Weise abzugrenzen, oder sich zur Wehr zu setzen. Die vitalen Instinkte sind entweder unterdrückt oder vollkommen überreizt. Fehlt jedoch die Grundlage des eigenen Raumes mit gesunden Grenzen, können sich auch die gesunden Qualitäten darauf kaum aufbauen. Gesunde Qualitäten brauchen für ihre Entfaltung eine gesunde, vorhandene Ausgangsbasis wehrfähiger Instinkte.

2.4.3 Gesunde Qualitäten als gesundes Potenzial

Es ist wichtig sich die Natur und Entfaltungsmöglichkeiten der gesunden Qualitäten vor Augen zu führen. Denn zuerst einmal handelt es sich um ein Potenzial im Menschen, abgeleitet von vitalen Instinkten. Wie viel wir von diesem Potenzial im Leben verwirklichen können oder dürfen, hängt von vielen Dingen ab, die wir nicht in der Hand haben: die Zugehörigkeit zu unserem Familiensystem, Beziehungsangebote in unserer Kindheit und das Ausgesetzt-Sein gegenüber Existenziellen Grenzerfahrungen.

Das Verhältnis von gesunden Strukturen zu den Trauma- und Überlebensstrukturen ist aus diesem Blickwinkel weniger wie eine Restgröße zu betrachten, als eine überlagertes Vermögen, das mit der Zeit immer stärker von den Überlebensanteilen vereinnahmt wird. Es existiert nicht parallel zu den anderen Strukturen in Reinform, sondern immer innerhalb der Spaltungsdynamik, deren Kräften und Wirken es als Ganzes ausgesetzt ist. Auch die Abb. 1.2 „Traumabaum" macht dies deutlich, wenn sie mithilfe der Baummetapher zeigt, wie eine Existenzielle Grenzerfahrung sich in allen Lebensbereichen als Symptom und Folgethema zeigen kann. Da Trauma den ganzen Menschen erfasst, werden auch all seine gesunden Qualitäten davon berührt – flächendeckend.

In ihrer Eigenschaft als Potenzial gehört zu den gesunden Qualitäten auch der Heilungsimpuls der Seele. Er zeigt sich als Kraft und Wille zur Reflexion des seelischen Leidens, nämlich dann wenn wir erkennen, dass es uns nicht gut geht und wir uns um unsere Seele kümmern müssen. Dieser Impuls ist dann für einen Menschen unter Umständen der Auftakt der Traumaarbeit, mit deren Mitteln er das Potenzial seiner gesunden Qualitäten weiterentwickeln kann.

2.5 Ebenen der Spaltung

2.5.1 Eine Einheit – Körper, Geist und Seele

Genauso wie die Seele eine mehrdimensionale Wirklichkeit ist, findet ihre Spaltung auf mehreren Ebenen statt. Dabei ist der Körper, als Träger der Seele, in all seinen wesentlichen Aspekten betroffen und dient als Ort der Abspeicherung des physischen wie auch des psychischen Schmerzes. Um das Spaltungsphänomen auf körperlicher Ebene zu veranschaulichen, unterteilen wir die betroffenen Körperteile rein funktional in: Gehirnstrukturen, Nervensystem, Weichgewebe und die restlichen Organe. Allerdings – und hier merken wir wieder wie wichtig der Seelenbegriff ist – bilden die Spaltung und ihre Folgen auf den unterschiedlichen Ebene untrennbare Aspekte einer Einheit. Alle Einheiten sind in der Dimension der Seele aufgehoben in der sie zusammenhängend funktionieren und auf die sie auch rückwirkend Einfluss nehmen. Die Seele stellt damit den existenziellen Rahmen dar, ohne den die Körper- und Geistesfunktionen ohne Verbindung zu unserem individuellen Leben stünden (Abb. 2.3).

2.5 Ebenen der Spaltung

Abb. 2.3 Dimensionen der Seele

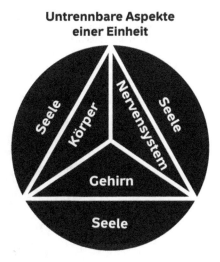

Untrennbare Aspekte einer Einheit

2.5.2 Spaltung auf Ebene des Weichgewebes

Die Überlebensstrukturen werden auf der körperlichen Ebene fortgesetzt, indem der Körper als eine autonome und intelligente Steuerungseinheit die eingefrorene traumatische Schockenergie von Ohnmacht, ohnmächtiger Wut, Angst, Schrecken, Verzweiflung, Schmerz, Bedrohtsein etc. innerhalb seiner selbst abspeichert. Trauma wird so ins Weichgewebe verdrängt und verkapselt. Nach und nach entsteht die Schutzhülle der Muskel-Verpanzerungen (vgl. Wilhelm Reich), die das Nicht-Fühlen ermöglicht. Dieses Nicht-Fühlen des existenziell bedrohenden Schmerzes ermöglicht das weitere seelische und körperliche Überleben. Als Kompensation bewegt sich die Lebensenergie nun hauptsächlich auf der kognitiven Ebene des Bewusstseins (Abb. 2.4). Indem der Geist seine Qualitäten als Schutzrahmen für das Überleben der Seele gewährt, wird er in seinem persönlichen Ausdruck zu der Überlebensstruktur schlechthin. Die späteren Kapitel werden noch genauer darauf eingehen, auf welche Art und Weise die geistigen Funktionen, eine schier undurchdringliche energetische Schutzmauer errichten können.

Negative Begleiterscheinung: Ein derart verdrängter Schmerz löst sich in der Verkapselung nicht auf, sondern wird im Laufe der Zeit zu einem Gift, das den ganzen Organismus vergiftet. Es zeigt sich in der Beeinträchtigung der lebenswichtigen Organe und Muskelpanzerungen in allen Körpersegmenten. Im Nervensystem zeigt sich eine traumatische Reaktion, und zwar als ein Kreislauf im Modus der Überreizung des Nervensystems und zugleich dessen Erstarrung. Das, was die

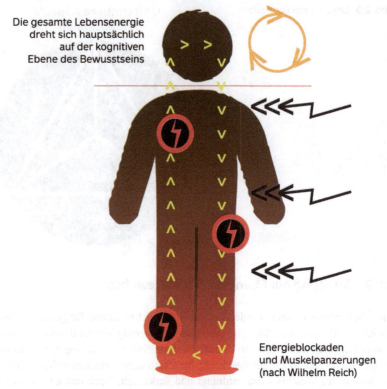

Abb. 2.4 Verpanzerung = Blockade der Lebensenergie

meisten Menschen für Muskelverspannungen oder nervliche Anspannung halten, ist häufig zurückgestaute Schock- und Traumaenergie, die über kurz oder lang zu ernsthaften gesundheitlichen Beschwerden führen kann.

Das, was das pure Leben einst gerettet hatte, also das Verdrängen des Schmerzes im Sinne des Nicht-Fühlens, wird später paradoxerweise zu der Ursache der Manifestation von Schmerzen im Körper. Diese das ganze Leben umspannende Dynamik, die in uns wirkt, gleicht einem physikalischen Gesetz. Die Energie in Form der Schockladung der Existenziellen Grenzerfahrung geht nicht verloren, sie verwandelt sich lediglich. Wasser verwandelt sich zu Eis oder zu Dampf, es löst sich nicht auf. So auch der traumatische Schmerz und sein Ursprung: die Existenzielle Grenzerfahrung.

2.5.3 Spaltung in den Gehirnzentren

Die Gehirnzentren werden hier rein funktional in Anlehnung an das Konzept des dreieinigen Gehirns (Triune Brain) von Paul MacLean vorgestellt. Dabei sind die Begriffe für die funktionalen Gehirnstrukturen – Rationales Zentrum, Emotionales Zentrum und Vitales Zentrum – von dem deutschen Informatiker und Psychotherapeuten Prof. Wilhelm Steinmüller geprägt worden (Abb. 2.5). Wir haben diese Darstellung gewählt, da sie in Bezug auf das Trauma eine umfassende funktionale Beschreibung gibt, ohne ein Studium der Neurobiologie vorauszusetzen. Wen letzteres im Zusammenhang mit der Persönlichkeitspsychologie näher interessiert, dem seien im deutschsprachigen Raum die Veröffentlichungen von Gerhard Roth wärmstens ans Herz gelegt.

2.5.3.1 Stammhirn (vitales Zentrum)

Das Stammhirn als der evolutionsälteste Hirnanteil ist eng mit dem autonomen Nervensystem verbunden und dient mit seinen drei Reaktionsmustern instinktiv dem Leben und auch Überleben durch:

1. Angriff – als Abwehr vor existenziellen Bedrohungen und unmittelbarer Gefahr. Der Angriff ist damit protektiv und dient der Funktion von Abwehr, Verteidigung und dem Selbsterhaltungstrieb. Angriff ist zudem auch eine proaktive Form der vitalen Instinkte, den Lebensimpuls als solchen in Angriff zu nehmen. Es ist die Inanspruchnahme eigenen Raumes zum Dasein als Voraussetzung für Vorwärtskommen, Selbstausdruck, Entscheidungsfreiheit, das Setzen gesunder Grenzen und daraus abgeleitetem Selbstwert und Würde.
2. Flucht – als Abwehrmodalität vor existenzieller Bedrohung, nach dem Motto: „Those who fight and run away, will be alive to fight another day." (Anonym)
3. Erstarren – als Abwehrmodalität, wenn weder Angriff, noch Flucht in Frage kommen. Es zeigt sich folglich auch als Resignation, Selbstaufgabe, Mutlosigkeit, Versinken in Auswegslosigkeit, Unmöglichkeit die Sachen in Angriff zu nehmen, der Stimmung des zu Ende Gehenden und einer lähmenden Paralyse.

Beim Erstarren als der dritten Überlebensmodalität des Stammhirns geht es um das Nicht-Fühlen und Nicht-Wahrnehmen des existenziell Bedrohlichen. Durch das Erstarren können wir der Unmittelbarkeit des direkten Erlebens entfliehen, das sonst kaum zu überleben wäre. Die Flucht richtet sich dabei nach innen, in das Nicht-Fühlen, in das Erstarren. Gleichzeitig kommen damit aber auch die vitalen Kräfte im Schock und ihrer Abspaltung zum Erliegen. Steinmüller nannte die Stammhirnebene deshalb vitales Zentrum, da hier wie in keinem anderen Gehirn-

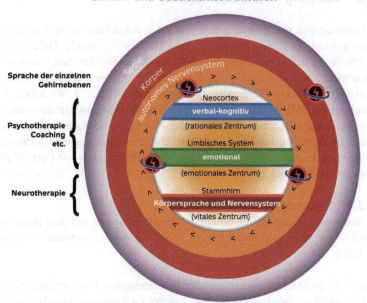

Abb. 2.5 Gehirn- und Gedächtnisstrukturen

Die moderne Neurobiologie unterscheidet zwischen zwei funktional und zweckmäßig anders gearteten Gedächtnisformen: auf der einen Seite das implizite, prozedurale (amygdaloide) Gedächtnis, in dem die Prozesse wie Atmen und Gehen eingespeichert sind. Einmal gelernt, laufen sie weiterhin automatisch und unbewusst ab. Auf der anderen Seite existiert das explizite Gedächtnis – ein chronologisch angeordnetes Erinnerungsarchiv der Lebensereignisse in verbal – bildhafter Form. Das explizite Gedächtnis ist z.B. auch ein abrufbarer Speicher dessen, was wir im späteren Leben mithilfe des Bewusstseins gelernt haben (Grammatik, Mathematik, etc.).

Sollte es zu einer traumatisch belastenden Existenziellen Grenzerfahrung kommen, in der weder Flucht noch Angriff möglich war, wird die traumatische Schockladung als unabgeschlossener Prozess in fragmentierter und erstarrter Form im impliziten Gedächtnis eingespeichert. Trauma ist dadurch zeitlos und dem Vergessen nicht ausgesetzt. Die Fragmentierung (Dissoziation) ist dabei Ergebnis einer extremen Überreizung der Amygdala.

Die Amygdala, als Zentrum der furcht- und angstgeleiteten Verhaltensbewertung, prüft Sinneseindrücke auf ihren Traumagehalt. Bereits eine Andeutung dieser Erfahrung („Trigger"), ruft das als Trauma Eingespeicherte und zugleich Verdrängte in seiner fragmentierten Form wieder hervor. Dies manifestiert sich als eine Überflutung von Ohnmacht, Schock, Verzweiflung oder Erstarrung. Die daran geknüpften unerwünschten Informationen werden unter Einfluss des Hippocampus beständig im Unbewussten verdrängt gehalten. Die Überführung in das explizite Gedächtnis, wo alle traumatisch nicht belastenden Ereignisse und Erfahrungen gespeichert sind, bleibt aus.

Durch Methoden, die mit dem Stammhirn arbeiten (z.B. EMI – Eye Movement Integration), können die fragmentierten Erinnerungen wieder zusammengeführt werden, ihre Schockladung verlieren und in das explizite Gedächtnis übergehen. Sie können dort bewusst als Erlebnis der Vergangenheit abgespeichert werden.

bereich unmittelbare Wahrnehmung, unmittelbares Erleben und unmittelbare Reaktionen verarbeitet und erzeugt werden. Die Folgen einer Existenziellen Grenzerfahrung zeigen sich demnach auch in diesem Bereich als abgeflachtes oder völlig gedämpftes Spüren und Erleben der eigenen Vitalität. Angst und Panik werden im Stammhirn als ein Prozess (prozedurales Gedächtnis) eingespeichert und können jederzeit durch einen Auslöser (Trigger) reaktiviert werden.

2.5.3.2 Limbisches System (emotionales Zentrum)

Eine weitere völlig unbewusst arbeitende Gehirnstruktur ist das limbische System. Da es überwiegend an der Regulation von Affekten und Gefühlen beteiligt ist, können wir es als das emotionale Zentrum bezeichnen.

In Folge eines traumatischen Ereignisses, das mit stark überflutenden und negativen Gefühlen verbunden ist, werden die bedrohlichen Emotionen und Sinneseindrücke derart unterdrückt, dass sie dem Bewusstsein nicht mehr zugänglich sind. Die massive Informationsflut während einer Existenziellen Grenzerfahrung führt häufig auch zu einer Sinnesüberflutung, die sich in Dissoziation und emotionalen Schockzustand äußern. So wird das Reservoir frei fließender Emotionalität wesentlich eingeschränkt. Durch die Verdrängung verzerrt und verflacht gesunde Emotionalität mit steigendem Ausmaß der Traumatisierungen. Die frei fließende vitale Kraft, die der Seele innewohnt (anima vitalis), bewegt die Emotionen in ähnlicher Weise wie der Fluss die Wellen auf seiner Oberfläche erzeugt und bewegt – oder sie eben auch nicht bewegt, wenn die einst fließende Seele selber erstarrt ist. Seelenanteile, die abgespalten, verformt und anschließend verdrängt wurden, zeigen sich in erster Linie durch ihre Nicht-Bewegung.

Emotionalität oder der heutzutage beliebte Begriff der emotionalen Intelligenz, ist nichts Selbstständiges und nichts Selbsttragendes oder gar zu Erlernendes, wie heutzutage irrtümlicherweise sehr oft suggeriert wird. Die erstarrte Emotionalität kann, weil sie die Folge der Traumata ist, nur neu belebt werden, wenn die Traumata selbst behandelt worden sind. Gesunde Emotionalität geht auch Hand in Hand mit seelischem Unterscheidungsvermögen, das wir nur erlangen, wenn wir uns mit den uns limitierenden Existenziellen Grenzerfahrungen auseinandersetzen. Die vitale Kraft, folglich auch die Emotionalität, Kreativität und Authentizität, bleiben nach einer Spaltung in den betroffenen Seelenanteilen abgespalten und im Unbewussten verdrängt. Deshalb können sie dem erwachsenen Bewusstsein und seinem Willen nicht zur Verfügung stehen. Anders gesagt: In der Verdrängung bleiben sie unzugänglich. Die Gesetzmäßigkeiten der Spaltung innerhalb der Seele richten sich nicht nach den menschlichen Wünschen, sondern einzig und allein nach ihren eigenen Gesetzen.

▶ **Lese-Tipp** Fallbeispiel 5: „Ich bin auch da". Dem Chef eines Restaurants fällt es schwer Emotionen zu spüren und seinen Standpunkt klar auszudrücken.

2.5.3.3 Neocortex (rationales Zentrum)

Der Neocortex als der evolutionsjüngste Hirnanteil ist verantwortlich für unsere verbal-kognitiven Fähigkeiten, zu denen auch die höheren geistigen Funktionen des Denkens, Reflektierens und planenden Handelns gehören. Wir nennen es daher auch das rationale Zentrum. Seine Vorgänge sind größtenteils bewusst. Folgen Existenzieller Grenzerfahrung zeigen sich hier zum Beispiel in negativen Weltanschauungen, im mentalen Widerstand, der Beeinträchtigung des klaren Denkens, in der Irrationalität, in der Unfähigkeit bzw. dem Unwillen, die Dinge zu Ende zu denken oder dem Zwang zu manipulativem Verhalten. Da der Neocortex mit allen anderen Gehirnstrukturen in Wechselwirkung steht, sind die sich zeigenden Folgen genau genommen Folgen der Spaltungsfolgen in den entwicklungsgeschichtlich jüngeren Regionen.

Sind zum Beispiel emotionales wie vitales Zentrum bereits derart stark traumatisiert, dann ist die Wahrscheinlichkeit ein negatives Weltbild aufzubauen so gut wie sicher. Ein empathisches Verhalten wird einer Person, die lange Zeit körperlicher Gewalt ausgesetzt war unter Umständen nicht leicht fallen, da sie selber alle Gefühle unterdrücken musste. Ebenso ist manipulatives Verhalten nur schwer abzustellen, wenn es für lange Zeit der einzige Weg war, Übergriffen oder Gewalt aus dem Weg zu gehen. Es ist mit einer positiven Erfahrung im limbischen System verbunden. In diesem Fall werden die schützenden Strategien sogar noch gefördert.

2.5.4 Der gewichtige Satz als unbewusstes Leitmotiv

Wie die drei Gehirnstrukturen zusammen arbeiten und mit der traumatischen Erfahrung umgehen, wird besonders in der Form ihres sprachlichen Abdruckes deutlich (Abb. 2.6.). Denn in der Existenziellen Grenzerfahrung prägen sich die Ohnmacht, die Verzweiflung, die Todesangst, etc. als ein Satz ein: „...es ist zu Ende", „...ich gebe es auf", „...das kann ich nicht überleben", „...das lasse ich nie wieder zu" oder „...das darf sich nie wiederholen". Durch die Ladung der Existenziellen Grenzerfahrung bekommt der Satz sein existenzielles Gewicht und wird zum Motiv im Unbewussten. Oder anders gesagt: Er ist so gewichtig, dass er zum Leitmotiv der Seele wird. Folglich ist auch die ganze Ladung der Existenziellen Grenzerfahrung an diesen gewichtigen Satz gekoppelt.

2.5 Ebenen der Spaltung

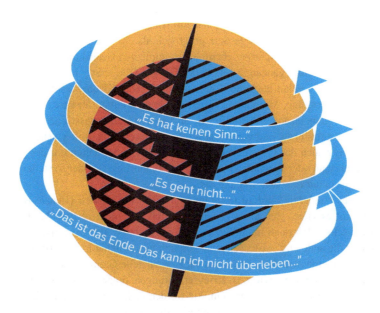

Abb. 2.6 Der gewichtige Satz

In den abgespaltenen und verdrängten Seelenanteilen sind die Traumaerfahrungen unter anderem auch in einer verdichteten Sprachform festgehalten, die zum unbewussten Leitmotiv werden können:

„Das ist das Ende, das kann ich nicht überleben…"
Erfahrung eines Frontsoldaten

„Ich kann nicht weiter, ich gebe es auf."
Grenzerfahrung eines Erschöpfungszustandes

} Der transgenerationale Kontext

„Es geht nicht…"
Das Stehenbleiben im Geburtskanal

„Es hat keinen Sinn…"
Die vergebliche Mühe des Kindes, die Zuwendung der Mutter doch zu bekommen | ihre Aufmerksamkeit für sich zu gewinnen

} Der biografische Kontext

} Coex (system of condensed experience) = unbewusstes Leitmotiv der Seele

Die Existenzielle Grenzerfahrung, verdichtet in eine knappe Sprachform, kann als Information betrachtet werden, die ebenfalls als Schockladung im Körper besteht. Durch das Freisetzen der Schockladung im Körper können also traumatische Erfahrungen an die Oberfläche des Bewusstseins kommen und (durch die Traumaarbeit) verdünnt bzw. neu kodiert werden.

Der gewichtige Satz verhält sich zu der Existenziellen Grenzerfahrung wie die Spitze des Speeres zu dem ganzen Speer. Aus dem Unbewussten ragt nur seine Spitze hervor. Der Großteil seiner ihn formenden Grundlage ist dem Menschen nicht bewusst. Der gewichtige Satz prägt sich als ein verdichteter Ausdruck der Existenziellen Grenzerfahrung ebenfalls im impliziten Gedächtnis ein, von wo er mit der Wucht eines ganzen Speers wirkt. Der gewichtige Satz hat viele Gesichter und Namen, die geläufiger sind: Lebensmotto, Credo, Glaubenssatz, Regel, Leitmotiv, Überzeugung, Motivation, fester Standpunkt, Grundsätze etc., eines haben sie jedoch gemeinsam: Sie sind, egal, ob bewusst, teilbewusst oder unbewusst, zwingend, antreibend, und werden bezeichnenderweise mit großer Vehemenz vertreten. Aber auch das Gegenteil können sie auslösen: Sie halten mit der gleichen Wucht in Bann oder überfluten bzw. halten in Erstarrung. So oder so stellen sie ein Hindernis in der Lebensbewegung dar.

Dieses Hindernis wird zu unserem Limit, unserer größten Grenze. Beispiele dafür gibt es viele: „Ich muss gewinnen", „Ich darf nicht verlieren", „Ich muss perfekt sein", „Ich muss mich fügen", „Ich bin nichts wert", „Am Ende gewinnen sowieso die anderen!" – die Beispiele könnten hier beliebig fortgesetzt werden.

Zusammenfassend können wir sagen: Existenzielle Grenzerfahrungen, die sich existenziell einprägen, wie z. B. Kriegserfahrungen, prägen sich biographisch und auch bei nächsten Generationen ein. Sie werden verinnerlicht, indem sie im Inneren des Menschen eine Gestalt annehmen – eine innere Gestalt, die auch Abdruck und Träger der ganzen Wucht ist. In den gewichtigen Sätzen findet die Wucht ihren verdichteten Ausdruck, der allerdings häufig unbewusst bleibt. Die unbewussten Inhalte sind dann auch nicht selten für die irrationalen, völlig verhältnislosen oder realitätsfernen Einstellungen eines Menschen verantwortlich.

> Die ursprüngliche Angst kann jeden Augenblick im Dasein erwachen. Sie bedarf dazu keiner Weckung durch ein ungewöhnliches Ereignis. Der Tiefe ihres Waltens entspricht das Geringfügige ihrer möglichen Veranlassung. (Heidegger 2004, S. 118)

2.5.5 Kompensatorische Qualitäten des Geistes

Auf Grundlage der Existenziellen Grenzerfahrungen und deren Spaltungsfolgen reagiert das rationale Zentrum auf die sich ihm zeigende geistige, emotionale und vitale Realität. Diese Realität ist wohlgemerkt durch die Spaltungsfolgen vorgeformt. Emotionale Defizite, vitale Blockaden, in Form von Nicht-Fühlen, mangelnder Lebensenergie, Ausdruckslosigkeit, oder dauerhafter Anspannung, kann der Geist mit einer fast grenzenlosen Beweglichkeit kompensieren. Der Geist, als

2.5 Ebenen der Spaltung

der zentrale bewusstseinsfähige Anteil des rationalen Zentrums, steht der durch Existenzielle Grenzerfahrungen verwundeten Seele zu Diensten, indem er sie in seinen Schutz nimmt. Er verleiht der Seele Gestalt und prägt sie durch seine Qualitäten. Geist zeigt sich darin in seiner durchdringenden, unpersönlichen Kraft, der in seiner archetypischen Qualität daher auch unverletzbar ist.

> Es ist ein köstlich Wohlgefühl in uns, wenn so das Innere an seinem Stoffe sich stärkt, sich unterscheidet und getreuer anknüpft und unser Geist allmählich waffenfähig wird. (F. Hölderlin, Hyperion)

Indem der Geist seine Qualitäten als Schutzrahmen für das Überleben der Seele gewährt, wird er in seinem persönlichen Ausdruck zu der Überlebensstruktur schlechthin. Die Qualitäten und Leistungen des Geistes sind an sich nicht nur auf die Überlebensstrukturen zu reduzieren. Es geht an dieser Stelle um den persönlichen Ausdruck der geistigen Überlebensstruktur, der sich als Charakter (von griechisch „charassein" – prägen, einzeichnen) einer Person manifestiert. So gesehen, ist unser Charakter vorerst nur die Folge der Anpassung an prägende Spaltungsfolgen – biografische, wie auch die unserer Ahnen, also das Familiensystem an sich.

Die geistigen Qualitäten zeigen sich im Leben häufig als:

- Durchsetzungsvermögen
- erfolgreiche Manipulation
- Härte und Ausdauer
- Zielstrebigkeit
- Unnahbarkeit und Unnachgiebigkeit
- große Belastbarkeit
- starre Grenzen und starre Strukturen kombiniert mit erstarrtem Denken
- anderseits große Anpassungsfähigkeit, bis zur Konturlosigkeit
- grenzenlose Flexibilität (mit oder ohne Rückgrat)

In dieser individuellen Ausprägung erstarrt der Geist allerdings als die persönlich gewordene Überlebensstruktur und kann später – paradoxerweise – oft auch zum Haupthindernis der Lebensentfaltung werden. Das, was das Leben erst ermöglichte, indem es das Überleben gewährleistete, kann es später in seiner eng gewordenen Schutzform auch erstarren lassen und in Erstarrung halten. Der Mensch ist nur auf das Überleben bedacht und meidet jede Veränderung, somit auch das Wachstum, das dem Leben eigen ist.

▶ **Lese-Tipp** Fallbeispiel 9: „Den höheren Dingen verpflichtet". Einem Bio-Händler fällt es schwer, seine Finanzen in den Griff zu bekommen.

Die geistige Überlebensstruktur zeigt sich allerdings nicht unbedingt einheitlich. Eher ähnelt sie einem mehrstufigen Komplex verschiebbarer Kulissen, in dem die vorderen Strukturen das Gegenteil der tieferen Strukturen sein können. So ergibt es sich, dass extrem flexible Persönlichkeiten in anderen Bereichen des Lebens hart und unnachgiebig sind.

Anders ausgedrückt: Tarnen und Täuschen lautet die Devise dieses höchst durchdachten Systems des Geistes! So wie sie sich nach außen der Umwelt anpassen – an die Umwelt ständig neu adaptieren, bleiben sie im Inneren unverändert. In seinen Qualitäten des unbeugsamen Widerstandes, schneller Verwandelbarkeit, dem Tarnen und Täuschen zeigt er unweigerlich auch die Züge eines großen Spielers oder Illusionskünstlers. Es geht am Ende immer nur um das Vermeiden der (Wieder-)Begegnung mit dem traumatischen Ereignis. Denn die geistigen Überlebensstrukturen entstehen als eine kompensatorische Struktur zu den Traumata und Defiziten der Seele.

„Die Dinge müssen sich ändern, um die gleichen zu bleiben." – wie es treffend vom jungen Tancredi im Roman „Der Leopard" von Giussepe Tomasi di Lampedusa zum Ausdruck gebracht wurde.

2.6 Die gespaltene Seele und ihre Dynamiken

Als Folge von Spaltung erstarrt die seelische Bewegung, und so werden Anteile der Seele, die den Körper beleben und tragen, abgespalten und ins Unbewusste verdrängt. Dadurch gewinnt es gegenüber dem Bewussten an Umfang und Gewicht. Das Bewusstsein wird enger und zwanghafter, weil es von der Überlebensstruktur geleitet wird, die das Überleben zu gewährleisten hat. Das von den Überlebensstrukturen geleitete Bewusstsein gleitet, um im Bild zu bleiben, nur über die Oberfläche, da die Tiefe gefährlich wird. Zwischen den Polaritäten der unbewussten Trauma- und Überlebensstrukturen entsteht eine kräftige seelische Dynamik, die sich in den Symptomen und Lebensbewegungen einer Person zeigt.

2.6.1 Wiederholungszwang als Heilungsversuch

Ganz unabhängig von der Dynamik des Verdrängens ist der Mensch aber doch meist von einer Sehnsucht durchdrungen, das einst Unmögliche, Verletzte, Vernichtete, Vergebliche, also eine nicht vollzogene Lebensbewegung, nun doch, sei

2.6 Die gespaltene Seele und ihre Dynamiken

in dem eigenen Leben oder dem der Nachkommen, zu vollziehen und zu verwirklichen. Diese Bewegung vollzieht sich jedoch unbewusst, da das was zu verwirklichen ist eben im Unbewussten verborgen ist. Dadurch ist man nicht frei, sondern einem unbewussten Zwang unterlegen.

Dieser Zwang wird zum unbewussten Leitmotiv der Seele und hat zwei einander widerstrebende Pole: Das einst Traumatisierende soll um des Überlebens willen tunlichst vermieden werden. Deshalb wird mit allen Kräften dabei eine ausgleichende Kompensation angestrebt (s.w.u., Kap. 2.3.4). Das Streben des Menschen wird von dem unbewussten Leitmotiv angetrieben, zu verdrängen, auszugleichen und zu kompensieren oder noch besser: vorbeugend entgegenzuwirken, damit sich so eine Situation nie wieder wiederholen kann. Das ist die eine Lebenspolarität.

Die zweite Polarität besteht in der ständigen Reinszenierung des Verdrängten, also der Wiederholung der traumatischen Ereignisse und ihres inneren Erlebens. Das Verdrängte drängt sehr stark danach, sichtbar zu werden, ähnlich, wie ein unter Wasser gehaltener Ball an die Oberfläche auftreiben will. Das Verdrängte geht nämlich keineswegs verloren, sondern bleibt durch die Spaltung paradoxerweise mit den Überlebensstrukturen zutiefst verbunden. Die Seele zieht sich so deshalb ganz unwiderstehlich jene Lebensumstände an, in denen sie sich mitsamt ihren Traumawunden spiegeln kann. Sie reinszeniert somit das Traumageschehen immer wieder, und in ihrer Sehnsucht nach Ganzheit lässt die Seele keine Gelegenheit aus, um das durch die Traumaspaltung in ihr Getrennte wieder sichtbar werden zu lassen. Dies ist ein autonomer Vorgang, der übrigens ohne Rücksicht darauf geschieht, wie es dem vermeintlichen „Besitzer" der Seele dabei ergeht, also ob er dabei glücklich ist oder sogar, und dies wortwörtlich, zugrunde geht.

Die Heilkraft der Seele zeigt sich nämlich im Sichtbarwerden des Ungeheilten, und nicht gleich in dessen Heilung, wie sich viele dies allzu einfach vorstellen. Heilung vermag die Seele aus sich selbst heraus nicht zu bewirken. Sie ist auf das menschliche Können angewiesen – sei es auf das eines Schamanen aus dem vorchristlichen Zeitalter, eines Seelsorgers der christlichen Kultur oder der Traumaarbeit unserer Zeit. Zu dem Spaltungsmechanismus, der automatisch und autonom stattfindet, besitzt die Seele (leider) keinen „rückwirkenden Prozess der Integration" des einst Aufgespaltenen, er ist ihr nicht „eingebaut". Die Seele hat keine andere Möglichkeit, die Ganzheit wiederherzustellen, als eben durch das wiederholte Sichtbar-werden-lassen dessen, wodurch sie gespalten wurde. So zeigt sie sich in ihren Polaritäten, die wiederum auf die Traumaspaltungen zurückzuführen sind.

Ist die traumatisierte Seele in diese unbewusste Dynamik verwickelt, wird der ganze Mensch von dieser Dynamik mitgerissen (Abb. 2.7.). Da die Seele ihrem Wesen nach mehrgenerational ist, wirkt sie auch in diesem zeitlichen Rahmen. Sie umschließt das Leben mehrerer Generationen und deren Schicksale, die somit in und durch uns wirken.

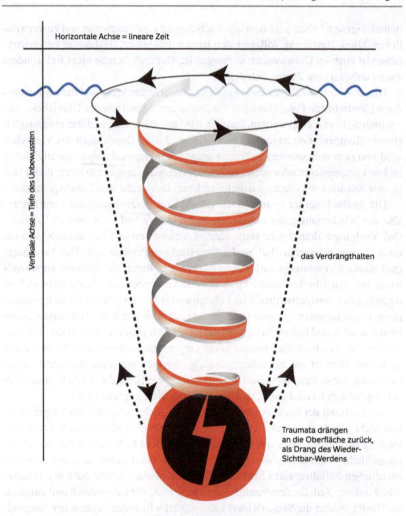

Abb. 2.7 Dynamik des Verdrängens

Durch die Spaltung, die sowohl Folge, als auch ein Merkmal der Existenziellen Grenzerfahrung ist, kommt es einerseits zu der Erstarrung der vitalen Energie (Traumastrukturen), andererseits entstehen auch Überlebensstrukturen. Diese zeichnen sich durch eine kompensatorische Weg-von-Bewegung aus nämlich weg von den Traumastrukturen im Sinne ihres Verdrängens.

2.6 Die gespaltene Seele und ihre Dynamiken

So wird das Leben zum ständigen Balanceakt zwischen den aufstrebenden Kräften des Verdrängten und den zurückhaltenden Kräften der Verdrängung. Aufgrund ihrer Wiederholung in Mustern wird dem gesunden Ich nach einer gewissen Zeit klar, dass es sich im Kreise dreht, und zwar ohne die Aussicht auf Erfüllung seiner Bedürfnisse. Der Klient ist übrigens in der Regel erst dann bereit, über die bewusste Aufnahme der Arbeit zu entscheiden, wenn er an diesem Punkt angekommen ist.

Der Wiederholungszwang der Seele ist zugleich ihr Heilungsimpuls. Er entspringt ihrem „Aufgespanntsein" zwischen den traumatisierten seelischen Anteilen und den Überlebensanteilen. Während die traumatisierten Anteile in sehnsüchtiger Erwartung nach Liebe, Sinn und Fülle ausharren, halten die Überlebensanteile den an die Leere und die Ausweglosigkeit geknüpften Schmerz mit allerlei Ersatzbefriedigungen verdrängt. Der heilende Impuls der Seele besteht in der Sehnsucht, aus der Polarität, einer nicht auszuhaltenden Situation der Zerrissenheit, des sich im-Kreise-drehens oder der Stagnation zu einer Mitte zu finden, und zwar jenseits dieser unheilvollen Dynamik. Doch das Erreichen dieser inneren seelischen Mitte ist erst das Ergebnis eines Prozesses. Sie ist anders nicht erreichbar.

2.6.2 Die Zugkraft des unbewussten Willens

Durch die Spaltung entsteht ein unübersehbares Gefälle zwischen dem erwachsenen Bewusstsein und den abgespaltenen seelischen Anteilen, die auf der Entwicklungsstufe ihrer Abspaltung das ganze Leben lang stehen bleiben. Sehr wahrscheinlich ist dieses Gefälle schon jedem einmal aufgefallen. Am ehesten wohl bei Partnern oder bei Kollegen in der Arbeit, manchmal sicherlich auch bei sich selber. Während man unter gleichbleibenden Bedingungen die Form der erwachsenen Überlebensstruktur, also sein öffentliches Gesicht, gut wahren kann, schlagen in Stresssituationen – und dies ist insbesondere für Führungskräfte sehr relevant – die unreifen seelischen Anteile durch und übernehmen die Vorherrschaft. Sie stehen dann im auffälligen Widerspruch zu der sonst intellektuell ausgereiften Persönlichkeit. Diese Widersprüche und das damit verbundene große Gefälle innerhalb der Persönlichkeit sind auf die Existenziellen Grenzerfahrungen zurückzuführen.

Der „Wille" der einzelnen seelischen Anteile, die abgespalten oder im Ahnenfeld verstrickt sind, wird spürbar als eine Zugkraft. Sie zieht den Menschen woanders hin, als der Wille des erwachsenen Bewusstseins. Sie zeigt sich als ein Hingezogen-sein zu etwas. Dieses etwas wiederum sind die ungelösten Themen in der Tiefe des Unbewussten, die die gleichsam mit der Existenziellen Grenzerfahrung in der Spaltung verbunden sind. So zieht es Opfer trotz besseren Wissen immer wieder zu Tätern, andere sind unerklärlicherweise fasziniert von der Gefahr und wieder andere müssen immer sühnen, helfen oder retten, obgleich ihre Kräfte dafür nicht mehr reichen.

Der Wille des erwachsenen Bewusstseins ist bestenfalls ein Korrektor des um ein Vielfaches stärkeren Willens des Unbewussten. Da es sich bei den Existenziellen Grenzerfahrungen häufig um eine Verkettung oder Aufeinanderschichtung handelt, ist ihre Wucht auch ganz erheblich stärker als der Wille eines Einzelnen. Dies führt unweigerlich dazu, dass die Person doch wieder in die Tiefe des Abgespaltenen und Verdrängten gezogen wird. Besonders deutlich wird dies in den Familiensystemen, wo es für den Einzelnen häufig kein „Entrinnen" gibt. Wenn man auch noch so sehr entschlossen ist, nicht so zu werden „wie die anderen" oder seine Unabhängigkeit bewahren will, verspürt man den Sog oder Zug, der einen mitzieht.

> Was sich uns entzieht, zieht uns dabei gerade mit, ob wir es sogleich und überhaupt merken oder nicht. Wenn wir in den Zug des Entziehens gelangen, sind wir – nur ganz anders als die Zugvögel – auf dem Zuge zu dem, was uns anzieht, indem es sich entzieht. Sind wir als die so Angezogenen auf dem Zuge zu dem uns Ziehenden, dann ist unser Wesen schon durch dieses auf dem Zuge zu geprägt. Auf dem Zuge zu dem Sich entziehenden weisen wir selber auf dieses Sichentziehende. Wir sind wir, indem wir dahin weisen, nicht nachträglich und nicht nebenbei, sondern: dieses „auf dem Zuge zu" [...] ist in sich ein wesenhaftes und darum ständiges Weisen auf das Sichentziehende. (Heidegger 1992, S. 9)

2.6.3 Störung hat Vorrang – der Weichensteller im Unbewussten

Der Wille des erwachsenen Bewusstseins besitzt nicht die Kraft und das Vermögen, das Unbewusste zu erfassen, und so verfügt es auch nicht über die Möglichkeiten, etwas zu integrieren, was außerhalb seiner Reichweite in einer Spaltung verdrängt geblieben ist. Vergessen wir dabei nicht die Tatsache, dass es sich bei dem Erstarren und der Spaltung um jene Überlebensmodalität handelt, die eintritt, wenn es nicht möglich ist, dem zu entfliehen, das das Leben unmittelbar bedroht. Es gelingt nicht, weder durch Angriff zu siegen, noch durch Willensanstrengung zu bestehen, auch nicht zu entfliehen. So hat sich dieser Mechanismus des Überlebens evolutionär herausgebildet – und bewährt. Wenn es ums Überleben geht, kann man sich nicht auf Experimente einlassen, und so wirkt es auch in dem ältesten, also archaisch gebliebenen Teil des Hirns, im Stammhirn. Da das Überleben stets Vorrang vor allem anderen hat, ist auch der Vorrang des Stammhirns und der Spaltungsgesetzmäßigkeiten vorgegeben. Die Spaltungsfolgen wirken im Unbewussten dann wie ein Weichensteller.

2.6 Die gespaltene Seele und ihre Dynamiken

Der Weichensteller ist das Symbol für die Spaltungsfolgen der Existenziellen Grenzerfahrung. Er ist in seiner Funktion deshalb als Weichensteller beschaffen, da, wie wir gesehen haben, sich die Folgen der Existenziellen Grenzerfahrung in Form von Spaltung auf allen Ebenen des menschlichen Daseins niederschlagen. Er stellt damit die Weiche für die gesamten Lebensbewegungen eines Menschen.

In der Seele folgen die Gleise dem Leitmotiv der Seele (Abb. 2.8), ihrem Drang nach Reinszenierung als Versuch der Heilung. Die lineare Zeit und das Vergessen als auch der Wille und das Denken haben darauf keine Wirkung, zumal die Spaltung wie ein unabgeschlossener Prozess im impliziten Gedächtnis abgespeichert ist. Die Existenzielle Grenzerfahrung und ihre Folgen bleiben im Unbewussten – einem Seelenraum ohne Zeit – aufgehoben. Aufgrund dieser unbewussten Dynamiken und der Immunität gegenüber den kognitiven Fähigkeiten, formulieren wir den knappen Satz: Störung hat Vorrang.

Streben und Erleben
Durch die polarisierenden Gegenbewegungen kommt es auch zum Auseinanderdriften zweier Bewusstseinsbereiche. Während das Streben vornehmlich von den Überlebensstrukturen geprägt und angetrieben wird, wird das innere Erleben und die Grundstimmung eines Menschen von den Traumastrukturen „gefärbt".

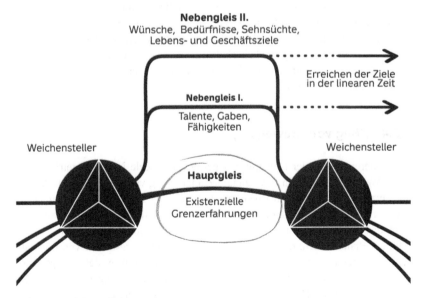

Abb. 2.8 Weichensteller im Unbewussten

Der Blick als Fokus des Bewusstseins ist in der linearen Zeit auf das Verwirklichen, Verwerten und Erreichen von Wünschen, Bedürfnissen, Sehnsüchten, sowie privaten und professionellen Zielen gerichtet. Der bewusste Wille ist im Leben richtungsgebend. Er bedient sich der individuellen Talente, Gaben und Fähigkeiten, um seine Ziele zu erreichen. Eine Person sagt: „Ich weiß, was ich will!", „Ich habe klare Ziele und Vorstellungen", „Ich möchte erfolgreich sein", „Ich will der beste in meinem Fach sein" etc. Diese Ausrichtung, also sein Streben, ist vom Bewusstsein getragen und verläuft entlang der linearen biographischen Zeitachse.

Die Gleise werden im Unbewussten allerdings auf die Wiederholung eingestellt (Abb. 2.9), so dass der Zug sich stets im Kreise bewegt, mal in größeren, mal in kleineren Bahnen, oftmals auch generationsübergreifend. Die äußeren Umstände mögen sich ändern, das innere Erleben bleibt jedoch gleich. Das Bewusstsein mag zum Teil die äußeren Lebensumstände wählen und ändern, doch das was wir innerlich verspüren, also das Innere Erleben, bleibt dem Kreislauf des Unbewussten und seinem Leitmotiv vorbehalten. Die im Unbewussten eingeprägten Muster können nicht etwas anziehen, was sie nicht kennen, also nichts Neues. Was dem unbewussten Leitmotiv widerspricht, kann weder von außen angezogen, angenommen noch verinnerlicht werden.

Im ständigen Hin- und Hergerissensein zwischen den Überlebensstrukturen und Traumastrukturen vollzieht sich das Leben demnach in einem großen Widerspruch. So folgen die geistigen Überlebensstrukturen dem Gesetz der Linearität und reagieren mit dem Motto „mehr oder anders", um ihre Ziele zu erreichen. Sie streben planend nach einem Ziel in der Zeit. Für die traumatisierten Seelenanteile gibt es jedoch kein Anfang und kein Ende zwischen den Polaritäten ihrer Spaltung. Es reicht nie, kommt nie an, wird nie fertig, hört nie auf, etc. – es regiert die Zirkularität im inneren Erleben.

2.6.4 „Weg von" Bewegung

Ein weiterer Aspekt der Dynamik der gespaltenen Seele ist ihr Angetriebensein vom „Weg von". Weg von Bewegung bedeutet – weg von den Traumastrukturen, d. h. weg von dem, was einst bedrohend, verletzend, vielleicht gar erschreckend gewesen ist und was sich seitdem als Ereignis dem erwachsenen Bewusstsein entzieht, da es ins Unbewusste verdrängt wurde. Es ist ein sich Wegbewegen von nicht erfüllten Bedürfnissen, d. h. es geht darum, Abstand zu gewinnen von traumatischen Verletzungen, um diese nicht mehr fühlen zu müssen. Anders gesagt sollen durch dieses Angetrieben-Werden das Auftauchen alter Verletzungen vermieden und nicht erfüllte Bedürfnisse kompensiert werden. Die Überlebensstrukturen werden so in der Tiefe des Unbewussten durch die Weg-von-Bewegung angetrieben.

2.6 Die gespaltene Seele und ihre Dynamiken

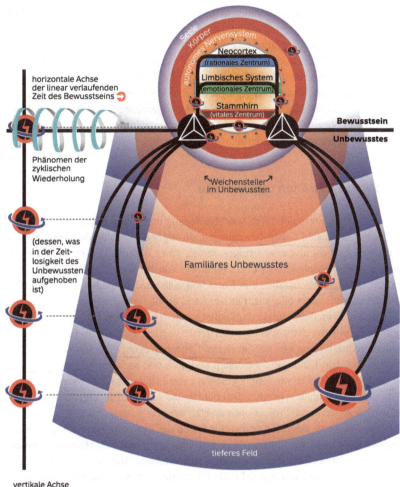

Abb. 2.9 Wirken und Tragweite des Weichenstellers

Dieses Weg von ist zugleich ein Hin zu, nämlich hin zu den ausgleichenden Erfüllungen, den Ersatzbefriedigungen. Durch gewisse Ersatzbefriedigungen wie Macht, Drang nach Kontrolle, Anhäufen von materiellen oder auch nicht materiellen Dingen wie Wissen kann die vergebliche und schmerzhafte Sehnsucht einigermaßen verdrängt gehalten und sozusagen „umgeleitet werden". Diese Kompensation kann jedoch nicht wahrhaft gelingen, da uns der Wiederholungszwang der Seele, sei es ständig oder in gelegentlichen Wiederholungen, mit den Traumazuständen konfrontiert. Dieses unbewusste Weg von den Traumastrukturen und Hin zu den Ersatzbefriedigungen macht die starke Dynamik der Überlebensstrukturen aus, biografisch wie generationsübergreifend.

Allerdings gibt es auch Menschen, denen es nicht gelungen ist, entsprechend starke Überlebensstrukturen aufzubauen und die deshalb ihr Dasein im Zustand der ständigen Überflutung oder Paralyse am Rande der Gesellschaft fristen. Daraus wird ersichtlich, dass die Spanne zwischen der sogenannten Normalität und ihrem Gegenteil in hohem Maße durch mehr oder minder starke und sozial anpassungsfähige Überlebensstrukturen definiert wird.

2.6.5 Projektionen und Defizite

Eine besondere Form der „Weg von" Bewegung und damit Teil der Spaltungsdynamik der Seele sind Lebensbewegungen, die eigene unerfüllte Bedürfnisse kompensieren. Es geht hier also weniger darum, einer Bedrohung von außen zu entfliehen, sondern vielmehr der Leere im innen. Werden kindliche Bedürfnisse nach Sicherheit, positiver Symbiose in Form von Nähe und Empathie, Halt, Stabilität und Verständnis nicht oder nicht ausreichend erfüllt, sprechen wir von Defiziten. Wenn diese Grundbedürfnisse durch die Unzulänglichkeit der Eltern und/oder des ganzen Familiensystems nicht gewährleistet werden, entsteht in der Psyche des Kindes ebenfalls eine kompensatorische Gegenbewegung: Die Grundbedürfnisse werden von dem Kind selbst verdrängt und nach und nach durch die Überlebensstrategien ersetzt. Wie wir bereits gesehen haben, sind diese durchweg von Nicht-Fühlen und Durchhalten geprägt. Das Fühlen und Ausleben der eigenen Bedürfnisse wird dagegen durch Projektionen ersetzt, die derart stark sein können, dass sie die Wahrnehmung verzerren und an die Stelle der Realität gesetzt werden. In der Projektion machen wir andere Menschen oder Umstände verantwortlich, unsere verwehrten, meist kindlichen Sehnsüchte zu erfüllen. Oftmals sollen dann Partner das Verständnis aufbringen, das die Eltern nie aufgebracht haben. Auch unsere eigenen Kinder sollen uns die Vertrautheit schenken, die wir von der Mutter nie so bekommen haben. Die Stellung als Führungskraft im Unternehmen soll den Halt geben, der uns in Form des Urvertrauens von den Eltern nicht gegeben worden ist.

Die zwanghafte Projektion der unerfüllten Bedürfnisse in die Außenwelt und ihre Ersatzbefriedigung kann als der Hauptmotor unserer heutigen Konsumgesellschaft angesehen werden. Er ist aber nicht selten auch der Motor für Höhenflüge im beruflichen Umfeld. Allerdings bremst sich dieser Motor paradoxerweise nach einiger Zeit selbst aus. Durch das Nicht-Fühlen der eigenen Bedürfnisse und Gren-

2.6 Die gespaltene Seele und ihre Dynamiken

zen entstehen belastende körperliche Symptome und eine große Entfremdung. Zudem übertragen wir (unbewusst) die Verantwortung für unser Wohlbefinden an Umstände oder Personen, die logischerweise nie das ersetzen können, was uns einst in der Kindheit versagt war. Konflikte und Enttäuschungen sind so vorprogrammiert. Durch die verzerrte Wahrnehmung der Projektion werden auch Diskussionen darüber immer mit hoher Frustration für alle Beteiligten verbunden sein.

2.6.6 Das Rad der Projektionen

Abbildung 2.10 zeigt wie die Weichensteller, die in Folge Existenzieller Grenzerfahrungen entstanden sind, im Unbewussten das Rad der Projektionen beständig am Laufen halten:

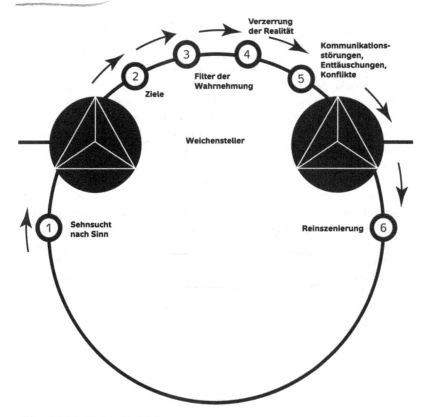

Abb. 2.10 Das Rad der Projektionen

1. Die unbewusste Motivation eines Menschen zeigt sich bereits auf einer tiefen Ebene als Sehnsucht nach Sinn. Wir haben ein grundlegendes Bedürfnis einen Sinn in unserem Tun und Dasein zu erkennen. Im besten Fall reicht uns ein Leben, um herauszufinden, wo unser Platz und was unsere Berufung ist. Diesen Drang nach Selbsterkenntnis könnten wir als Entelechie der Seele, also ein ihr innewohnendes Selbstverwirklichungsprinzip beschreiben. Da diese tiefe seelische Ebene von Anbeginn des Daseins in Folge von Defiziten und Traumata überlagert wird, wird auch ihre direkte Wahrnehmung überlagert. Die Folgen von frühen Existenziellen Grenzerfahrungen werden unter anderem als ebenso tiefes Unerfülltsein empfunden. Mangels des Vermögens zur Unterscheidung dieser beiden seelischen Kategorien werden beide Aspekte (Sehnsucht nach Sinn und ein tiefes Unerfülltsein) in einer vermengten und eher unbewussten Form wahrgenommen.

2. So richtet sich die unbewusste Motivation stellvertretend auf das Erreichen sogenannter lohnenswerter und attraktiver Ziele – geschäftlicher oder privater Natur. Das Erfüllt-sein und die Sehnsucht nach Sinn werden darin genauso unbewusst hineinprojiziert. Die Projektion wird dann zum Motor des Strebens schlechthin. Zugleich soll durch dieses Streben all das Negative und Leidvolle, Unerfülltsein, Mangel, Wertlosigkeit oder Erleiden müssen „ausgeglichen", „vorbeugend vermieden" und „wiedergutgemacht" werden. Beide Aspekte sind darin vertreten. Die unbewusste Motivation wird zu einer kompensatorischen weg-von-Bewegung. Weg von den leidvollen Erfahrungen und dem tiefen Unerfülltsein, hin zu den ausgleichenden Ersatzbefriedigungen materieller, emotionaler oder auch geistiger Art. Die Folgen von Trauma und frühen Defiziten sollen auf diese Art nicht mehr spürbar werden.

3. Im Sinne des Strebens nach Ersatzbefriedigungen wird auch der Wahrnehmungsfilter eingestellt. Alles Störende, also Folgen von Trauma und frühen Defiziten, wird ausgeblendet, während die erstrebenswerten Ersatzbefriedigungen die volle Aufmerksamkeit bekommen. So wird das Unterscheidungsvermögen eingeschränkt und meist nicht einmal voll entwickelt. Die damit einhergehende Blindheit dem Störenden, also den Traumata gegenüber, bedingt zugleich auch seine Wiederholung.

4. Durch die unbewusste Einstellung des Wahrnehmungsfilters entsteht eine verzerrte Wahrnehmung, die sich unter anderem im verzerrten Ausdruck, verzerrter Darstellung der Sachverhalte, Emotionen und Ereignissen niederschlägt. Dies schafft in Summe die wahrgenommene und auch erlebte Realität.

5. Die derart erlebte Realität wird häufig von Kommunikationsstörungen, Missverständnissen, Missstimmungen und Enttäuschungen begleitet oder bestimmt. Das Ausgeblendete, Störende und Negative verschwindet nicht einfach, son-

2.6 Die gespaltene Seele und ihre Dynamiken

dern wird auf allen Ebenen mit voller Wucht des Unbewussten auf die Umwelt projiziert.

6. Schlussendlich zieht man sich unbewusst gerade diejenigen Reaktionen aus der Umwelt an, die man vermeiden wollte. Diese nicht erstrebenswerten Reaktionen werden im Sinne der unbewussten Motivation ausgewertet und bestätigen wiederum den Inhalt dergleichen. Der Motor der Reinszenierung ist nun voll im Gange. Auf dieser Art dreht sich das Rad immer wieder im Kreislauf der unerfüllten Bedürfnisse. Den Weg aus der ständigen Wiederholung desgleichen wird nur die Arbeit an dem unbewussten Weichensteller selbst herbeiführen können. Durch seelisches Unterscheidungsvermögen entsteht ein neuer Raum der Autonomie. Selbstbestimmtes Leben und Handeln ist erst dann wirklich möglich.

2.6.7 Widerstand – oder die Zwecklogik des Verdrängens

Wann und ob eine unbewusste Überlebensstruktur gerade unser Leben führt oder gar beherrscht spüren wir besonders deutlich anhand von Widerstand.

> Furcht und Widerstand sind die Wegweiser, die an der via regia zum Unbewussten stehen. (C.G. Jung 2000, S. 195)

Überlebensstrukturen erfüllen ihre Funktion, indem sie das unerträgliche Geschehen ständig und verlässlich verdrängt halten. Dies zeigt sich nach außen auch als ein Widerstand gegen alles, was das Verdrängt-Halten gefährden oder die zweckmäßige Logik der Überlebensstrukturen in Frage stellen könnte. Der Zweck der Überlebensstrukturen besteht ja eben im Verdrängen dessen, was einst das Leben bedrohte. Auf diese Weise ist und bleibt die Logik der Überlebensstrukturen an diesen Zweck gebunden. Die Logik des Überlebens erscheint uns allerdings in gänzlich anderen Umständen versetzt, also z. B. Jahrzehnte oder Generationen später, eher irrational oder unvernünftig. Statt lebensbejahend wirkt sie lebensverneinend, indem sie paradoxerweise durch den beabsichtigten Schutz des Lebens das Leben selbst einschränkt. Warum wird man angetrieben, selbst wenn es einem offensichtlich schadet und keineswegs notwendig erscheint? Warum muss man immer „gewinnen", auch wenn dadurch die Gesundheit oder menschliche Beziehungen aufs Spiel gesetzt werden? Warum ist man immer auf der Hut, obwohl keine Gefahr von außen droht?

Der Preis der einst notwendig war, um das pure Überleben zu retten, wird auch noch viel später und immer wieder bezahlt. Das fortwährende Verstricktsein in die Folgen der Existenziellen Grenzerfahrung bedeutet das Erstarren der vitalen Lebensenergie im Hier und Jetzt. Der Widerstand ist eine spezifische Erscheinung dieser im Leben manifestierten Nicht-Bewegung der Seele. Es steht außer Frage, dass es sich dabei keineswegs um ein logisches Verhalten handelt.

> **Lese-Tipp** Fallbeispiel 8: „Mein Unwille". Ein Bauunternehmer steht sich bei Veränderungen selbst im Weg.

Der Widerstand zeigt sich manchmal auch darin, dass man bestimmte Dinge einfach nicht zu Ende denken kann und sich stattdessen in Beliebigkeit oder allgemeinen Wahrheiten flüchtet. Diese Allgemeinplätze in Bezug auf menschliches Verhalten oder soziale Verhältnisse stehen dann nicht im konkreten Kontext der eigenen Familiengeschichte und Persönlichkeit. Indem man alles beliebig, also nicht konkret, denkt, denkt man auch existenzielle Angelegenheiten nicht konsequent zu Ende. So vermeidet man erfolgreich die Angst vor dem Erkennen einer Traumawunde. Das nicht zu Ende denken verhindert das in Beziehung setzen von Trauma und den sich im Leben zeigenden Dingen. So entsteht eine „Traumablindheit" (Ruppert 2010, S. 61), die mit einer diesbezüglichen Beliebigkeit in der Meinungsbildung Hand in Hand geht.

Die Traumafolgen selbst sind nun aber keineswegs beliebig, sondern haben ihre klaren Gesetzmäßigkeiten, die das menschliche Leben maßgeblich, man kann tatsächlich auch sagen schicksalhaft formen und verformen, und zwar ganz unabhängig von jeder Meinung. Traumaspaltung und ihre Folgen innerhalb der Seele gehören in die Kategorie der konkreten Gegebenheiten und nicht der Beliebigkeit. Die Kategorienverwechslung von Gegebenheit und Beliebigkeit ist selbst auch schon eine Form von Widerstand, zumal sie selbst zwanghafte Züge einer Ideologie trägt.

2.6.8 Täter- und Opferdynamik

Jede Existenzielle Grenzerfahrung innerhalb eines Beziehungsgeflechts erzeugt, außer bei Naturkatastrophen oder unpersönlichen Unglücken, gezwungenermaßen ein Opfer und einen Täter. In dem jeweiligen historischen Kontext bleiben Opfer und Täter durch die Untat in einem faktischen und seelischen Raum aneinander gebunden. Die Untaten und Geschehnisse, die der Täter- und Opferdynamik zugrunde liegen, werden oft als Tabu verdrängt. Doch aus dem Unbewussten heraus entfaltet diese Dynamik eine starke Wirkung, die zu einem Sog wird. Dafür verantwortlich ist die doppelte Spaltung, die an die Existenzielle Grenzerfahrung gekoppelt ist. Denn sowohl Täter als auch Opfer müssen sich spalten, um die Schuld

2.6 Die gespaltene Seele und ihre Dynamiken

ebenso wie den Schrecken verdrängt zu halten. Die Spaltung ist natürlich auf beiden Seiten keine freie Wahl und geschieht als Folge der Tat aus dem seelischen Überlebensmechanismus heraus.

Die verdrängte Untat wird so zum Weichensteller im Unbewussten. Der Heilungsimpuls der Seele zeigt sich, wenn die gesamte destruktive Verbindung sichtbar wird. Diese besteht eben aus allen Aspekten der Täter- und Opferdynamik. So entwickelt sich ein Leitmotiv der Seele, das nach Sühne, Rache, Wiedergutmachung oder Gerechtigkeit strebt. Dieses Motiv erfasst das gesamte Leben, und man zieht Beziehungen und Umstände an, in denen sich dasselbe Chaos zwischen Täter und Opfer ständig reinszeniert. Dieses Motiv ist genauso zeitlos wie die Täter-Opfer-Spaltung als unabgeschlossener Prozess im impliziten Gedächtnis, und es wirkt daher auch in die nachfolgenden Generationen hinein. Die Weitergabe und Verinnerlichung erfolgen unbewusst und automatisch, indem man in ein solches System hineingeboren wird und somit notgedrungen diese Dynamik in sich aufnimmt. Diese verinnerlichte Dynamik nimmt dann im Leben automatisch ihren Lauf, da das als Tabu Verdrängte nicht in der Verdrängung verloren geht, sondern weiter wirkt. So wird man ungewollt in diese Dynamik verstrickt, die nicht selten die Züge einer griechischen Tragödie annehmen kann. Die Symptome der Untat zeigen sich dann flächendeckend, wenngleich äußerst ungleich verteilt, innerhalb vieler Generationen. Einer mag sich mehr mit den Opfern identifizieren, der andere mehr mit den Tätern. Beide Anteile können aber nur durch ihren Bezug zu der Untat bestehen. In diesem Bezug gibt es nichts Gesundes, und so wirkt die Gesamtheit der Untat immer weiter fort. Es gibt schlicht und einfach allein deshalb keinen Ausweg aus der Verstrickung, weil der Einzelne sich nicht außerhalb dieser Dynamik stellen kann. Diese Dynamik waltet im familiären Unbewussten, in dem die Seele des Einzelnen aufgehoben ist. Erst später als Erwachsener kann man sich seine eigenen Täter- und Opferanteile bewusst machen.

Es zeigt sich bei manchen Menschen als mörderische Wut, andere überkommt häufig tiefe Trauer, die sie als Depressionen oder Stimmungsschwankungen erleben, und sie wollen ständig den Schwächeren helfen oder das weltweite Unrecht bekämpfen. Sie empfinden leicht und schnell Mitleid und neigen dazu, sich für andere aufzuopfern.

Bei nicht wenigen Menschen zeigen sich in unterschiedlichen Lebensrollen aber auch beide Anteile. Der eine ist mehr Täter, z. B. im beruflichen Umfeld. Der andere ist eher das Opfer zu Hause, weil er für alles verantwortlich gemacht wird und sich für das Wohl aller anderen Familienmitglieder aufopfert. Viele sind Engel und Teufel, Lamm und Wolf zugleich, und jeder kennt es in der einen oder anderen Ausprägung von sich oder seinen Mitmenschen.

Diese Dynamik wie die Rollenverteilung sind in den seltensten Fällen wirklich situationsbedingt, vielmehr folgen sie Mustern der ständigen Wiederholung und des konstanten inneren Erlebens. Dieser oder jener fühlt sich in dieser oder jener Situation „immer" als Opfer. Andere „müssen" den Antreiber und harten Geschäftsmann darstellen, weil es sonst „niemand anderes" macht. Sie opfern ihre Gut- und Sanftmütigkeit zum Wohle der Aufgabe, die es „zu erledigen" gilt.

Diese und weitere Beispiele zeigen, dass es zwischen den Polaritäten „Täter" und „Opfer" eigentlich so gut wie keine scharfe Trennlinie gibt. Das eine bedingt das andere, und nur in ihrer gegenseitigen Bezogenheit zur Untat sind sie existent.

Diejenigen Seelenanteile eines Menschen, die sich aus der Täter- und Opferdynamik des Systems nicht herausgelöst haben, können gar kein Leben im eigentlichen Sinne anziehen oder bewirken. Denn ihre abgewandte Seite Dynamik zeigt sich immer in einer Erstarrung, ob als emotionale Kälte des Täteranteils, oder eingefrorene Emotionalität des Opferanteils. Leben, das Fließende, das Lebendige, das Kreative, eben das Vitale und das das Leben selbst Bewirkende sind mit dieser destruktiven Dynamik nicht zu vereinbaren. In der Zone dieser Dynamik lässt sich kein gesundes Leben etablieren, so stark der Wunsch und die Sehnsucht danach auch sein mögen. (siehe Abb. 2.11– Täter- und Opferdynamik)

Täter- und Opfer-Dynamik – Schema Erläuterung

I. Früherer, oft ebenfalls durch Gewalt deformierter Anteil des Täters. Dieser Anteil ist oft ganz abgespalten, doch darin ist auch das ganze menschliche Vermögen, Fühlen und Wahrnehmen und moralisches Empfinden unterdrückt. Dies ist die Voraussetzung für spätere Untaten.

II. Der nichts fühlende Anteil des Täters, getrieben entweder durch rein tierische Impulse der Lustbefriedigung und dergleichen mehr, oder besetzt vom unpersönlichen Macht- und Vernichtungsstreben, das vor nichts zurückschreckt.

III. Untat, definiert vor allem durch Gewalt, wodurch Opfer und Täter zueinander in einem Raum ohne Zeit gebunden sind. Dieses Aneinander-Gebunden-Sein durch Untat lässt die Sogwirkung (oder Zug) entstehen, welche die nächsten Generationen in den Sog des Wiederholungszwanges hineinziehen. Die Symptome der Untat zeigen sich flächendeckend, in unterschiedlicher Ausprägung, innerhalb vieler Generationen.

IV. Opferanteil, erstarrt im Schock, Erniedrigung, Angst sprachlosem Schrecken, oder gar in perimortalen Bewusstseinszuständen der Seele. Diese entstehen durch einen schnellen, gewaltsamen Tod, Hinrichtung, Kampfhandlungen, Selbstmord etc.

2.6 Die gespaltene Seele und ihre Dynamiken

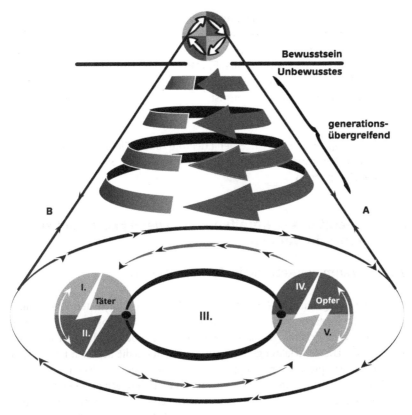

Abb. 2.11 Täter- und Opferdynamik

V. Abgespaltener Opferanteil, in dem eine mörderische Wut (auf den Täter), Hass und Sehnsucht nach Rache umso mehr präsent sind, je unmöglicher es war, sie zu zeigen und auszuleben. Durch die Identifikation mit dem Opfer, kommt es auch zu der Identifikation mit dessen unterdrückter Aggression, die unbewusst gegen sich selber gerichtet wird. Die so entstandene Auto-Aggression steht oftmals hinter Auto-Immunerkrankungen. Der Grund vieler „Unfälle" ist oftmals die gleiche unbewusste Dynamik.

A. Sehnsucht und Drang nach: Erlösung, Rettung, Sühne, sich schuldig fühlen und daher sich selbst bestrafen, sich kein Glück, keinen Erfolg erlauben, etwas wieder gut machen wollen.

B. Die erschöpfende Last der Identifikation: das Hineingezogen werden ins Chaos der Täter- und Opferdynamik, sowie das Entfesseln, Reinszenieren desgleichen in der Außenwelt, sei es in den Partner- oder auch Arbeitsbeziehungen. Mal mehr als Opfer, mal mehr als Täter. Ein Opfer ist oft ein Täter an sich selbst und umgekehrt. Ein Täter ist oft so getrieben, dass er im Inneren ein passives Opfer der inneren Dynamik des Systems ist.

▶ **Lese-Tipp** Fallbeispiel 1: „Es fehlt der rote Faden". Ein selbstständiger Unternehmensberater beklagt sich über mangelnde Stabilität in seinem Berufsleben.

2.7 Generationsübergreifende Tragweite Existenzieller Grenzerfahrungen

2.7.1 Traumaverkettung im Familiensystem

Die Verstrickung mit den Ahnen und die Überflutung durch deren verdrängte traumatische Zustände schafft im Unbewussten eine Prädisposition, die ähnliche traumatisierende Erfahrungen in der eigenen Kindheit oder auch später nach sich ziehen kann. Dieses Erfahrungswissen wird auch durch die neuesten Forschungsergebnisse der Epigenetik bestätigt. Tierstudien der Emory University School of Medicine konnten nachweisen, dass traumatische Erfahrungen die DNA im Erbgut der Elterngeneration verändern und so transgenerational weitergegeben werden (Quelle: http://www.nature.com/neuro/journal/v17/n1/abs/nn.3594.html). In der Folge haben wir es mit einer Überlappung, oder gar einem Aufeinander-Gestapelt-Sein traumatischer Zustände zu tun. Bildhaft gesprochen zeigt es sich wie eine Traumaverkettung.

Die stärkste und wohl grundlegende existenzielle Schicht dieser Verkettung entsteht durch eine Verstrickung mit der Eltern-Generation. Diese Verstrickung übt eine starke Sogwirkung aus, die zur Gänze unbewusst bleibt. Diese Verstrickung ist oft die einzige Art der Identitätsbildung, die das Kind aus dessen eigener Perspektive vor dem Fall ins schiere Nichts zu retten scheint. Dies gilt insbesondere, wenn die Eltern selber traumatisiert und in Folge dessen psychisch nicht für das Kind anwesend sind. Die reine Leere (horror vacui) vermag das Kind nicht zu ertragen. Ganz unbewusst halten daher die kindlichen Anteile stark an dieser Verstrickung fest, ganz unabhängig davon, ob diese tragend, einengend oder gar destruktiv ist.

Die frühkindliche Seele, die noch über kein ausgeprägtes, abgegrenztes und bewusstes Ich verfügt, saugt die fremden seelischen Inhalte auf, unfähig, sie zu bewerten und zu unterscheiden: die der Mutter sowie die des Vaters und auch die der früheren Ahnen. So begibt sie sich automatisch in die Verstrickungen mit diesen fremden seelischen Inhalten und wird in der Überflutung durch diese um ihr Selbst gebracht. In diesen verstrickten frühkindlichen Anteilen gibt es kein Selbst, also nichts, was dem Kind selbst gehören würde. Die frühkindliche Psyche hat gar keine Möglichkeit, auf eine Verstrickung zu verzichten, da das nötige Unterscheidungsvermögen einfach noch nicht vorhanden ist. Das Verstricktsein ist insofern etwas von vornherein Gegebenes, etwas, das dem „Geworfensein ins Dasein" immanent ist. Es bildet unsere Grundlage, die sich gleichzeitig dem Zugriff des Bewusstseins entzieht und dabei eine mächtige, oft tranceartige Sogwirkung ausübt.

So oder so ist das Familienfeld ein formendes und verformendes Feld. Aus dem Stoff des Familienfeldes, das aus den Traumata, den Überlebensstrategien und auch den gesunden Anteilen der Einzelnen besteht, werden wertvolle Qualitäten gewonnen. Aus *dem Erbe der Mustern und Gestalten* (R. M. Rilke) werden diejenigen Muster und Qualitäten der Ahnengestalten aufbewahrt, erhalten und fortgeführt, die sich im Einzelnen abgebildet haben. In diesem Sinne können sie als eine veredelte Substanz für die weitere Entwicklung aufgehoben.

2.7.2 Erb- und Zwangsschicksal

Die kaum zu unterschätzende Tragweite der Seele geht also weit über das Persönliche und Biographische hinaus. Unser Seelenwesen ist immer auch ein geschichtliches Wesen. Besonders die Verstrickung bzw. das unbewusste Hineingezogenwerden in die machtvolle Täter- und Opfer-Dynamik der *Tiefe des familiären Unbewussten* (Begriff von Leopold Szondi 1937) zeigt sich in Wiederholungen tragischer Schicksale.

Nicht von ungefähr formulierte Szondi sein Erb- und Zwangsschicksal als die unfreie Wahl in Liebe, Freundschaft, Beruf, Krankheit und Tod. Eine wahrhaft greifbare Formulierung, zumal das Erb- und Zwangsschicksal im Gegensatz zum *frei gewählten Schicksal* (Szondi) steht. Freiheit offenbart sich erst in einem seelischen Raum außerhalb der Verstrickung, wo eine freie Lebenswahl möglich wird. *Das persönliche Schicksal* ist schlussendlich die dialektische Koexistenz beider vorigen Schicksalskategorien. Das Erb- und Zwangsschicksal von Leopold Szondi wird also als der dialektische Gegenpol des frei gewählten Schicksals definiert. Die Grenze verläuft wie eine unsichtbare Linie zwischen den fremden seelischen Inhalten und den eigenen seelischen Inhalten, wie es Franz Ruppert postulierte.

Diese Grenze wird in der differenzierten und methodologisch geleiteten Traumaarbeit erst wahrnehmbar und sichtbar. Schicht für Schicht, da die Verstrickungen mehrschichtig sind, oder gar eben als eine Traumaverkettung erscheinen.

2.7.3 COEX – System of condensed experience

Das Grundthema im Familiensystem, das stets auch eine Existenzielle Grenzerfahrung ist, zeigt sich generationsübergreifend in vielen Varianten. Es kann sich z. B. um das innere Erleben von Verlust handeln. Sei es der Verlust der Heimat, des Eigentums, einer nahen Person (Verlusttrauma) und weitere Formen des Verlustes – sie haben trotz ihrer unterschiedlichen und nach außen hin auch unvergleichbaren Formen einen gemeinsamen Nenner: das innere Erleben der Existenziellen Grenzerfahrung. Damit können als Folge die Vereinsamung, das Gebrochensein und weitere Formen des Leidens zusammenhängen.

Da der Mensch ein Mehrgenerationswesen ist (Franz Ruppert), bekommt dieser gemeinsame Nenner der verdichteten Erfahrung die Form eines Motivs, nach dem sich auch die späteren Erfahrungen des Menschen wie von selbst wiederholend ordnen. Es handelt sich also nicht um einzelne, voneinander isolierte Erfahrungen, sondern um ihr Aufeinander-Gestapelt-Sein, oder ihre Verkettung. Jede Schicht erscheint als Variante eines Grundthemas, das sich mehrfach wie ein roter Faden durch das Familiensystem zieht. Da man durch die Identifikation mit den Trägern aus dem Familiensystem auch alle in sich angelegt hat, kann man über einen Komplex verdichteter Erfahrung sprechen. Stanislav Grof beschrieb dieses Phänomen als *System of condensed Experience* – System verdichteter Erfahrung (COEX). Abbildung 2.12 zeigt, wie die verdichtete Erfahrung durch das innere Erleben und Empfinden als ein unbewusstes *Leitmotiv der Seele* wirkt. Dieses Leitmotiv umfasst mehrere Generationen und wirkt im familiären Unbewussten (Leopold Szondi). In diesem Sinne könnte man sagen: Wir haben nicht die Seele, sondern die Seele hat uns.

> **Lese-Tipp** Fallbeispiel 2: „Es ist alles viel zu leicht". Ein aufstrebender Manager der Automobilbranche sucht zwanghaft nach Extremen in seinem Leben.

Da Verstricktsein und Gespaltensein im persönlichen Unbewussten, sowie gleichzeitig die Trauma- und Tabuthemen des familiären Unbewussten (Leopold Szondi) eng miteinander verflochten sind, stehen sie auch nicht von ungefähr mit den ewig menschlichen, archetypischen Themen des kollektiven Unbewussten (C.G. Jung)

2.7 Generationsübergreifende Tragweite Existenzieller Grenzerfahrungen 57

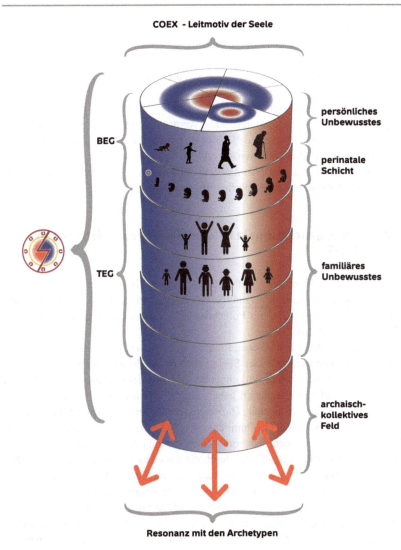

Abb. 2.12 System of Condensed Experience

BEG = Biografisch-persönliche Existenzielle Grenzerfahrung
TEG = Transgenerationale Existenzielle Grenzerfahrung

in einer Resonanz. Umgekehrt, wären die archetypischen Ur-Themen keine ewig menschlichen, wenn sie nicht in ständigen Neuauflagen im persönlichen und familiären Kontext vorkämen.

Abbildung 2.12 „COEX" zeigt weiterhin die perinatale Schicht des Unbewussten (S. Grof), die wie eine Pforte zwischen dem persönlichem Unbewussten und den zwei folgenden Schichten des Unbewussten (die bei Grof in dem Sammelbegriff „transpersonal" zusammengefasst werden) anzusehen ist. Diese Pforte besteht aus vier Geburtsphasen (BPM – basic perinatal matricies) deren spezifisch traumatisierenden Abdrücke sich sowohl im späteren Leben widerspiegeln, als auch ein Bindeglied zu den Traumaketten der Ahnen und Inhalten des kollektiven Unbewussten mit ihren archetypischen Bildern darstellen.

2.7.4 Transgenerationale Existenzielle Grenzerfahrungen (TEG)

An dieser Stelle gilt es sowohl die Unterscheidung als auch die Verzahnung der transgenerationalen und der persönlich-biographischen Existenziellen Grenzerfahrungen darzustellen, wobei im Folgenden als Abkürzungen hier auch TEG und BEG verwendet werden.

Die TEG, z. B. im historischen Rahmen des Zweiten Weltkrieges, und das aus ihr entspringende Leitmotiv der Seele haben in der dritten oder vierten Generation danach die gleich starke Wirkung, obwohl sich die politisch-gesellschaftlichen Umstände grundlegend verändert haben. Die neuerlichen Veröffentlichungen von Sabine Bode „Kriegsenkel" und „Die vergessene Generation" legen dafür ein gutes Zeugnis ab. Indem man in ein Familiensystem geboren wird, wo diese Existenziellen Grenzerfahrungen mehrfach vorkommen, nimmt man sie als Mehrgenerationswesen unbewusst in sich auf, und durch die unbewusste Verinnerlichung werden sie zum eigenen Leitmotiv der Seele, das auch im eigenen Leben seine Wirkung entfaltet. Dieser unbewusste Impuls führt weitere ähnlich geartete Existenzielle Grenzerfahrungen herbei, die natürlich nun einen eigenen persönlich-biographischen Charakter aufweisen. Dadurch entsteht eine weitere Schicht des gleichen Leitmotivs, und das Leitmotiv erhält wieder neue Wirkungskraft im Leben des Einzelnen.

Die TEG bestehen im familiären Unbewussten, das wie ein seelischer Raum ohne Zeit ist. Von dort wirken sie in die linear verlaufende Zeit der späteren Generationen hinein. Der rote Faden, der sich durch die Generationen zieht und der die Zeitlosigkeit des familiären Unbewussten mit der linear verlaufenden Zeit des Einzelnen in späteren Generationen verbindet, ist das Leitmotiv der Seele.

Das Motiv hat seine Quelle in den TEG, doch werden sie als Fluss durch die BEG ständig aktualisiert.

▶ **Lese-Tipp** Fallbeispiel 10: „Keine Sexualität in der Ehe". Ein Mann kann seine Sexualität nur außerhalb der Ehe erleben.

2.7.5 Traumaursachen im Familiensystem

Abbildung 2.13 Traumaursachen im Familiensystem zeigt, wie die 12 verschiedenen Kategorien Existenzieller Grenzerfahrungen innerhalb des Systems, die Ursachen für viele weitere Symptome sein können. Viele Symptome (z. B. Alkoholismus oder Gewalt) sind zwar selbst Folge-Symptome, doch in ihrer Ausprägung, Gewichtung und Wirkung werden sie zur Ursache späterer Existenzieller Grenzerfahrungen der Nachfahren. Damit handelt es sich genauer gesagt um Traumaverkettungen. Dieses Erfahrungswissen wird inzwischen auch durch die neuesten Forschungsergebnisse der Epigenetik untermauert.

Abbildung 2.13 zeigt 12 Kategorien Existenzieller Grenzerfahrungen innerhalb des Familiensystems, die Ursachen vieler Symptome sein können. Einige Symptome sind selbst wiederum Folge-Symptome (z. B. Alkoholismus oder Gewalt), doch in ihrer Ausprägung, Gewichtung und Wirkung sind sie zu Ursachen späterer Existenzieller Grenzerfahrungen anderer Menschen geworden.

1. Krankheitsbilder im System – Multiple Sklerose, Infarkt, Krebs, Diabetes, Schilddrüsen-Erkrankungen, Hauterkrankungen, Autoimmunerkrankungen, sowie auch Herzerkrankungen
2. Todesursachen im System – Krebs, Infarkt, Todesunfälle
3. Psychische Störungen im System – Schizophrenie, Depressionen, Wutausbrüche
4. Alkoholismus im System – in all seinen Varianten, sowie absolutes Ablehnen von Alkohol
5. Selbstmorde im System – ist oft Tabu im System
6. Gewalt – Gewalttaten innerhalb des System, oder auch Gewalt im historischen Rahmen, die den einzelnen Mitgliedern von anderen zugefügt wurde, wie Krieg, Flucht, Vertreibung. Oder der umgekehrte Fall, wenn von ihnen anderen Gewalt zugefügt wurde, wie Hinrichtungen der Zivilisten im Zweiten Weltkrieg, Arisierungen und dergleichen mehr. Im breitesten Sinne erfasst dieser Fall die Täter- und Opferdynamik. Der gesamte Komplex um Gewalt ist oft ein Tabu im System.
7. Abtreibungen – sind oft Tabu im System

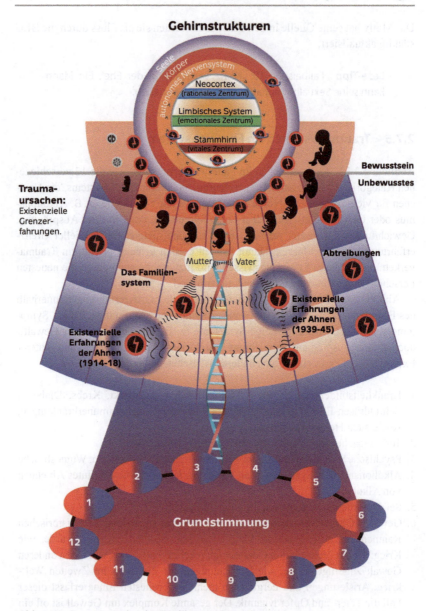

Abb. 2.13 Traumaursachen im Familiensystem

2.7 Generationsübergreifende Tragweite Existenzieller Grenzerfahrungen 61

8. Missbildungen und Behinderungen – dies betrifft Kinder und auch Erwachsene
9. Früh verstorbene Kinder. Noch Anfang bis Mitte des 20. Jahrhunderts starben Kinder an Krankheiten im frühen Alter.
10. Die im Krieg Gefallenen und schwer Verletzten – schwere Schicksale, die perimortalen Bewusstseinszustände eines qualvollen, langsamen Todes (z. B. Bauchschuss) oder das Erstarren durch einen schnellen, gewaltsamen Tod (z. B. Explosionen)
11. Vergewaltigungen oder Missbrauch – z. B. Massenvergewaltigungen durch die Rote Armee im Jahre 1945 oder Missbrauch innerhalb des Familiensystems – oft ein Tabu
12. Schicksalsschläge – Naturkatastrophen, Heimatverlust, Vertreibungen, Enteignungen, und auch Schicksale die sich aus kontinuierlich schweren Lebensumständen ergeben. Letztere sind zwar an sich nicht tödlich, doch ihrer Natur nach bewegen auch sie sich an den Grenzen des Verträglichen. Weitere Formen von Schicksalsschlägen sind: Entwurzelung, Vereinsamung, Schwere, erschlagende Arbeit, Verrat, oder der Verlust naher Personen.

Auch ein Leben neben einem Menschen, mit dem man nicht normal leben kann – also das Leben neben einem Gewalttäter, Alkoholiker, oder einem schwer traumatisierten Menschen (als Folge der Schlachten des Ersten oder des Zweiten Weltkrieges) ist an sich eine Existenzielle Grenzerfahrung, die zur seelischen Spaltung führt. Genauso wie das ständige gebären müssen, ohne der Möglichkeit, den Kindern existenziell-materiell Sicherheit geben zu können.

Zum Tabu muss gesagt werden, dass es an sich keine selbstständige Kategorie im Sinne dieser Auflistung ist. Tabu hat an sich noch keinen Inhalt, sondern ist die Bezeichnung dessen, was ob seiner Unzumutbarkeit, oder sogar Unvorstellbarkeit wegen verdrängt und verschwiegen wurde. Genau deshalb wiederholt es sich jedoch in den Folgen. Unstimmigkeiten in den Aussagen der Ahnen über bestimmte Ereignisse oder ein auffälliges Schweigen darüber, können Hinweise auf ein Tabu im System sein. Ein Tabu ist immer mit einem nicht geringen Widerstand verbunden. Nicht selten innerhalb des ganzen Systems. Ein weiterer Hinweis auf ein Tabu ist die Grundstimmung im System, die sich durch Schwere, Sprachlosigkeit und Erstarrung sowie Phobien und andere psychische Störungen bei einzelnen Systemmitgliedern auszeichnet.

2.7.6 Die Instanz des transgenerationalen Verdrängens

Da die Familienseele durch die TEG über Generationen in Spaltung gehalten wird, gibt es auch hierfür eine Überlebensstruktur. Sie entsteht als überpersönliche Überlebensinstanz innerhalb des Systems, und zwar als die abgewandte Seite der Täter- und Opfer-Dynamik. Sie wirkt wie ein Damm, der die destruktive Flut der Täter-Opfer-Verstrickung einigermaßen zurückhält. Die Instanz des transgenerationalen Verdrängens waltet innerhalb des Systems als eine unbewusst wirkende Kontrollinstanz, von der jeder im System genauso unbewusst besetzt ist, während die Opfer- und Täter-Dynamik überall durchsickert und sich zu manifestieren beginnt.

Dies bestimmt sowohl das Äußere als auch das innere Erleben eines Einzelnen, gegebenenfalls auch das einer Familie oder einer Gruppe. Zwar übt der Einzelne bewusst keine Kontrolle aus, aber er wird von einer mächtigen Kontrollinstanz in Schach gehalten. Diese Instanz diente wie alle Überlebensstrukturen ursprünglich dem puren Überleben, indem es das Überleben des Opfers in schwer vorstellbaren Umständen ermöglichte oder das Gewissen des Täters vor unerträglich schwerer, lebenslanger Schuld bewahrte. Später – nach Generationen – wird eben diese, zum Schutz des Überlebens etablierte Instanz im System zu der größten Bremse und Einschränkung des Lebens selbst. Es ist ein Überleben auf einer kleinen Insel, ein Leben auf Sparflamme, kein breiter Lebensfluss.

▶ **Lese-Tipp** Fallbeispiel 6: „Kein eiskalter Stein werden". Die Nachfolgerin eines Familienunternehmens will nicht so „kalt und hart" werden wie ihre Mutter.

2.7.7 COEX am Beispiel der Weltkriege

Im Rahmen der Traumaarbeit hat sich das detaillierte historische Wissen, insbesondere bezüglich der historischen Ereignisse des 19. und 20. Jahrhunderts, als unverzichtbar erwiesen. Traumata und Zustände der Ahnen werden oft erst vor dem Hintergrund beider Weltkriege, der sozialen Umstände und der engen Traditionen der damaligen Zeit verständlich, und die Folgen dieser Traumata reichen wie ein Dominoeffekt bis zum heutigen Tag. Das historische Wissen ist eher als ein Rahmenwissen notwendig, das den Blick für das schärfen soll, was in der Aufstellung auftaucht und erst vor dem Hintergrund historischer Ereignisse einen Sinn ergibt. Wir dürfen nicht vergessen, dass wir in einer ganz anderen Welt leben als unsere Ahnen noch vor Jahrzehnten. Die schnelle Entwicklung der letzten 100 Jahre hat uns in eine neue Welt hinein katapultiert. „Die Welt von gestern" (Stefan Zweig), die das Leben unserer Ahnen prägte, ist ohne historisches Wissen und Bewusstsein

2.7 Generationsübergreifende Tragweite Existenzieller Grenzerfahrungen

von uns nur schwer nachvollziehbar. Es geht hier nicht nur um einzelne historische Ereignisse, sondern um den gesamten historisch-sozialen Rahmen. Es ist beispielsweise von entscheidender Bedeutung zu wissen, wie vor hundert Jahren Abtreibungen vorgenommen wurden. Zum einen waren Abtreibungen damals gesetzlich mit Strafe bedroht, zum anderen lässt aber erst das historische Wissen ein Bild davon entstehen, was Frauen damals erlebt haben und wovon sie möglicherweise tief gezeichnet geblieben sind.

Durch die Schrecken des Ersten Weltkrieges, die sich tief in die Seelen der Soldaten einprägt haben, wurde das Bindungsgeflecht des Familiensystems ebenfalls nachhaltig verändert. In der nachfolgenden Generation finden wir gefühlsarme Beziehungen, die sich nach der Explosion der Gewalt im Krieg auf das System legten. Mit diesem einschneidenden Ereignis sind Vitalität und Emotionalität quasi verloren gegangen, weil sie nicht mehr gelebt wurden. Von einer Generation zur nächsten wurden diese Qualitäten nicht gespiegelt und auch nicht weitergegeben. Die Atmosphäre der Beziehungslosigkeit, die dann in den nachfolgenden Generationen auftauchen kann – und möglicherweise gar nicht auffällt – ist wie ein Nachklang der unvorstellbaren Schlachten des Ersten Weltkrieges.

Kehrte ein Mann, es mag unser Großvater oder Urgroßvater sein, aus den Schlachten des Ersten Weltkrieges zurück, war er nicht selten existenziell traumatisiert. Um den Krieg zu überleben, musste sich seine Persönlichkeit aufspalten und ein verrohter Überlebensanteil seiner selbst kehrte nach Hause zurück. Genauer gesagt: Die Spaltung der erstarrten Schockenergie und ihre Verdrängung ins Unbewusste fanden im Unbewussten automatisch statt. Einer Teilnahme des menschlichen Bewusstseins und der Willensanstrengung bedurfte es dabei gar nicht. Daran erkennt man auch den uns von der Natur eingepflanzten Überlebensmechanismus, ohne den die menschliche Art wohl längst ausgestorben wäre.

Fahren wir im Rahmen des oben angeführten Familiensystems mit dem aus dem Krieg heimgekehrten Soldaten fort:

Für seine Frau, also für die Frau des aus dem Ersten Weltkrieg zurückgekehrten Mannes, nennen wir sie in dieser Generationsfolge die Großmutter, ist sicherlich ein anderer Mensch aus dem Krieg zurückgekehrt, denn wer überhaupt zurückkehrte, war immer ein anderer als der, der in den Krieg gezogen war. Infolge der erlebten Fremdheit dem eigenen Manne gegenüber hat sie ihre Gefühlsanteile zurückgezogen. Auch der Mann konnte sich ihr gegenüber nicht mehr öffnen, zumal in der wirtschaftlich sehr schwierigen Zwischenkriegszeit das pure Überleben ja ohnehin an erster Stelle stand.

Gab es Kinder in der Familie, waren sie vielleicht auch direkt der Gewalt ihres aus dem Krieg zurückgekehrten Vaters ausgesetzt, zumindest aber der emotionalen Unzugänglichkeit beider Elternteile. In dieser Situation konnten sie kaum anders, als sich symbiotisch in deren verdrängte, traumatisierte Anteile zu verstricken. Dies war die einzige Möglichkeit innerhalb der Bindungslosigkeit eine Art Bindung zu schaffen, sei es auch eine negative. Ihre Bedürfnisse nach Nähe und emotionaler Zuwendung hielten sie verdrängt, da der Schmerz ihrer Nichterfüllung oder sogar Ablehnung für ein Kind auf die Dauer unerträglich ist. Nach außen ahmten sie die Überlebensstrukturen ihrer Eltern nach, und so entstand in ihnen ebenfalls eine tiefe Spaltung, welche kennzeichnend für ihre psychische Struktur wurde.

Diese Kinder – in der vorgegebenen Reihenfolge also die Elterngeneration – wurde im Erwachsenenalter durch den Zweiten Weltkrieg, die Flucht nach dem Krieg sowie durch die Bedrohung und Massenvergewaltigungen seitens der roten Armee schwer gekennzeichnet. Sie dürften später nicht von ungefähr ähnlich gekennzeichnete Partner geheiratet haben, da sich traumatisierte Menschen gegenseitig aufgrund ihrer traumatisierten Anteile anziehen. Leopold Szondi beschreibt es so: *„Zwei Menschen, die in ihrem Erbgut analoge, zurückkehrende Erbanlagen verborgen tragen, ziehen sich gegenseitig an."* (Szondi 1977, S. 41).

So entsteht ein gesamtes Familiensystem, in dem Bindungen gestört sind. Franz Ruppert spricht in diesem Fall von einem Bindungssystemtrauma (Ruppert 2010, S. 107 f.). Abbildung 2.14 zeigt ein solches Familiensystem, das selbst nach 60 oder 90 Jahren Frieden und relativem Wohlstand noch die Ursache von Existenziellen Grenzerfahrungen in der Enkel- oder Urenkelgeneration wird. Die Kriegsenkel werden von den verdrängten Traumastrukturen ihrer Ahnen quasi überflutet. Sie selber wissen nicht, woher dies kommt, da im Familiensystem die Themen oft tabuisiert oder zumindest unter dem Schweigesiegel aufbewahrt wurden. So wirkt diese Flut an traumatischen Zuständen aus dem Verborgenen Verwirrung stiftend. Die Enkelgeneration hat in der Regel kein seelisches Unterscheidungsvermögen, da sie sich aus der Verstrickung, die a priori besteht, noch nicht herausgelöst hat. Damit ist sie der inneren Flut verwirrender Zustände preisgegeben. Manche sind mit der Existenziellen Grenzerfahrung identifiziert und halten sie mit Hilfe ihrer ganzen vitalen Kraft verdrängt. Man will nicht so werden wie der Vater, die Mutter oder die Großeltern. Diese Menschen schaffen es zumindest nach außen eine mehr oder minder akzeptable bürgerliche Existenz zu leben oder zu präsentieren. Manche wiederum werden zu schwarzen Schafen des Systems, indem sie das Verdrängte unbewusst voll ausleben und tragen. Sie folgen, ebenso unbewusst, ihren Ahnen und scheitern im Leben daran. Weil diese Zusammenhänge nicht klar sind, werden Menschen der Nachkriegsgeneration von der Psychiatrie nicht selten mit Etiketten aus dem Bereich der Psychosen und Neurosen versehen und vorzugsweise mit Psychopharmaka behandelt.

Psychopharmaka, so sehr sie auch in akuten Fällen nützlich sind, „stabilisieren" aber auf lange Sicht die verwirrte Seele indem sie die Überlebensstrukturen und

2.7 Generationsübergreifende Tragweite Existenzieller Grenzerfahrungen

Reinszenierung von Trauma

Die zwanghafte Tendenz der Seele immerwährend all die Traumata und Untaten sichtbar werden zu lassen, die im familiären Unbewussten verborgen sind. Die Reinszenierung erfolgt allerdings erst im Leben späterer Generationen.

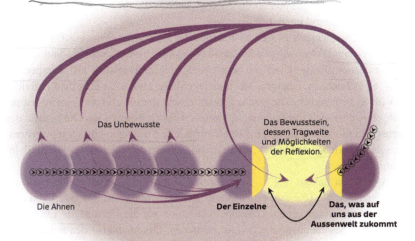

Die unbewusste Verkettung mit den Traumata aus dem Leben der Ahnen wird zu einer ebenso unbewussten Vorlage im Leben ihrer Nachfahren.

Nicht von ungefähr bleibt man immer an einer bestimmten Stelle im Leben stecken. Man bewegt sich dort wie in einem Kreis. Das Bewusstsein kann mit seinen Erkenntnismöglichkeiten die unbewussten Ursachen nicht ergründen. Es bedarf hierzu Methoden, die mit dem Unbewussten arbeiten.

Abb. 2.14 Transgenerationale Dynamik von Trauma

von ihr Verdrängtes verfestigen. Die nach oben drängenden Traumastrukturen aus dem Ahnenleben werden so auf der psychischen Ebene einigermaßen sicher verdrängt gehalten. Auf der körperlichen Ebene setzen sich die Folgen der Existenziellen Grenzerfahrung allerdings ungehindert fort, und je älter man wird, desto weniger lassen sie sich aufhalten. Die Somatisierung von Traumafolgen zeigt sich in ihrer Mannigfaltigkeit von nicht erklärbaren Schmerzen bis hin zu tödlichen Krankheiten.

2.7.8 Die drei Ordnungen der Überlebensstrukturen

In Anbetracht der Wucht und Tragweite der Existenziellen Grenzerfahrungen sowie ihrer Verkettungen im Familiensystem, können wir drei verschiedene Formen von Überlebensstrukturen differenzieren.

So gesehen handelt es sich im Rahmen des Familiensystems um *Überlebensstrukturen erster Ordnung*, die innerhalb des ganzen Systems walten – und sie sind als generationsübergreifend und somit auch in ihrer Tragweite als „überpersönlich" zu bezeichnen. Überpersönlich in dem Sinne, als das sie über dem Individuum im System stehen. Das ganze System drückt dem Einzelnen seinen Stempel auf, ohne dass sich das Individuum dessen wirklich bewusst ist. Die Instanz des transgenerationalen Verdrängens ist eine spezielle Ausprägung dieser transgenerationalen Überlebensstrukturen, als abgewandte Seite der Täter-Opfer-Dynamik im Familiensystem.

Abgesehen davon, und in ständiger Wechselwirkung, bestehen innerhalb jedes Einzelnen die *Überlebensstrukturen zweiter Ordnung*, die gesondert von dem Transgenerationalen eine persönliche Adaptation auf die Umwelt der Eltern und der jeweils bestehenden Gesellschaft darstellen. Das macht oft den auffallenden Unterschied zwischen dem Wesen und Verhalten von Geschwistern aus, die den gleichen Familieneinflüssen ausgesetzt waren. Oberflächlich gesehen handelt es sich um Individualität. Der eine unterscheidet sich in seiner Andersartigkeit vom anderen. Genauer betrachtet ist es jedoch nur die persönliche Variante desselben seelischen Leitmotivs des Familiensystems.

Mit der Zeit werden die Überlebensstrukturen oft zur größten Blockade im Leben. Durch den Vorrang des Überlebens wirken sie zwanghaft aus dem Unbewussten auf die Handlungen und das Erleben eines Menschen. Sie ragen bildhaft gesehen, aus dem Unbewussten hervor. Nur durch die seelische Integration können sie ihre Zwanghaftigkeit verlieren und ihre negativen Folgen und Symptome verschwinden. Steht keine geeignete Methode oder kein geeigneter Begleiter zur Verfügung, muss sich die Person kurz über lang anderweitige Stabilisierung suchen. Aus sich selbst heraus vermag sie sich nicht langfristig im Gleichgewicht zu halten. So werden Strukturen von außen herangezogen, die das instabile System mit einem Hilfssystem stützt und vor dem Kollaps bewahrt. Diese *Überlebensstrukturen dritter Ordnung* können sein:

- Therapien und Behandlungen, die nicht auf die Auflösung der Ursache abzielen
- Psychopharmaka
- Regelmäßiger Drogen- und Suchtmittelkonsum als Realitätsflucht
- Engste soziale Netze als Ersatzfamilien mit rigiden Strukturen, z. B. Sekten

Diese drei Überlebensstrukturen, die funktionell zugleich Verdrängungsmechanismen sind, zu erkennen, sie auseinanderzuhalten und innerhalb der Tragweite des Familiensystems in Zusammenhang bringen zu können, verlangt viel Erfahrung seitens des Begleiters.

2.8 Die Grenzen des Bewusstseins – Das Bojen-Gleichnis

> Das Individuelle bedeutet nichts gegenüber dem Allgemeinen, und das Allgemeine bedeutet nichts gegenüber dem Individuellen. (Jung 2000, S. 13)

Die gesamte Seelenlandschaft, die in einem allgemeinen Modell des Bewussten und Unbewussten abgebildet ist, stellt sich im Falle eines konkreten Menschen nie allgemein, sondern immer individuell verschieden dar. Die Grenze zwischen dem Bewussten und dem Unbewussten verläuft nicht nach einer allgemeinen Norm, sondern ganz spezifisch innerhalb einer jeden Geist-Seele-Einheit (Begriff von Jochen Kirchhoff), die jeder von uns ist und die ihre konkrete Ausformung in der Trauma- und diesbezüglichen Überlebensstruktur wiederfindet. Die Spaltung ist, als Folge der Existenziellen Grenzerfahrung, zugleich die stärkste Verbindung zwischen beiden Teilen. So bilden die Trauma- und die Überlebensstrukturen ein Bezugssystem. Was zunächst leicht paradox anmuten mag, hat jedoch eine innere Logik: Die Verbindung liegt gerade in der Spaltung. Es gibt keine Traumastruktur ohne eine Überlebensstruktur und umgekehrt. So bilden diese Trauma- und Überlebensstrukturen eine aufeinander bezogene Einheit, die durch Spaltung wie durch eine unsichtbare Kette zusammengehalten wird und den betreffenden Menschen in ihrem Bann hält an sich bindet. Abbildung 2.15 drückt diesen Zusammenhang bildhaft aus: Aus der Wasseroberfläche ragt eine Boje heraus. Wir könnten sagen, sie zeigt sich als Spitze der Überlebensstruktur, die durch eine Kette am Seegrund, der Traumastruktur, befestigt ist. Die Kette und den Seegrund sieht man nicht, nicht einmal die ganze Boje, sondern nur ihre Spitze.

Die Grenze zwischen dem Bewussten und Unbewussten verläuft also entlang der Spaltung innerhalb eines Seelenanteils. Da es immer um eine Verkettung geht, kann es sich nie um eine allgemeine Grenze zwischen bewusst und unbewusst handeln, sondern um viele Grenzen. So wird die Grenze zwischen bewusst und unbewusst in den konkreten Kontext einer Existenziellen Grenzerfahrung gesetzt. Jeder Mensch besteht aus einer Verkettung solcher Systeme, die in ihrer Summe seine Seelenlandschaft ausmachen. Es handelt sich also in Bezug auf eine bestimmte Einheit immer um ein Mehr oder Weniger an Bewusstsein oder Teil-Bewusstsein, was sich im Leben ganz spezifisch auswirkt (Ebene III – Folgethemen der Spal-

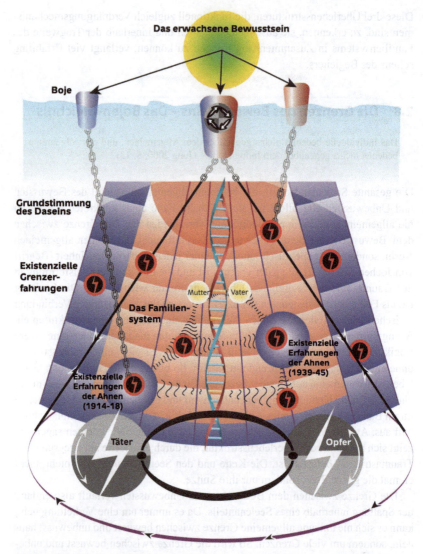

Abb. 2.15 Symptome als Bojen

tung), in dem sie der eigentliche Lebensthematräger ist. Lebensthemen sind verkettet mit seelischen Anteilen und zeigen sich demnach als seelische Leitmotive, z. B. als „nicht gesehen zu werden", „nicht anerkannt zu werden", „um alles kämpfen

2.8 Die Grenzen des Bewusstseins – Das Bojen-Gleichnis

zu müssen", „Mangel erleiden müssen", „sich ständig an der existenziellen Grenze zu bewegen", „nicht voranzukommen", etc.

Rückblickend gesehen entspringen diese Themen Existenziellen Grenzerfahrungen der Ahnen, die wir wiederholen, da wir sie durch das Geborenwerden in ein Familiensystem verinnerlicht haben. Sie sind der Seegrund in uns, und manche biographischen Traumata werden sicherlich hinzukommen.

Kehren wir zur Boje zurück, denn das Bild gibt uns Folgendes zu verstehen: Das Sichtbare ist immer verbunden mit dem Unsichtbaren. Ohne den Grund ist die Oberfläche nicht zu denken. Weil zwar die Oberfläche relativ wandlungsfähig, der Grund dagegen aber nur sehr bedingt formbar ist, bleibt die Grundstimmung auch immer die gleiche, egal wie viel an der Oberfläche verändert wird. Das Wasser, seine Farbe und Klarheit entsprechen der Grundstimmung, der Grundstimmung des Daseins. Sie kann hell und freundlich sein, aber auch dunkel, bedrohlich und unergründbar. Insofern bestimmt das, was am Seegrund ist, auch immer atmosphärisch die Wasseroberfläche. In diesem Bild wird die Tragweite der Seele spürbar.

Resümee

Es geht also zunächst darum, die ersten beiden Kategorien in ihrer Verkettung und Verzahnung auseinanderzuhalten. Dies ist die Aufgabe des wachen und geschulten Bewusstseins. Danach können wir uns mit geeigneten Arbeitsmethoden den unbewussten Ursachen widmen. Mit dem reinen Bewusstsein allein ist diese aber Ebene nicht zu erschließen.

Mit der Ebene I (Ebene der Ursachen) berühren wir eine existenzielle Achse, die bildhaft gesagt als eine Vertikale aus dem Unbewussten emporsteigt und das bewusste Leben weitgehend gestaltet, und zwar oft gegen den Willen des Bewusstseins. Dies an sich ist noch nichts Neues, doch die Möglichkeiten der Arbeit entlang dieser Achse, die tief in die Schichten des Unbewussten hinab führen, jedoch sehr wohl. Dabei sollen diese Möglichkeiten nicht den Tiefenpsychologen vorbehalten bleiben. Schließlich gibt es auch keinen Grund, ihnen dieses Exklusivitätsrecht einzuräumen. Ganz im Gegenteil kommt es bei der Traumaarbeit eigentlich gar nicht auf psychologische Deutungen an, sondern auf die Arbeit mit den Existenziellen Grenzerfahrungen, die als Prägung in Seele, Körper und Hirnstrukturen wirken. Traumaarbeit kommt ohne psychologisierende Deutungen aus, da die letzteren im Stammhirn schlicht und einfach keinen Eindruck hinterlassen. Moderne Methoden der Arbeit mit dem Stammhirn, die erst in den letzten Jahrzehnten in den USA entwickelt wurden, sowie die in Deutschland entstandene Trauma-Aufstellungsarbeit, erschließen auf eine vorsichtige und bewährte Art und Weise die Möglichkeiten der Verwandlung von festgefahrenen Schicksalswegen. Dies geht schon deshalb einen jeden von uns wesentlich an, weil es sich wesentlich zur Existenz verhält (vgl. Kierkegaard).

2.9 Hologramm – Impulserhaltung im System

Das theoretische Modell, das all den Schemata zugrunde liegt und sie wortwörtlich durchdringt, ist das Hologramm (Abb. 2.16). Seine Wirkweise und Beschaffenheit lässt sich folgendermaßen beschreiben:

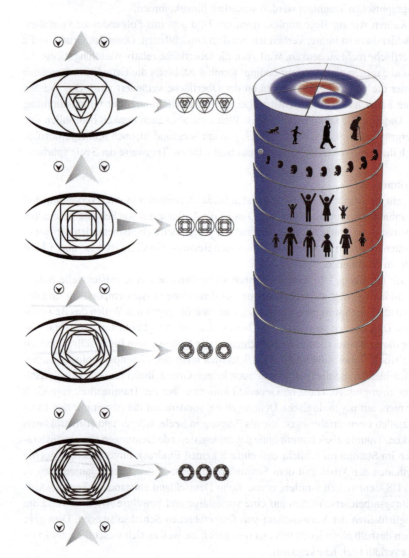

Abb. 2.16 Hologramm

2.9 Hologramm – Impulserhaltung im System

Man stelle sich ein großes Glasgefäß vor, das nicht rund ist, sondern aus fünf Wänden besteht. Dieses Gefäß ist mit Wasser gefüllt und man stelle sich nun vor, dass in die Mitte des Glases ein kleines Steinchen geworfen wird. Sogleich entstehen auf der Wasseroberfläche wellenförmige Kreise, die sich schnell ausweiten. Dieses Phänomen ist jedem bekannt, der einmal einen Stein ins flache Wasser geworfen hat. Da das Wasser in einem Glas ist, stoßen die Kreise auf der Wasseroberfläche an die Wände des Gefäßes. Wenn die kreisförmigen Wellen auf die Wände des Fünfecks stoßen, werden sie von den fünf Wänden wieder zurückgeworfen und es entsteht ein Bild aus Wellen, die sich überlappen. Die ursprünglich kreisförmigen Wellen nehmen bei ihrem Zurückwerfen die Form eines Fünfeckes an, also die Innenform des Gefäßes, das aus fünf gleichen Wänden besteht. Die nun neu entstandene Form bzw. das Bild auf der Wasseroberfläche entsteht also durch die Überlappung der kreisförmigen Wellen mit den Wellen, die nicht mehr kreisförmig sind, sondern die Form eines Fünfecks haben. Man nehme nun an, dass jenes Steinchen ein Impuls ist, der weitergeht und das Glas keinen Boden hat. In unserer Vorstellung bleibt das Wasser jedoch darin enthalten. Unter dem Fünfeckgefäß ohne Boden befindet sich ein Viereckgefäß. Das Steinchen – der Impuls – geht weiter, fällt hinein und durch die Überlappung der Wellen entsteht diesmal ein anderes Bild. Es ist bestimmt von den vier Wänden des Vierecks. Unter dem Viereckgefäß ohne Boden befindet sich noch ein Dreieckgefäß. Der Impuls geht erneut weiter und es entsteht ein Dreieckbild.

Zusammengefasst: Der Impuls enthält in sich beinahe unendliche Entfaltungs- und Gestaltungsmöglichkeiten, doch immer in Abhängigkeit von der Form des Gefäßes mit Wasser, in dessen Mitte der Stein fällt. Das Gefäß und seine Form stehen als Bildnis für Fünf-, Vier- oder Dreidimensionalität. Der Impuls, der durch alle Dimensionen hindurch geht, manifestiert sich jedoch in jeder Dimensionsform anders. Er nimmt immer die Form und Gestalt der jeweiligen Dimension an, in der er sich zeigt. So wie die Wellen je nach Form des Gefäßes sich immer als Abbild gerade dieser Form auf der Wasseroberfläche zeigen. Durch die Wellenüberlappung entsteht immer ein neues, spezifisches Bild. Nach dem das Bild in der jeweiligen Dimensionsform als Folge des Impulses entstanden ist, wirkt es bereits autonom, unabhängig von dem Impuls, der die Entstehungsursache des Bildes war. Anders ausgedrückt: Das, was sich in der einen oder der anderen Dimensionsform – wengleich als Folge von demselben Impuls – manifestierte, ist nicht mehr dasselbe und nicht einmal das gleiche, sondern etwas völlig Autonomes – eine eigene Wirklichkeit, die wirkt. Sie wirkt in dem Wirkungsfeld der Dimensionsform und gemäß ihrer Beschaffenheit. Die Dreidimensionalität ist in der Vierdimensionalität aufgehoben, während beide in der Fünfdimensionalität aufgehoben sind und somit in gleichzeitiger Resonanz zueinander stehen.

Hologramm-Gleichnis anhand eines beispielhaften Falls

Die Existenzielle Grenzerfahrung des Großvaters im Krieg (Transgenerationale Existenzielle Grenzerfahrung – TEG) geht als Impuls durch das ganze System und wird von den späteren Generationen unbewusst aufgenommen. Auch seine Folgen werden unbewusst unter ganz unterschiedlichen Umständen weitergeführt. Jede Generation kann hier bildhaft für eine andere Dimension stehen, in Abb. 2.16 durch den COEX-Turm versinnbildlicht. Dabei sind in der chronologischen Hierarchie die Größeren (Früheren) insoweit für die Kleineren (Späteren) maßgebend, als das von ihnen der Impuls ausgeht, der von den späteren Generationen unbewusst aufgenommen wird. Sie stehen unter dem Einfluss dieser unbewusst aufgenommenen Impulse, die in ihrer Summe das Erb- und Zwangsschicksal des Einzelnen ausmachen.

Das ganze Familiensystem und damit auch das familiäre Unbewusste ist um ein vielfaches umfangreicher, stärker und gewichtiger als das fragile Bewusstsein eines in dieses System hineingeborenen Kindes. Es hat keine andere Wahl, als den unbewusst aufgenommenen Impuls durch sich ins Leben kommen zu lassen. Es wirkt damit von Geburt an durch den Menschen hindurch. Das Gefäß mag sich geändert haben und damit sehen auch die Impulsfolgen anders aus. Der Ursprungsimpuls ist jedoch immer noch derselbe.

Das Familiensystem mit seinen unbewussten Impulsen ist nicht wählbar, nach dem der Mensch bereits in ein Familiensystem hinein geboren wurde. So ist Umfang und Beschaffenheit des familiären Unbewussten mit seinen Existenziellen Grenzerfahrungen eine Gegebenheit, eine a priori Determinante. Die Freiheit des Einzelnen besteht jedoch im Bewusstwerden dieser unbewussten Impulse – im Bewusstwerden unbewusster Leitmotive der Seele und deren Verwandlung. Dadurch entsteht erst ein seelischer Freiraum des Einzelnen, in dem sich sein frei gewähltes Schicksal entfalten kann, ein Raum für eine individuell gewordene Seele. Ohne die Herauslösung aus den Mustern des familiären Unbewussten bleibt man als Mensch im Kollektiven aufgehoben und in den Mustern des Familiensystems verstrickt – mit allen Schicksalsfolgen, die es für das Leben hat.

Tragweite der Existenziellen Grenzerfahrung im Business 3

3.1 Drei Ebenen von Trauma und Folgen

Wie wir gesehen haben, sind die Folgen von Existenziellen Grenzerfahrungen in allen zehn Lebensbereichen zu sehen. Da das gesamte Dasein eines Menschen von der Spaltungsdynamik erfasst wird, macht sich die Tragweite der Traumafolgen auch im Business-Bereich deutlich bemerkbar. Sie erschließt sich uns auf mindestens drei Ebenen und zeigt sich als:

- I. Ursachen im Unbewussten eines Menschen. Existenzielle Grenzerfahrungen sind eine menschliche Grunderfahrung und betreffen Führungskräfte im Unternehmen genauso wie das Kind in der Schule. Die Ursachen bleiben unbewusst und sind nur mittels geeigneter Methoden zu erschließen.
- II. Spaltungsfolgen, also direkt wahrnehmbare Traumasymptome einer seelischen Spaltung. Sie sind durch das Bewusstsein zwar nicht sofort, aber doch nach einer gewissen Schulung der Wahrnehmung erfassbar. Ihre Dynamik ist auf die Existenziellen Grenzerfahrung zurückzuführen.
- III. Folgethemen der Spaltung, also von den Spaltungsfolgen abgeleitete Folgen. Dies sind weitreichende und indirekte Folgen einer seelischen Spaltung, die mit dem Bewusstsein wohl zu erfassen sind und in der Regel für die eigentlichen Themen gehalten werden. Sie gilt es, auf der praktischen Ebene (III.) zu lösen, doch wenn dabei die Ursache (I.) der Folge-Thematik nicht behandelt wird, werden die Folgen der ungelösten unbewussten Ursachen ständig in die Außenwelt und in Personen projiziert und so immer wieder auftauchen. Oft werden inhaltliche Lösungen im Geschäftsleben erst dann tatsächlich umge-

setzt, wenn die unbewussten Ursachen bei den Entscheidungsträgern ans Licht gebracht und integriert worden sind. So gesehen verhalten sich alle Ebenen wie kommunizierende Röhren zueinander.

Ein Beispiel soll uns helfen, diese drei Ebenen voneinander unterscheiden zu lernen:

Ursachen Nehmen wir an, ein Mensch wächst in einer Unternehmerfamilie auf. Seine Vorfahren waren ebenfalls Unternehmer und die Firma ist eine einzige Erfolgsgeschichte. Er und seine Geschwister werden von den Eltern mit allen Mitteln auf die Übernahme der Firma getrimmt. Zwischen den Geschwistern herrscht Neid und Missgunst, die von den Eltern auch nicht aktiv unterbunden werden. Ganz im Gegenteil, „Liebe" und Aufmerksamkeit bekommen nur die, die einwandfrei im Sinne des Familiengeistes funktionieren. In diesem familiären Umfeld muss sich die kindliche Seele spalten, um die Defizite und emotionalen Entbehrungen ertragen zu können. Die Leitmotive, also die starken Überlebensmuster der Familie, werden übernommen und es entstehen im Kinde selber starke Überlebensstrukturen, die dem Leitmotiv des Familiensystems entsprechen. Das unmittelbare Fühlen und ursprüngliche kindliche Bedürfnisse nach eigenem Raum und Grenzen, Nähe, Vertrauen, Verständnis sowie eigenem Ausdruck werden als Verletzt- und Unerfülltsein abgespalten und im Unbewussten verdrängt gehalten.

Spaltungsfolgen Das erwachsene Bewusstsein mag sich zwar später dem Familiengeist anschließen und ihm folgen oder auch ihm gegenüber in Opposition gehen, die Spaltungsfolgen wirken davon bereits unabhängig als Weichensteller im Unbewussten. Das was im Menschen wirkt, ist der Wahrnehmungsfilter in den Gehirnstrukturen, der diejenigen Ziele für lohnenswert erklärt, die möglichst weit vom traumatischen Schmerz wegführen. Das Streben richtet sich auf Wünsche und Ziele, die als Ersatzprogramme für das Unerfüllte dienen. Die weg-von-Trauma-Bewegung wird zu einem starken Antrieb im Leben des seelisch gespaltenen Menschen. Auf der Ebene der Spaltungsfolgen geht es also weniger um konkrete Inhalte, als um generelle Dynamiken der durch die Spaltung gestörten Lebensbewegung.

Folgethemen der Spaltung Im geschäftlichen Bereich ermöglicht dieser „Motor" erstaunliche Höhenflüge. Der Firmennachfolger, Unternehmer oder Manager zeigt hohe Aktivität, starken Willen und große Ausdauer. Er nutzt seine vorhandenen Ressourcen maximal aus. Der Aufstieg erreicht jedoch dann sein Maximum, wenn die Innovationskraft der Person nachlässt oder gar in die verdrängten Traumastrukturen umschlägt. Dann wenn also die Maxime „mehr vom gleichen" nicht mehr länger ausreicht, um die komplexen Probleme und Herausforderungen der Zeit zu bewältigen. An dieser Stelle braucht der Manager neue Qualitäten und eine höhere Flexibilität, die er in sich (noch) nicht aktiviert hat, da sie in den Traumafolgen erstarrt geblieben sind. Da er dies aufgrund der unbewussten Motivlage seiner Überlebensstrukturen noch nicht erkennen kann, gerät er nach der Innovationsblockade in eine erste Krise. Er wird versuchen, neue Wege zu gehen, um sein Ziel dennoch zu erreichen. Doch die Möglichkeit seiner bewussten Verhaltensänderung ist an die Enge der Überlebensstrategien gebunden. Insofern gibt es keine wirklich neuen Möglichkeiten. In Bezug auf das persönliche Vorankommen zeigen sich die Überlebensstrukturen in ihrem Zwang und einseitigem Zweck, die Traumata verdrängt zu halten. Die einstigen Erfolgsqualitäten zeigen sich nun als die größte Bremse, konkret oft als Kommunikationsstörungen, Setzung unrealistischer Ziele und Fehleinschätzungen des Marktes, Innovationsstau mit den Folgen wie Umsatzeinbußen, Kundenverluste, Reklamationen, erhöhte Fluktuation in der Belegschaft und dergleichen mehr. Die Person erkennt nicht selten die gleichen Verhaltensmuster an sich, die schon seit Kindesbeinen in der Familie vorherrschten.

3.2 Seelisches Unterscheidungsvermögen im Coaching

Das Drei-Ebenen-Schema, wie es Abb. 3.1 zeigt, ist die Grundlage für die Anamnese eines Klienten im Coaching-Prozess. Wenn wir mit Menschen an ihren Blockaden oder zwischenmenschlichen Problemen arbeiten, müssen wir die unterschiedlichen Ebenen des Anliegens erkennen und unterscheiden können.

Betrachtet man sie einzeln und isoliert, so erschließt sich durch sie noch nicht die gesamte seelische Tragweite, die dahinter steckt. Erst durch ihre Verkettung wird sie erkennbar. Daraus folgt, ähnlich einem Naturgesetz, folgende Maxime: Die Themen der Spaltungsfolgen sind nicht auf der gleichen Ebene zu beheben, auf der sie sich zeigen, sondern zwingend auf der Ebene ihrer unbewussten Ursachen, die sich dem Zugriff des Bewussten allerdings entziehen.

Dieser seelische Zusammenhang ist entscheidend für die unterschiedlichen Coaching-Methoden, die später herangezogen werden. Einen gemeinsamen Nenner können wir jedoch schon jetzt festlegen. Coaching muss mit dem Unbewussten arbeiten, damit die Ebene der Ursachen überhaupt angesprochen werden kann.

Bis jetzt hat sich Coaching vor allem mit der Ebene der Folgethemen der Spaltung beschäftigt. Im klassischen Coaching werden diese Themen differenziert beschrieben und daraus verschiedenartige „Erfolgslösungen" und „XYZ-Prinzipien" im mechanisch umgekehrten Muster abgeleitet, die auf der gleichen Ebene wiederum umgesetzt werden sollen, auf der sie sich zeigen:

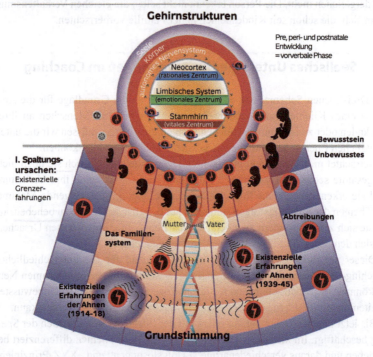

Abb. 3.1 Drei-Ebenen-Schema

3.2 Seelisches Unterscheidungsvermögen im Coaching

- Vertrauensbildende Maßnahmen dort, wo Misstrauen herrscht
- Kreativitätsförderung dort, wo jede Kreativität erstarrt ist
- Kommunikationsseminare dort, wo Kommunikation in einem erstickenden Mantel einer bedrückenden Atmosphäre erlahmt und hinter der sich ein Tabu verbirgt
- Sklavenhaft mechanisches Einführen oder Übernehmen „klarer Strukturen", wo chaotisches Durcheinander ohne klare Kompetenzen und Grenzen herrscht.

Ein Symptom als „Problem" zu bezeichnen und es auch auf diese Weise zu behandeln, ist genauso allgemein verbreitet, wie auch die ständige Suche nach einer Lösung für dieses Symptom. Keine Frage, die Folgethemen der Spaltung eignen sich natürlich dazu, auch als tatsächliche Probleme empfunden zu werden. Problematisch ist in erster Linie das Verhalten, dass nach ihrer Benennung einsetzt: die automatische Suche nach einer Lösung von diesem derart definierten „Problem", auf der gleichen Ebene, wo sich das Problem zeigt – also in einem der zehn Lebensbereiche (vgl. Abb. 3.1). Das Problem wird durch den Mangel an Unterscheidung der Ebenen erst wirklich ernsthaft. Ohne Unterscheidung kann es keine nachhaltige und tiefe Strukturlösung bringen, sondern nur Varianten von vorübergehenden Scheinlösungen. Die Suche nach einer Lösung dort, wo es keine Lösung geben kann, wird zu einem unlösbaren Problem, das zusätzlich belastet, Frustration schafft und viel Energie und Geld kostet. So entsteht das Gefühl, des sich im Kreise Drehens in vielen Varianten. Die phänomenologische Vorgehensweise der Traumaarbeit zieht es dagegen vor, die Folgethemen der Spaltung als Phänomene zu erfassen, die auf Ursachen in einer tieferen Ebene deuten. Sie sind damit nicht primär Probleme, sondern wertvolle – wenngleich auch oftmals unangenehme – Hinweise auf eine ursprünglich tiefere Ursache. Im methodologischen Rahmen der Tiefenarbeit mit den Existenziellen Grenzerfahrungen ist es uns hernach möglich die tieferen Ursachen zu erfassen und echte Strukturlösungen zu bewirken. Den „Problemaspekt" in Bezug auf Symptome und Seele hat James Hillman in seiner unverwechselbaren Klarheit so ausgedrückt: *„Da die Symptome zur Seele führen, kann die Heilung von Symptomen unter Umständen auch die Seele wegkurieren, kann gerade das vertreiben, was sich eben zu zeigen beginnt [...]. Die richtige Reaktion auf ein Symptom könnte ebenso gut ein Willkommen sein, statt Klagen und Forderungen nach Heilmitteln, denn das Symptom ist der erste Vorbote der erwachenden Seele, die keinen weiteren Missbrauch mehr dulden will."* (1997, S. 60)

Das wirklich Innovative der Traumaarbeit liegt damit zum einen in der Unterscheidung zwischen Ursachen und Folgen und zum anderen in dem methodologischen Erfahrungswissen (gegossen in ein theoretisches Modell), dass man die Folgen der Traumaspaltung nur auf der Ebene ihrer Ursachen beheben kann. In diesem Sinne ist die traumatische Erstarrung dort und nur dort zu lösen, wohin sie auch verdrängt wurde – im Unbewussten. Die freigesetzte vitale Energie, die immer die ganze Seele erreicht, wirkt sich dann positiv in allen Lebensbereichen aus.

3.3 Tragweite der Traumafolgen

Schauen wir uns nun die konkreten Phänomene im Leben etwas genauer an. Es sind Beispiele, die mit dem Denken im Drei-Ebenen-Modell vertraut machen sollen. Der Darstellung halber haben wir die Bereich „Business" und „Privat" getrennt, auch wenn es diese Trennung aus dem Blickwinkel der Seele nicht gibt. Die Ursachen der Symptome sind immer Existenzielle Grenzerfahrungen, die den ganzen Menschen erfassen.

3.3.1 Tragweite im privaten Umfeld

Das Verdrängthalten der Traumata im Unbewussten (Ebene II) kostet viel Energie, die in anderen Lebensbereichen fehlt (Ebene III).

Die traumatische Schockladung wird im Körper gespeichert (Ebene II) und drängt mit der Zeit in Form von Symptomen an die Oberfläche (Ebene III). Körperliche Beschwerden, chronische Krankheiten und ein schwaches Immunsystem zeigen sich in unterschiedlicher Ausprägung (Ebene III).

Die Weg-von-Trauma-Bewegung (Ebene II) führt zu ständiger innerer Unruhe und der dauerhaften Überreiztheit des autonomen Nervensystems (Ebene III). Dadurch wird auch dauerhaft das Immunsystem geschwächt (Ebene III).

Das Erstarren und Verflachen der Emotionen als Spaltungsfolge (Ebene II) führt kurz über lang zu unerfüllten Beziehungen mit Partnern (Ebene III). Die Kinder wachsen in der Atmosphäre der Beziehungslosigkeit auf, fühlen sich ungenügend, provozieren mit rebellischem Verhalten oder ziehen sich zurück (Ebene III).

Der in Schock erstarrte und ins Weichgewebe abgespaltene Schmerz (Ebene II) wird zur Grundlage des Nicht-Fühlens der eigenen Person und eigenen Bedürfnisse (Ebene III).

In Folge eines sexuellen Übergriffes (Ebene I) erstarrt die vitale Kraft eines Menschen im Schock (Ebene II) und zeigt sich als verringerte Lebenslust (Ebene III).

Als Folge des Erstarrens der vitalen Energie im Mann oder in der Frau (Ebene II) kann es keine Hinbewegung zum Leben geben. Die traumatische Schockladung (Ebene I) bleibt im Weichgewebe erhalten, sodass in Folge eine dauerhafte

Anspannung (Ebene II) entsteht, die eine Schwangerschaft – auf natürlichem Wege – erschweren kann (Ebene III).

In Folge einer Reihe von Schicksalsschlägen (Ebene I) ist das gesamte Familiensystem von einer Grundstimmung der Schwere oder Lähmung erfasst (Ebene II). Obwohl das Leben objektiv ohne größere Schwierigkeiten verläuft, lässt einen das Gefühl der Sinnlosigkeit und Vergeblichkeit nicht los (Ebene III).

3.3.2 Tragweite im beruflichen Umfeld

Mangelnde Kreativität (Ebene II) führt zum Innovationsstau, der sich in zurückgehenden Kundenzahlen oder Umsatzeinbrüchen zeigt (Ebene III). Eine wichtige Stelle wird durch eine Person besetzt, die die eigene ausbleibende Kreativität (Ebene II) durch ihr ausgeprägtes Angetriebensein ausgleichen soll, wodurch sie langfristig jedoch mehr Schaden zufügt, als Besserung bewirkt. (Ebene III).

Manipulation (Ebene II) die von der Führungsebene ausgeht, vergiftet langfristig das Arbeitsklima (Ebene III). Dies zeigt sich unmittelbar an der Fluktuation in der Belegschaft, insbesondere der guten Mitarbeiter und an sinkender Produktivität (weitgehend Ebene III).

Blindheit gegenüber der Manipulation (Ebene II), also fehlendes Unterscheidungsvermögen, um dies zu erkennen, zeigt sich in falscher Einschätzung der Geschäftspartner (Ebene III), was weitreichende Folgen nach sich zu ziehen pflegt (im weiteren Sinne Ebene III.)

Leichtsinniges Unterschätzen der Marktlage (Ebene III) und des eigenen Potenzials, also fehlende Realitätsbezogenheit (Ebene II), kann schnell zu herben Verlusten oder zur Insolvenz führen (Ebene III).

Unter dem mangelnden Charisma des Führungspersonals – als Folge des Erstarrens und der Verengung der vitalen Energie (Ebene II) in Körper, Geist und Seele – leidet dessen Ausstrahlung und Authentizität (Ebene III). Die eigene Mitte ist infolge der Traumaverkapselung durch die Überlebensstrukturen besetzt, Dynamik geht verloren oder wird zum mechanischen Antrieb ohne Rast und Ruhe.

Konflikte als Folge des Hineingezogenwerdens (Ebene III) in eine Täter- und Opfer-Dynamik (Ebene I). Diese Konflikte können entstehen als Folge der ungerechtfertigten Bevorzugung oder Benachteiligung einer Person. Denkbar sind Berücksichtigung oder Nichtberücksichtigung bei Beförderungen oder Stellenbesetzungen sowie das ungerechtfertigte Aussprechen von Lob und Tadel (Ebene III).

Widerstand (Ebene II) gegenüber Veränderungen oder als Folge von Antipathie gegenüber Kollegen oder Geschäftspartnern führt zu Innovationsblockaden, internen Machtkämpfen und Ineffizienz (Eben III).

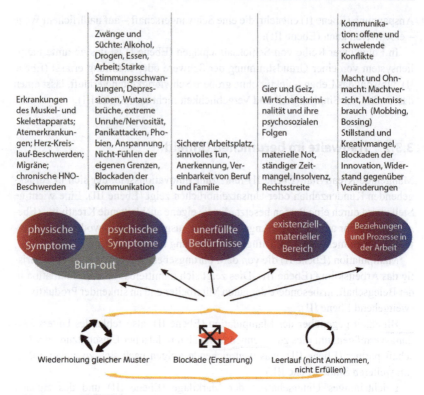

Abb. 3.2 Symptome und Folgethemen im Business

Abbildung 3.2 zeigt weitere typische Symptome und Blockaden im Business-Bereich.

3.4 Widerstand und seine Tragweite im Business

Wie wir bereits festgestellt haben, erfüllen Überlebensstrukturen ihre Funktion, indem sie ein schlimmes Geschehen verdrängt halten. Es zeigt sich im Außen als Widerstand gegen alles, was das Verdrängt-Halten gefährden könnte oder die zweckmäßige Logik der Überlebensstrukturen in Frage stellt. Diese Zwecklogik des Überlebens hat ihren Sinn und ihre Berechtigung im Moment der Existenziellen Grenzerfahrung. Hier können wir ihre Aktionen nachvollziehen und sie insbesondere im Kontext ihrer Entstehung verstehen. Wahrscheinlich können wir sie

3.4 Widerstand und seine Tragweite im Business

dann auch akzeptieren und tolerieren, d. h. wir können Verständnis für unsere Mitmenschen aufbringen, die den traumatischen Schmerz nicht noch einmal erleben wollen.

Das Verständnis für Widerstand bei einer Person fällt uns dann allerdings schwerer oder geht uns gar völlig verloren, wenn wir die Verbindung mit der Existenziellen Grenzerfahrung oder einer unmittelbaren Bedrohung nicht mehr herstellen oder nachvollziehen können. Häufig fehlen uns biographische Informationen über unsere Mitmenschen, weil wir uns dafür einfach zu wenig kennen. Und da das Wesen von Trauma ja eben im Verdrängthalten besteht, sind den meisten Menschen selbst die eigenen Existenziellen Grenzerfahrungen in ihrer Biographie nicht bewusst. Ganz zu schweigen von den perinatalen Traumata, die gänzlich vorsprachlich im Körper abgespeichert wurden. Hinzu kommen die Verstrickungen im Familiensystem. Der Mensch bleibt also fortwährend in den biographischen und transgenerationalen Folgen der Existenziellen Grenzerfahrungen verstrickt und handelt unbewusst aus ihnen heraus. (vgl. Abb. 3.3 – Widerstände: Traumasymptome in den Lebensbereichen (C) und Widerstände (D) sind zwei Seiten der gleichen Medaille – der seelischen Spaltung).

Dieser Widerstand ohne offensichtliche, oder, genauer ausgedrückt, ohne bewusste Bezogenheit, erscheint uns willkürlich, irrational, asozial, gemein, hinterhältig, etc. Er kann schlicht und ergreifend alle Formen annehmen, und wir erkennen ihn grundsätzlich an seiner Maßlosigkeit, die sich darin zeigt, dass eine Reaktion in keinem nachvollziehbaren Verhältnis zum gegenwärtigen Geschehen steht. Zwar gibt es auch Formen des Widerstands, die sehr schwer als solche zu identifizieren sind, bei allen Arten ist aber eines gleich: Widerstand hat immer eine Intensität von 100 Prozent. Es gibt keinen halben oder leichten Widerstand, genauso, wie es im Überlebenskampf keine halben Sachen gibt. Überleben oder Sterben, dazwischen gibt es keine Optionen, und vergessen wir nicht, dass diese Entscheidungen auf der Ebene des Stammhirns getroffen werden und damit nicht den Kategorien des abwägenden Verstandes unterliegen. Hierin allein zeigt sich schon die archaische Wucht des Widerstandes.

Das, was den Widerstand auslöst, sind die sogenannten „Trigger", die im Unbewussten die Verbindung zur Existenziellen Grenzerfahrung herstellen. Steht der Trigger im Widerspruch zum seelischen Leitmotiv der Überlebensstruktur, dann zeigt sich Widerstand – aktiv oder auch passiv. Wenn das seelische Leitmotiv eines Vorgesetzten „Ich muss alles kontrollieren" ist, dann ist der Trigger beispielsweise ein Mitarbeiter, der selbständig Entscheidungen trifft und diese nicht mit dem Chef abspricht. Ob es wichtige oder unwichtige Entscheidungen sind, spielt dann schon keine Rolle mehr, denn der Kontrollanspruch ist total. Wenn das seelische Leitmotiv einer Mitarbeiterin ist „Ich will endlich gesehen werden", kann der Trigger der

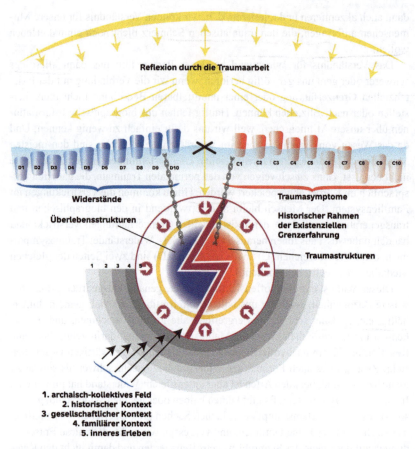

Abb. 3.3 Widerstände und Traumasymptome

angeordnete Schreibtischwechsel von einem offenen Platz in eine leicht verdeckte Ecke sein. Der Widerstand regt sich heftig, und zwar unabhängig von allen rationalen und pragmatischen Argumenten, die für den neuen Arbeitsplatz sprechen.

Um das Verdrängen effektiv aufrecht zu erhalten, bedient sich die Überlebensstruktur der Qualitäten des Geistes. Damit ausgestattet kann sie über die gesamte Intelligenz einer Person verfügen und sie der zwingenden Logik des Überlebens unterwerfen. Deshalb werden intelligente Kollegen und Mitarbeiter ihren Widerstand in höchste Logik und Rationalität zu kleiden verstehen. Viele werden dadurch schlicht unangreifbar, aber die Tatsache, dass sie im Widerstand sind, lässt

3.4 Widerstand und seine Tragweite im Business

sich trotz allem an den Folgen weiterhin klar ablesen, genauso wie an dem, was nicht geschieht. Hier hilft es uns, den Blick für das Wesentliche der vielfältigen Formen des Widerstandes zu schärfen, denn trotz all seiner Vielseitigkeit und Wandelbarkeit können wir grundsätzlich zehn typisierte Szenarien des Widerstands beschreiben (D-Bojen in Abb. 3.3):

Offener Widerstand ist leicht erkennbar, weil er sich ja auch nicht verbergen will. Der energetische Einsatz des Gegenübers wird deutlich spürbar, und auch der verbale Ausdruck ist in der Regel eindeutig. Die Person sagt „NEIN!".

Versteckter Widerstand „Ja, aber!" „Ja, Sie haben einerseits Recht, aber ..." Letzten Endes läuft alles auf dieses aber hinaus, das lediglich eine versteckte Form von Widerstand und eines Neins ist. Durch dieses Nein scheitert am Ende alles verlässlich.

Täuschen als Widerstand Am Anfang steht ein begeistertes Ja, viele inhaltliche Fragen, großes Interesse. Doch zum Schluss wird aus irgendeinem Grund und meist wegen einer Kleinigkeit, die auf äußere Umstände zurückzuführen ist, in letzter Minute alles abgesagt. Als Variante „überlegt man es sich", natürlich ebenfalls in letzter Minute.

Flucht als Widerstand Ohne Aufmerksamkeit auf sich zu ziehen, taucht die Person ab. Unter irgendeinem Vorwand oder auch gänzlich ohne Vorwand erscheint sie nicht oder kommt nicht wieder zurück.

Aktives Desinteresse als Widerstand Die Person informiert sich, findet alles logisch und schlüssig, ist durchaus interessiert, und es taucht nicht einmal ein „aber" auf. Das aktive Umsetzen bleibt jedoch aus. Die Möglichkeit zur Arbeit wird nicht aufgegriffen und die Dinge werden einfach so laufen gelassen. Die Person setzt keine Energie ein, um den Dingen einen aktiven Impuls zu geben, besonders wenn es sich um sie selber handelt.

Nichtdenken als Widerstand Die Person lässt allgemein logische Zusammenhänge und auch Beispiele zu und findet alles durchaus interessant. Sie hält die Sache auch für wahr, doch es kommt ihr nicht in den Sinn, dass es genauso auch mit ihr selbst und ihrem Tun und Lassen zu tun haben könnte. Dieser einfache Gedankengang wird verhindert. Analogien zur eigenen Persönlichkeit und Tun werden nicht gezogen, selbst oder besonders dann, wenn sie sich förmlich aufdrängen.

Beliebigkeit als Widerstand Die Person denkt zwar nach, doch ohne sich an die vorgegebene Realität (v. a. soziale, wirtschaftliche, ethische und faktische Realität) und ihre Gesetzmäßigkeiten zu halten. „Da ich doch frei bin, kann ich auch alles frei denken und lasse mir nichts vorschreiben" lautet der Fehlschluss, der an sich schon ein Widerstand ist, um sich mit der vorgegebenen Realität nicht auseinandersetzen zu müssen. Hier wird Freiheit mit Beliebigkeit verwechselt. Man weigert sich, die Konsequenzen dieser Beliebigkeit bis zu Ende zu denken. So hängt diese Art des Widerstandes mit dem Nichtdenken und aktivem Desinteresse eng zusammen.

Rationalisieren als Widerstand Nach einem irrationalen Schritt, kommt das Rationalisieren des Irrationalen, so dass das Irrationale wegerklärt wird. Die Person leistet Widerstand, indem sie sich weigert, sich mit ihrer Irrationalität auseinanderzusetzen. Stattdessen versucht sie, die Irrationalität mit einem rationalen Mantel zu umhüllen.

Unfassbarkeit als Widerstand Man ist weder für die anderen, noch für sich selber zu fassen. Die Inhalte, die der Umwelt angeboten werden, zeichnen sich durch viele Konjunktive und Möglichkeitsoptionen aus. Letzten Endes greift man bei dieser Person allerdings ins Leere. Diese Art von Widerstand ist schon deshalb sehr „effektiv", da sie als Widerstand kaum zu fassen ist.

Nicht-Fühlen als Widerstand Genau genommen ist es die dem Körper immanente Überlebensstruktur, die sich als Widerstand im Nicht-Fühlen zeigt. Schon deshalb kommen viele Inhalte an einen nichtfühlenden Menschen gar nicht heran. Manches fließt an ihm einfach vorüber. Die betroffene Person ist sich dessen selber jedoch kaum bewusst.

Obwohl alle Arten von Widerstand recht unterschiedlich aussehen und Widerstand hinter vielen seiner Erscheinungen nicht einmal zu vermuten wäre, ist in allen Formen dennoch die hundertprozentige Dosis an Widerstand enthalten – am Ende wird nichts passieren, es wird keine Bewegung geben und die Verdrängungsstrategien werden aufrechterhalten. Die Erscheinungsformen sind zwar unterschiedlich, aber selbst wenn sie in ihren verschiedenen Kombinationen auftreten, immer durchschaubar.

Für Führungskräfte ist es im Umgang mit Widerstand von entscheidender Bedeutung, ihn nicht nur als allgemeine Kategorie menschlichen Verhaltens einzustufen, dem man mit allgemeinen Maßnahmen beantwortet. Vielmehr muss er als eine Überlebensstruktur gesehen werden, die in einem historisch-sozialen Kontext entstanden ist. Die Führungskraft muss dabei allerdings nicht in die Tiefen der

Traumaarbeit einsteigen, um sie zu erkennen. Die Haltung und das Umgehen mit dem Widerstand als einer existenziellen Gegebenheit des Mitarbeiters werden die Kommunikation und das Verhalten unter Garantie verbessern und dem Mitarbeiter helfen, sich mit seinen „wahren Anliegen" zu beschäftigen. Wenn man nicht gegen den Widerstand anarbeiten will, mit all seinen negativen Folgen, bleibt keine andere Wahl. Top-Führungskräfte sollten sich ihrer eigenen Widerstände bewusst werden und ihre erfolgreiche Klärung als Motivation für die Traumaarbeit sehen. Die negativen Folgen für das Unternehmen sind einfach zu hoch, als dass die Widerstände unbeachtet und unbearbeitet bleiben können.

3.5 Rolle und Identität als Führungspersönlichkeit

Um den Begriffen der Überlebens- und Traumastrukturen im Bereich des Coachings mehr Verständnis zukommen zu lassen, macht es Sinn, sie mit zwei weitläufig bekannten Begriffen zu vergleichen: Rolle und Identität.

Die Rolle einer Führungskraft oder eines Top-Managers ist durch die Gesellschaft und die Position der sie innehabenden Person relativ eindeutig definiert. Dazu existiert ein klares Bild, das allen im Geschäftsbetrieb Beteiligten Maß und Richtung gibt. Durch die Rolle werden das soziale Verhalten und die damit verbundenen Ansichten mehr oder weniger klar festgelegt.

In diesem vordefinierten Feld kann das Überlebens-Ich seine Qualitäten meisterhaft entwickeln. Junge Manager lernen schnell das richtige zu tun. Die Regeln dazu kann werden gelehrt, an den MBA-Schools, in den Trainee-Programmen, von den Mentoren und natürlich durch eigene Erfahrungen. Die Rolle und die damit verbundenen Charaktereigenschaften, das Auftreten, die Sprache, die Statussymbole, einfach jedes Detail ist unter Umständen vorgegeben. Und dies gibt gewissermaßen auch die am Anfang beruhigende und stützende Struktur, die für die ersten Gehversuche als Führungskraft sehr wichtig ist.

Identität als thematische Überschrift dessen, was die Person in ihrem Selbst definiert und ihr zutiefst Eigenstes ist, geht in ihrem Wirkkreis über den durch die Rolle definierten Bereich allerdings weit hinaus. Die Identität gibt uns halt in uns selbst, in der Welt und der Gemeinschaft mit unseren Mitmenschen. Mit unserer Identität definieren wir gerade eben die Grenze zwischen unseren Rollen, die wir alle mehrfach unterschiedlich im Leben ausführen, und unserem Wesenskern. Dieser Kern ist damit eben keine Rolle, sondern das was wir nur zu uns selbst zugehörig empfinden. Während Rolle also eine Facette ist, ist Identität das, was nur uns ganz persönlich auszeichnet.

Aus diesem Begriffsvergleich können wir – zugegebener Maßen ein wenig plakativ – schließen: Rollen werden durch die Qualitäten des Überlebensichs erfüllt. Identität, als seelisches Zentrum, wird durch das gesunde und bewusste Ich gespeist. Die eigene Identität wird immer klarer, wenn die verdrängten, oder abgespaltenen vitalen Seelenanteile, also die Traumastrukturen, in eine stabile Mitte integriert werden. Dieser integrierte Wesenskern zeichnet sich sowohl durch Stabilität, als auch durch Dynamik aus. Die in sich integrierte Seele ist gleichzeitig Träger der Lebensbewegung, sowie Hort der seelischen Autonomie und Identität.

Bleibt die Integration aus, besteht die Gefahr, die Rolle als Ersatzidentität anzunehmen. Denn ohne integriertes seelisches Zentrum bleiben „nur" die Überlebensstrukturen, die dann bis zu einem gewissen Grade mit der sozialen Rolle deckungsgleich sind. In diesem Sinne wird die Rolle zu einer aufgesetzten Maske, die in der hellenistischen Tradition als Persona bezeichnet wurde. Im antiken griechischen Theater stellte die Persona die Rolle des Schauspielers dar.

Ein perfektes Schauspiel ist eine wahre Kunst und nicht jeder ist gleich gut auf diesem Feld. Umso mehr ist die darin investierte Kraft des Einzelnen anzuerkennen. Dies gilt insbesondere dann, wenn man dabei erfolgreich gewesen ist. Ein gutes Schauspiel deutet auf hohe Professionalität hin, auf Meisterklasse, die über die Jahre mit Disziplin und Fleiß erworben worden ist. Insofern ist es auch eine Lebensleistung, die an keiner Stelle geschmälert werden soll.

Der Preis ist jedoch die Verminderung eigener Persönlichkeit. Denn ohne unseren Wesenskern kann es auch keine Autonomie in der Bestimmung des Selbstausdruckes geben. Dies bedeutet dann Selbstaufgabe im wahrsten Sinne des Wortes. Eine dauerhafte Entfremdung von der eigenen Individualität kann jedoch nicht ohne weitere Folgen bleiben. Das Leben bestätigt uns diese Erfahrung immer wieder.

3.6 Die Kreativität des Einzelnen

Die Tragweite der Folgen der Existenziellen Grenzerfahrungen zeigt sich natürlich auch im Bereich der Kreativität eines Menschen. Kreativität ist die Basis jeder Innovationskraft und gehört daher zum klassischen Kanon des Business-Coachings.

Kreativität, als Fähigkeit der Neu-Schöpfung, ist von der gesamten Vitalität eines Menschen nicht zu trennen (vgl. Abb. 3.4). Es geht um das Erschließen neuer Wege und die Erweiterung des Handlungs- und Wirkbereichs einer Person. Die Kraft, die zur Erhaltung des bestehenden Systems eingesetzt wird, ist damit explizit nicht gemeint. Wenngleich gerade die Verdrängungsmechanismen, v. a. in Form von Widerstand, in der Regel hochkreativ eingesetzt werden. Allerdings kann

3.6 Die Kreativität des Einzelnen

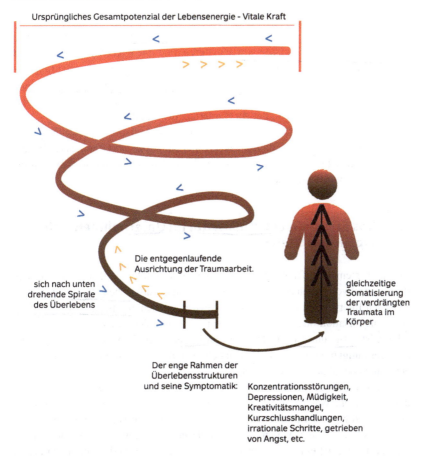

Abb. 3.4 Einengung der vitalen Kraft als Traumafolge

Kreativität, die in den engen Bahnen der Überlebensstrukturen gehalten wird, sich im Leben nichts wirklich Neues anziehen oder entstehen lassen. Damit ist Kreativität erst einmal nicht auf der Ebene des Cortex angesiedelt, sondern erfährt ihre Limitierungen schon auf der Ebene des Stammhirns, dem Zentrum der Vitalität schlechthin. Ist die gesamte Lebensbewegung eingefroren, so bleibt die Kreativität davon nicht ausgeschlossen.

Daraus ergibt sich, dass es keine „Kreativität" im allgemein-abstrakten Sinn gibt. Folglich kann man sie auch nicht als eine allgemeine Gegebenheit voraussetzen und aus ihr ein allgemein erlernbares Thema machen. Gerade dies geschieht aber bei all den unzähligen Seminaren zur Förderung der Kreativität. Die Kreativität des Einzelnen lässt sich nur dann fördern und entfalten, wenn wir an konkreten Hindernissen und Hemmnissen arbeiten, durch die seine Kreativität beeinträchtigt wird. Diese konkreten Hindernisse und Hemmnisse befinden sich erfahrungsgemäß in Form von Traumafolgen sowohl im Körper als auch im Gehirn sowie dem seelischen Erleben. Wie wäre dies nun aber allgemein zu behandeln in einem – wie auch immer gearteten – Seminar zur Förderung der Kreativität?

Die Arbeit mit Traumata bietet die Möglichkeit, genau das persönliche Feld der Enge der Überlebensstrukturen zu erschließen und zu erweitern. Als Folge der Traumaarbeit dehnt sich der innere Raum des Individuums aus, so dass sich die Kreativität freier entfalten kann.

3.7 Das Ersticken von Kreativität im Unternehmen – ein typisiertes Szenario

Um die systemische Tragweite der Einengung der vitalen Kraft in einer Firmenstruktur nachvollziehen zu können, hilft es, sich den klassischen Spannungsbereich zwischen Intervention und Delegation bewusst werden zu lassen. Jeder Anführer einer Organisation oder Gruppe steht vor der generellen Frage: „Wieviel Einmischung ist nötig, um den Erfolg zu gewährleisten?" Als Bewertungsgrundlage des Erfolges einigen wir uns in dieser Darstellung auf die Etablierung einer nachhaltigen Innovationskultur im Unternehmen.

Um uns nicht in Definitionen zu verlieren, beleuchten wir zuerst den Bereich der Polaritäten: Was ist also der Unterschied zwischen einer Strategischen Intervention und bloßem Einmischen? Denn es ist schon von vornherein klar, dass es zu den wesentlichsten Aufgaben einer Führungskraft gehört, aktiv Richtung zu weisen. Führen ist ein proaktiver Prozess, so wie es das Verb „führen" ja bereits in sich trägt. Nachdem wir die Begriffe voneinander getrennt haben, beschreibt das Szenario was typischerweise passiert, wenn die Führungskraft sich dauerhaft operativ einmischt. Das Einmischen selber ist hier die Folge dominanter Überlebensstrukturen. Die Führungskraft ist durch ihr beherztes Eingreifen und ihre hohe Aktivität erfolgreich geworden und jetzt in einer herausragenden Managementposition angekommen. Es mögen viele Gründe auf Ebene I in Frage kommen, wie z. B. mangelndes Urvertrauen, das in der Kindheit versagt wurde, oder gezwungene vorzeitige Verantwortungsübernahme in Folge eines Verlusts eines Elternteils. Die Spaltungsfolgen (Ebene II) zeigen sich jedoch als gewichtiger Satz in ihrem Ausdruck: „Ohne meine Kontrolle geht es nicht!". Ein jeder mag für sich selber entscheiden, wie gewichtig dieser Satz in seinem inneren Erleben ist. Die Beratungsfälle der Praxis zeigen jedoch, dass auf Ebene III immer wieder ähnliche Folgethemen in diesem Zusammenhang Gegenstand von Coaching werden.

3.7 Das Ersticken von Kreativität im Unternehmen – ein typisiertes Szenario

Strategische Intervention oder Einmischen

Ein CEO oder Top-Manager hat eine herausragende Rolle, da er die absolute Verantwortung für das Unternehmen oder Bereiche davon trägt. Entweder wurde diese Verantwortung an ihn übertragen, oder er hat sie als Gründer oder Nachfolger des Unternehmens selbst gewählt. Er zeichnet als Letztverantwortlicher und steht nicht selten selbsthaftend im Geschäftsverkehr. Aus dieser verantwortlichen Position heraus bestimmt er zu Recht die Leitlinien, Ziele und Strategien des Unternehmens. Er ist Kapitän auf Deck, Kurs, Geschwindigkeit und alle entscheidenden Manöver obliegen ihm.

In seiner balancierten Ausprägung darf und soll die Führungskraft daher regulierend eingreifen. Denn obgleich der Chef nicht Experte in allen operativen Feldern sein kann, verfügt er wie kein anderer als Spitze der Organisation über den Adler-Blick. Letzterer gibt ihm letztendlich auch die Rechtfertigung, in allen Bereichen intervenieren zu können. Mitarbeiter A mag dann zwar Experte in Gebiet B sein, da ihm aber meist der generelle Überblick fehlt, ist er für die ultimative Letztbewertung nicht in der Lage. So entsteht eine Generalklausel für Interventionen – ein lex generalis gegenüber der actio specialis. In Team- und Mitarbeiterbesprechungen müssen Bedenken bezüglich einzelner Aktionen vom Chef dahingehend angesprochen werden. Sie sind dann Grundlage für Austausch und Weiterentwicklung der einzelnen Mitarbeiter in ihren Bereichen und helfen einen besseren Blick und feineres Gespür für den Gesamtorganismus zu bekommen.

Bezogen auf die Innovationskraft eines Unternehmens ist das balancierte Intervenieren damit ein absolutes Muss, da ansonsten schwer zu korrigierende Entwicklungen ihren Lauf nehmen könnten. Oftmals sind diese Aktionen der Mitarbeiter gut gemeint und aus ihrer Sicht heraus auch logisch und richtig. Umso wichtiger ist es, dass die Führungskraft immer wieder Sinn und Ziel der Strategien vermittelt. Das bloße Intervenieren auf operativer Ebene ohne Bezug auf Ziele und Strategie kann jedoch nicht nachhaltige Führung sein. Führen heißt Richtung vorgeben, alles andere bedeutet bloßes Stoppen ohne Erkenntnisgewinn. An dieser Stelle verläuft dann auch der Unterschied zwischen Einmischen und Intervenieren. Interventionen beziehen sich auf Abweichungen von Ziel und Strategie. Einmischen ist in erster Linie Annektieren von Zuständigkeiten und bewegt sich auf Ebene des persönlichen Geschmacks oder Arbeitsstils.

Richtlinienkompetenz contra operative Präsenz

Während also Korrekturen auf Ziel- und Strategieebene zu den wesentlichen Führungsaufgaben gehört, ist das Eingreifen in operatives Geschäft unter anderen Vorsätzen zu betrachten. Hier zeigt sich ein Verhalten der Top-Führungskraft, dass das Eingreifen in einzelne Vorgänge offensichtlich zur Führungsaufgabe macht.

In realitas heißt dies: Chef muss überall mitreden. Der Chef der Organisation zeigt sich als Alleskönner, der über alle Vorgänge nicht nur Bescheid weiß, sondern auch zu allen Vorgängen eine klare Meinung einbringen will. Gerade in kleinen und mittelgroßen Betrieben sind die Strukturen noch so übersichtlich, dass seine bewusste Aufmerksamkeit im Wesentlichen alle Bereiche der Firma erfasst. Insofern entgeht dem Top-Manager nichts und er hat die „Sache im Griff".

Die Einfallstore der operativen Interventionen zeigen sich vielfältig, sind aber typisierbar. So wird häufig auf die besondere Bedeutung dieser oder jener konkreter Aktion hingewiesen. Es wird auf die besondere Ausstrahlwirkung einer Handlung oder das ganz besondere Kundenverhältnis abgestellt. Häufig ist dieser oder jener Vorgang historisch so gewachsen und müsse mit besonderer Vorsicht und natürlich unter Mitwirkung der Führungskraft erledigt werden. Und am Ende bleibt natürlich das lex generalis des mangelnden Überblicks. Jederzeit bereit und doch nicht effektiv.

Für den (neuen) Mitarbeiter zeigt sich bei dieser Führungskultur ein hochvermientes Gelände und es entsteht eine „Allzeit-Bereit" Stimmung, die sich in erster Linie präventive Rechtfertigungsstrategien zurechtlegt. Es soll hier nicht die Pflicht des Mitarbeiters abgesprochen werden, Rechtfertigung über das Handeln abgeben zu müssen. Das ständige alarmiert sein, verhindert jedoch kreative Phasen, die in erster Linie von der Abwesenheit von Zwang und Limitation leben. Die häufigen Interventionen des Chefs signalisieren jedoch eben genau das „so nicht". Umso häufiger also eine Intervention auf operativer Basis vorkommt, so mehr wird der Mitarbeiter verinnerlichen „wahrscheinlich wird es so eh nicht gehen".

Durch das Eingreifen auf operativer Ebene diktiert der Manager seinen Willen und Stil und schneidet sich das kreative Potenzial dass durch die andersartigen Qualitäten des Mitarbeiters zur Verfügung stünde, schlicht ab. Das wiederholte Eingreifen auf Ebene konkreter Aktionen ist dann am Ende nichts anderes als eine Konditionierung der Mitarbeiter. Das Potenzial der Unterschiedlichkeit wird nicht genutzt.

Da es jeden innerhalb der dem Manager Untergebenen in der Organisation betrifft, werden am Ende alle gleich. Sie passen sich alle dem Willen und den Vorstellungen des Chefs an. Dabei geht es weniger um die konkreten Ergebnisse ihrer Arbeit als die generelle vorsichtige Haltung: herantasten, um Erlaubnis fragen, nicht zu kühn sein. Zurück bleiben ein verunsicherter Mitarbeiter und eine Kultur des Jasagertums. Hinter ihrem „Ja" verbirgt sich jedoch Widerstand oder Resignation.

Die Konsequenz: keine großen Sprünge machen. Wegsicherung betreiben, nach vorne und nach hinten. Die große Vorsicht führt zumindest dazu, dass nicht viel schief gehen kann. Die Eigensicherung bedarf jedoch viel Energie. Energie, die für Innovationen fehlt.

3.7 Das Ersticken von Kreativität im Unternehmen – ein typisiertes Szenario

Der Mut und Wille zur Innovation fehlt
Insofern ergibt sich als Folge einer Maxime der Klugheit, die der Frustration des „so nicht!" entgehen will, ein iteratives Verhalten. Herantasten, vorfühlen, schauen was geht. Echte Innovationen erhalten Gestalt und treibende Kraft von der konkreten Zielvorstellung. Schrittweises annähern ist dann vielmehr eine Strategie, um das Ziel zu erreichen. Innovationen schöpfen ihre Kraft aus der Vision, die eben ganz anders aussieht, als die bisherige Lösung. Es ist logisch, dass eine Kultur des vorsichtigen Herantastens neue Perspektiven nur schwer erzeugen kann. Denn Innovationen sind Wagnisse, die ohne Mut nicht angegangen werden können.

Durch das Einmischen in das Zuständigkeitsgebiet des Mitarbeiters wird nicht zuletzt dessen Verantwortungsbewusstsein genommen. Verantwortung wird gelebt als Wille und Pflicht zur selbständigen Zielerreichung. Für das Ergebnis muss Rechenschaft abgelegt werden. Durch die operativen Interventionen setzt eine natürliche Rückzugsbewegung ein und es kommt zu einer Entkoppelung von Arbeitsgebiet und Verantwortungsbereich. Der Mitarbeiter gibt die Verantwortung an den Chef ab, da es für ihn zweck- und sinnlos erscheint, selbige ihm gegenüber aufrecht zu erhalten. Übrig bleibt die bloße Pflichterfüllung aus dem Abhängigkeitsverhältnis. Der Wille verantwortlich zu handeln schwindet, oder wird aufgegeben. Der Charakter der Pflicht ist primär präventiv, um sich vor Vorhaltungen zu schützen und Schaden zu vermeiden. Der Wille enthält ein dürfen und ist vom Charakter her proaktiv und ist das Tor zur Entwicklung neuer Ideen.

An dieser Stelle ist die Blockade voll entfaltet – die Innovationskultur erstickt unter dem vorsichtigen agieren, dem antizipieren von Rechtfertigungen, dem nicht zu Ende denken dürfen von neuen Wegen, dem Warten auf das, was der Chef sagt, der Mutlosigkeit und Preisgabe von Verantwortung.

Der Chef ist frustriert über die geringe Selbständigkeit seiner Mitarbeiter und vermisst engagiertes Handeln und neue Ideen. Am Ende kann nur er es richten.

Fazit
Dieser typisierte Fall soll bewusst machen, wie sehr die Überlebensstrukturen und nicht äußere Sachzwänge die Ursachen von Kreativitäts- und Innovationsblockaden in Unternehmen sein können. Strukturelle Korrekturen können sicher Linderung schaffen und das Problem entschärfen. Die Ursachen von Innovationsblockaden liegen jedoch häufig in der Persönlichkeitsstruktur der Führung der Organisation. Angetrieben durch das Rad der Projektionen kommt es zur self-fullfilling prophecy (die sich selbst erfüllende Prophezeiung) auf Ebene der Führungskraft, die sich ihres unbewussten Weichenstellers nicht gewahr ist. Am Ende kann nur sie selbst es richten. Durch ihre herausragende Stellung im System, prägt sie wie kein anderer die „Grundstimmung", die sich konkret im Innen und im Außen als

Unternehmenskultur zeigt. Hier verbindet sich die vertikale Achse ihres prägenden Familiensystems mit der durch sie geprägten horizontalen Firmenstruktur. Es macht einen großen Unterschied, ob der Unternehmer das Unternehmen als Spielfeld oder Schlachtfeld erlebt, ob es ihm in erster Linie um Kreativität oder Ruhm und Ehre geht. Erst unter Heranziehung der Ebene I wird klar, dass es sich um eine Systemik der Seele handelt. Diese Systemik wirkt im Einzelnen, in der Familie, in Firmen, in der Politik sowie der Gesellschaft als Ganzen. Will Coaching wirklich nachhaltig etwas bewirken und verändern, dann führt an der Arbeit mit den unbewussten Ursachen kein Weg vorbei.

Traumaarbeit für eine stabile Mitte im Berufsumfeld

4.1 Traumaarbeit als Erkenntnisweg

Um dem Ziel einer stabilen Mitte näher zu kommen steht zu allererst die Auseinandersetzung mit dem an, was sie verhindert, schwächt, oder Chaos in ihr auslöst. In der Traumaarbeit vollzieht sich der erste Zugang zur Mitte über die Symptome. Sie sind das Tor zur Seele und durch sie kann es uns gelingen uns selbst zu finden. Es geht also nicht um ein Wegkurieren von Symptomen, sondern um das Erkennen, was sich hinter respektive unter ihnen verbirgt. „Durch die Symptome fordert die Seele Aufmerksamkeit." (Hillman 1997, S. 60). Insofern ist die Traumaarbeit zuerst eine Entdeckungsreise der eigenen seelischen Landschaft. Sie untersucht Körper, Geist und Seele, da all diese Aspekte von der Existenziellen Grenzerfahrung erfasst sind.

Was vorher als störendes oder zusammenhangsloses Ereignis bzw. Symptom erschienen ist, wird durch die Methoden der Traumaarbeit in den seelischen Bezugsrahmen der Existenziellen Grenzerfahrungen gesetzt. Es ist die In-Bezugsetzung von (häufig wiederkehrenden) Ereignissen zu seelischen Erlebnissen, die im Klienten ein seelisches Unterscheidungsvermögen reifen lassen. Erst dadurch erschließt sich auch der Seele die Bedeutung von Erlebnissen, die der Geist unter Umständen schon im Voraus als gewichtig eingestuft hat. Erst jetzt verbindet sich das innere Erleben mit der geistigen Erkenntniskraft zu einem kompletten Sinn- und Erlebniskomplex. Bewusstheit für das eigene Dasein, das eigene Schicksal und das seiner Verstrickungen im Familiensystem entsteht. Emotionen werden angerührt, Seele gewinnt an Raum. Die Integration von Traumastrukturen kann beginnen.

▶ **Lese-Tipp** Fallbeispiel 3: „Des lieben Friedens willen". Ein Unternehmer stört sich an seiner zögerlichen Haltung bei geschäftlichen Verhandlungen.

Die Traumaarbeit arbeitet durch die Spiegelung seelischer Erfahrungen des Klienten. Konkret geschieht dies durch die Anwendung von Methoden, die mit dem Unbewussten arbeiten. Dadurch entsteht im Klienten eine innere Bezogenheit zu den Existenziellen Grenzerfahrungen, die er oder seine Ahnen gemacht haben. Ohne diese Arbeit ist es schwer eine Tiefe zu erreichen, die die Seele berührt. Dann ist die Gefahr groß, dass es bei „objektiven" Erklärungen oder Deutungen des konkreten Erlebens einer Person bleibt. Diese erlangen jedoch keine Innerlichkeit, da sie nicht zum konkreten inneren Erleben, sondern allenfalls zu einer mental nachvollziehbaren, allgemeinen Kategorie gezählt werden können. Deshalb haben allgemeine Trainings, Team-Buildings, Kommunikations- oder Konfliktlösungs-Workshops so eine geringe Nachhaltigkeit (Abb. 4.1).

4.2 Genese des gesunden Ich

Die Reflexion des Bewusstseins wird zuerst von außen hineingebracht, durch die Traumaarbeit hineingespiegelt. So fängt die Selbstreflexion der verstrickten, nicht herausgelösten Seelenanteile an. Diese müssen zuerst zu einer Selbstwahrnehmung kommen, bevor sie integrativ zueinander finden können. Das gesunde Ich ist zuerst also die Qualität der Reflexion der Trauma- und Überlebensstrukturen. Reflexion ist hier das Licht des unterscheidenden Bewusstseins. Es ist wie eine Sonne, die den Keim des gesunden Ichs zum Wachsen bringt. (siehe Abb. 4.2 – Genese der gesunden Qualitäten)

Phase I: Zuerst ist nicht davon auszugehen, dass man von sich aus das Unterscheidungsvermögen der Trauma- und Überlebensstrukturen besitzt. Hier ist man auf eine Begleitung von außen angewiesen. Der Begleiter muss im Stande sein, die Trauma- und Überlebensstrukturen zu unterscheiden. Dies erfolgt im Rahmen einer Methode oder einem Methodenkomplex, die eine effektive Transformation der Trauma- und Überlebensstrukturen in gesunde Strukturen ermöglichen.

Phase II: Der Impuls der Reflexion wird zum Keim der eigenen Reflexion. So entsteht das seelische Unterscheidungsvermögen bezüglich der eigenen Überlebens- und Traumastrukturen. Die Qualitäten des gesunden Ichs etablieren sich in der eigenen Seele. Das gesunde Ich ist gewissermaßen ein Außerhalb von Trauma- und Überlebensstrukturen und ein Innerhalb der eigenen Seele.

4.2 Genese des gesunden Ich

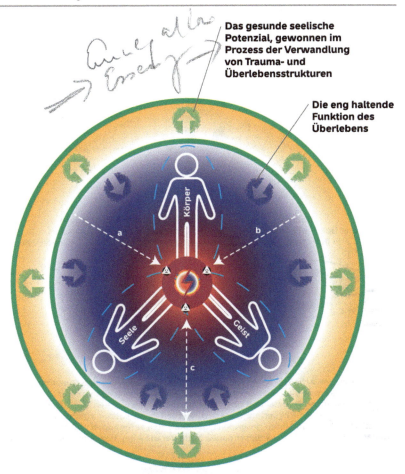

a = Existenzielle Grenzerfahrung als das Unmittelbarste, die faktische Mitte als unbewusster Bezugspunkt der Seele

b = Bewegung der Traumaarbeit „hin-zu" als Reflexion von außen

c = Eingeengtes Potenzial der Seele

Abb. 4.1 Potenzial der Seele I

Reflexion durch die Methoden der Traumaarbeit

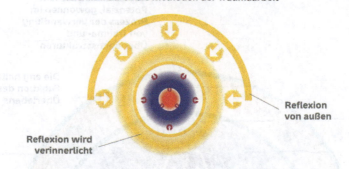

Trauma und Überlebensstrukturen in ihrer Gesamtheit

Die Arbeit erfolgt jedoch per partes – immer fokussiert auf einen Trauma- und einen Überlebensanteil

Durch den Arbeitsprozess entstehen gesunde, reflexionsfähige Qualitäten, während die erstarrte vitale Kraft immer mehr zu fließen beginnt. Die in den Trauma- und Überlebensstrukturen gewonnen Qualitäten gehen dabei nicht verloren, sondern werden in der soeben entstehenden seelischen Mitte und ihren gesunden Qualitäten neu aufgehoben und ausgerichtet. Der Mensch kann sich – aus dieser neuen Mitte heraus – neu beziehen und ausrichten.

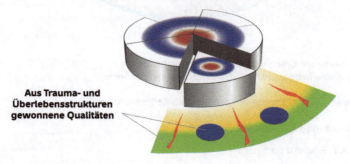

Aus Trauma- und Überlebensstrukturen gewonnene Qualitäten

Abb. 4.2 Genese der gesunden Qualitäten

Phase III: Indem das eigene seelische Unterscheidungsvermögen im Inneren wächst, wächst auch die gleiche Fähigkeit nach außen hin. Man kann die Realität genauer erfassen und ist Manipulationen und Verstrickungen gegenüber stärker gewappnet. Durch die Erschließung der früher verschlossenen Seelenräume (eingekapselte Traumastrukturen) wird eine neue vitale Kraft freigesetzt, die dem Menschen nunmehr stärker denn je zur Verfügung steht. An diesem Punkt angekommen, entwickelt sich ob der neuen Vitalität auch das natürliche Verlangen, den Prozess zu vertiefen. Dies selbst dann, wenn die Traumaarbeit sicher kein leichter Weg ist.

Das gesunde Ich entsteht also durch die Transformation der Überlebensstrukturen und Traumastrukturen: Überlebensstrukturen sind all das, was uns fest hält, unter Kontrolle hält, indem es zwanghaft verdrängt wird. Traumastrukturen bestehen aus dem was uns zieht, indem es sich entzieht. Jede Verstrickung des Seelenanteiles hat ihren eigenen Zug und ihren eigenen „Willen". Dieser Wille ist solange ein Nicht-Bewusstsein, bis er aus der Spaltung herausgelöst wird. Ist dies erfolgt, können die Traumata als bewusste Narben zurückbleiben. Das gesunde Ich ist deshalb immer auch ein bewusstes Ich. Es entsteht nicht als etwas Neues außerhalb der Trauma- und Überlebensstrukturen. Sowohl die Trauma- als auch die Überlebenselemente sind in ihrer Beschaffenheit zu den grundlegenden Strukturelementen der Seele geworden. Diese Grundbauelemente werden als Rohstoff bzw. prima materia herangezogen, damit durch die Tiefenarbeit etwas Neues aus ihnen entsteht. Andere Grundbauelemente gibt es schlicht und einfach nicht.

4.3 Traumaarbeit ist Ressourcenarbeit

Eine zentrale Frage und Aufgabe im Coaching ist der Aufbau von Ressourcen, also dem inneren Potenzial an Stabilität, Stärken und Fähigkeiten, die dazu dienen sollen, die Anforderungen im Business oder Privatbereich erfüllen zu können. Traumaarbeit ist Ressourcenarbeit im doppelten Sinne: Zum einen löst die seelische Integration die Traumastrukturen aus ihrer unfreiwilligen Verkapselung. Die darin eingefrorene und zurückgehaltene vitale Lebensenergie wird nun den gesunden Strukturen als Ressource vitaler Kraft zur Verfügung gestellt. Zum anderen geben die Weichensteller ihre autonome Funktion nun an das gesunde Ich ab. Der Mensch wird erst jetzt wirklich seines eigenen Schicksals Schmied, da der Wiederholungszwang der traumatisierten Seele zum Erliegen kommt. Die Qualitäten der Überlebensstrukturen bleiben ihm jedoch völlig erhalten. Sie obliegen als „neue" Ressourcen nun der Steuerung der stabilen Mitte, also dem bewussten Anteil im Menschen, der seine seelischen Widersprüche in sich selbst überbrückt und in ein bewusstes Ich integriert hat (vgl. Abb. 4.3 – Potenzial der Seele II). Da die Existen-

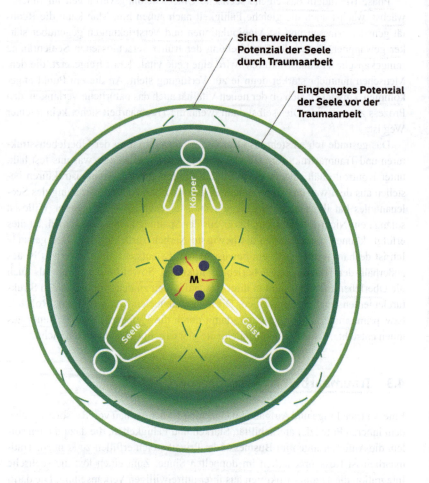

M = Die integrierte Mitte als Träger der aus Trauma- und Überlebensstrukturen gewonnenen Qualitäten

Abb. 4.3 Potenzial der Seele II

zielle Grenzerfahrung alle Bereiche menschlichen Erlebens berührt, ermöglicht die Traumaintegration auch die Freisetzung vitaler Lebensenergie als Ressource in all diesen Bereichen. Ihr vornehmliches Wesenselement ist das Fließen als Gegensatz zur Blockade. Energie-, Ideen-, und Kommunikationsfluss der in sich kongruent ist. Er ist stimmig und nachhaltig, da er von innen kommt. Dieser ungehemmte Fluss vitaler Lebensenergie kann Impulse von außen aufnehmen, ohne sich darin zu verlieren. Er besitzt die innere Weite, um innovative Lösungen im Außen zu finden. Sein inneres Erleben wird stärker, Seele gewinnt an Realitätsbezogenheit. Dadurch braucht man weniger Ereignisse. Spannungen und Erregungen und die Jagd nach ihnen verlieren ihren Reiz (vgl. Hillman 1997, S. 69). Echte Entspannung kann den Menschen nun durchströmen.

4.4 Herauslösung aus dem Erb- und Zwangsschicksal

Das Bewusstwerden der Trauma- und Überlebensstrukturen kann jetzt immer mehr aufgrund dessen wachsen, was uns in den zehn Lebensbereichen gespiegelt wird. So entstehen seelische Zusammenhänge der Lebensereignisse und ein Bewusstseins, das dessen Tragweite erkennt. Je nach Perspektive sehen wir nun die einzelnen Überlebens- und Traumastrukturen in ihrer zusammenhängenden Verkettung bzw. in ihrem Aufeinandergestapelt sein. Trauma- und Überlebensstrukturen sind aufeinander bezogene grundlegende Strukturelemente der Seele. So bilden sie ein Bezugssystem.

Trauma- und Überlebensstrukturen sind die dominanten Träger der unbewussten Motivation. Die unbewusste Motivation ist die Grundlage der unfreien Wahl und damit in der Summe das Erb- und Zwangsschicksal. Durch die Spiegelung des historisch-gesellschaftlich-familiären Rahmens der Existenziellen Grenzerfahrungen, kann das darauf zurückgehende Leitmotiv der Seele sich aus den vorgegebenen Bahnen befreien. Das Erb- und Zwangsschicksal kann durch das hinzugewonnene seelische Unterscheidungsvermögen so eine neue Wende nehmen.

Durch das seelische Unterscheidungsvermögen, das durch die Traumaarbeit nach und nach verinnerlicht wird, entsteht die eigene Qualität des Unterscheidens, die dann von einer Außenreflexion mehr und mehr unabhängig wird. Das Vermögen zwischen den eigenen und den fremden Motiven unterscheiden zu können, ermöglicht das richtige Einschätzen, Abwägen und Auswerten der jeweiligen Lebenslage. Damit sind wir in der Lage, aus dem gesunden Ich heraus eine den Umständen angemessene Entscheidung zu treffen. Das ist die freie Wahl, die Ausrichtung des frei gewählten Schicksals. (siehe Abb. 4.4, 4.5 – Pontifex oppositorum I und II).

Pontifex oppositorum I
Um die Spannung der Polarität zwischen Trauma- und Überlebensstrukturen aufzuheben, bedarf es einer Instanz in der Seele, die in der Lage ist, eine Brücke zu schlagen und die verdrängten wie erworbenen Qualitäten in sich verbindend auf-

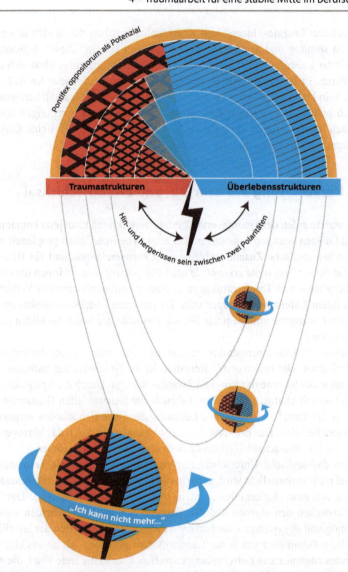

Abb. 4.4 Pontifex oppositorum I

zunehmen. Leopold Szondi hat diesen „Machtverteiler" und Organisator zwischen den seelischen Gegensätzen sowie bewussten und unbewussten Seelenanteilen Pontifex oppositorum genannt (1977, S. 80). Aufgrund der Traumaverkettung ent-

4.4 Herauslösung aus dem Erb- und Zwangsschicksal

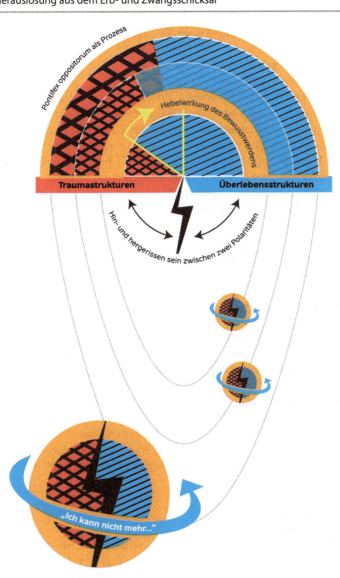

Abb. 4.5 Pontifex oppositorum II

spricht die Entstehung des Pontifex oppositorum einem mehrstufigen Prozess. Es sind mehrere Existenzielle Grenzerfahrungen und damit mehrere Spaltungen, die verschiedene Themenkomplexe abbilden. Das eine mag dominanter als das andere sein oder einfach nur offensichtlicher in Erscheinung treten.

Die gesunden Strukturen als Träger der vitalen Kraft findet man nicht in einer abstrakt idealen Mitte zwischen den Trauma- und Überlebensstrukturen. Zwischen ihnen gibt es schlicht keine Balance, sondern ausschließlich ein Eingespanntsein in die Zerrissenheit zwischen den Polaritäten.

Trauma- und Überlebensstrukturen sind Dinge, die uns abhalten, also von der Mitte entfernen (weg-von) oder Dinge, die uns festhalten, also in Bann halten und jegliche Hin-zu-Bewegung zur Mitte unterbinden. Damit sind sie die unmittelbarsten Blockaden der Mitte. Wenn wir nicht bei uns sind, dann sind wir also bei ihnen. Durch das hin und her zwischen Trauma- und Überlebensstrukturen gerät der Mensch außer sich, kann nicht bei sich ruhen, verliert den Fixpunkt und damit auch schnell die Orientierung, erst im Inneren, dann im Äußeren. Es folgen Verwirrung, Unsicherheit, Aktionismus und Maskerade, um dies alles zu verdecken.

Gesunde Strukturen als Träger der vitalen Lebensenergie mit all ihren positiven Aspekten ergeben sich erst durch die Arbeit mit den Traumata und ihrer Integration. Sie sind in der Ausgangssituation, wie Abb. 4.4 – Pontifex oppositorum I zeigt, zuerst einmal nur ein Potenzial, anstelle einer à priori Gegebenheit.

Pontifex oppositorum II
Die Methoden der Traumaarbeit bewirken die Lösung einer Verstrickung aus den unbewussten Identifikationen im Familiensystem oder die Bewusstmachung einer verdrängten Traumawunde, die in diesem Kontext biografisch entstanden ist (COEX). Jede Verstrickung des Seelenanteiles hat ihren eigenen Zug und ihren eigenen „Willen". Dieser Wille ist solange ein Nicht-Bewusstsein, bis er aus der Spaltung herausgelöst wird. In dieser Phase geht es konkret darum, die Seele in ihren Lebensbewegungen zu erkennen, unbewusste Sehnsüchte zu ergründen und das Bewusstseinsgefälle zwischen den abgespaltenen Traumastrukturen und den dominanten Überlebensstrukturen wahrzunehmen. Der größte Hebel der Arbeit ist damit das Bewusstwerden der eigenen Seelenlandschaft wie es Abb. 4.5 – Pontifex oppositorum II zeigt.

Pontifex oppositorum III
Durch die Arbeit entsteht eine neue seelische Mitte, in der die gesunden Qualitäten aufgehoben sind (vgl. Abb. 4.6 – Pontifex oppositorum III). Sie sind angereichert mit Fähigkeiten, die man in den Traumastrukturen (z. B. hohe Sensibilität) oder den Überlebensstrukturen (z. B. Durchsetzungsvermögen, Führungsqualitäten, etc.) gewonnen hatte. Die rigid gewordenen geistigen Überlebensstrukturen können wieder ihre ursprüngliche Lebendigkeit und Beweglichkeit gewinnen. So kann die Gabe des Geistes wieder flexibel und mit Unterscheidungsvermögen genutzt werden. Es entsteht das neue seelische Zentrum: Durch die Integration der Fol-

4.4 Herauslösung aus dem Erb- und Zwangsschicksal

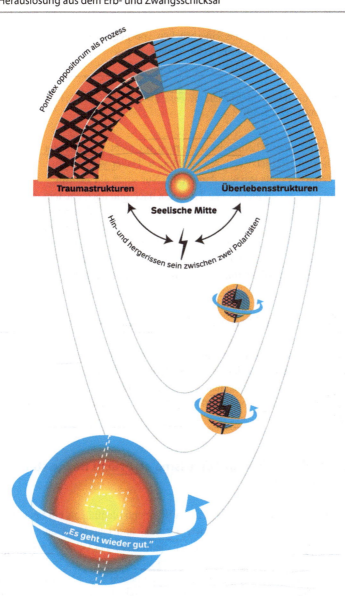

Abb. 4.6 Pontifex oppositorum III

gen von Spaltung gelingt das Überbrücken von gegensätzlichen Polaritäten, die als Folge der Spaltung innerhalb der Seele bestanden. In diesem Sinne *Pontifex oppositorum – Überbrücker der Gegensätze.*

> Das Ich ist die Brücke, welche alle Gegensatzpaare in der Seele zu überbrücken vermag. (Szondi 1977, S. 80)

Durch Lösung eines Themas ist die Arbeit oft nicht zu Ende, da weitere, noch tiefere Themen sich jetzt erst zeigen können. Daher wird Pontifex oppositorum in Abb. 4.5 und 4.6 als Prozess dargestellt. Nur solch ein Zentrum, das durch entsprechend tiefe Arbeit an eigenen Traumata nach und nach entsteht, zeichnet sich durch Nachhaltigkeit aus. Alles andere gebärdet sich nur als ein mehr oder minder stabiler Zwischenzustand des Verdrängens der Traumata. Traumata verschwinden nicht mit der Zeit, sie unterliegen nicht der linearen Zeit. Ganz im Gegenteil, verstärken sie sich in ihren Folgen. Ihr Auftauchen, ihre Somatisierung und die damit einhergehende Destabilisierung ist jeweils nur eine Frage der Zeit.

4.5 Neue Qualitäten einer Führungskultur

Der integrierte Wesenskern zeichnet sich sowohl durch Stabilität als auch durch Dynamik aus. Die in sich integrierte Seele ist gleichzeitig Träger der Lebensbewegung sowie Hort der seelischen Autonomie und Identität. Die Früchte der Traumaarbeit kommen insbesondre Führungskräften und deren Umfeld in mehreren Aspekten zu Gute.

4.5.1 Authentizität und Charisma als Frucht bewusster Identität

Bereits in Kap. 3.4 haben wir das Thema Rolle und Identität als ein Spannungsfeld zwischen gesunden Strukturen sowie Trauma- und Überlebensanteilen erkannt. Wer dauerhaft eine Rolle spielt, setzt sich die Maske einer Überlebensstrategie auf. Die Maske wird dann zur Ersatzpersönlichkeit. Bliebe der die Rolle Ausfüllende allerdings ausschließlich auf sein Maskenspiel beschränkt, hätten wir es zwar insoweit mit einem Profi zu tun. Was Manager jedoch über reine Professionalität hinaus benötigen, mehr als z. B. ein Sacharbeiter im Innendienst, ist die Gabe, andere Menschen durch ihre Authentizität, also ihre Echtheit, zu begeistern und zu überzeugen. Ist diese Echtheit stark ausgeprägt, dann wird die Führungskraft mit hoher Wahrscheinlichkeit als charismatisch erlebt, was dann zu außergewöhnlicher Gefolgschaft und „hohem commitment der Mitarbeiter" führen kann.

4.5 Neue Qualitäten einer Führungskultur

Allerdings ist diese Echtheit bereits Folge eines möglichst hohen Übereinstimmens von Rolle und Identität. Das Umfeld erkennt schnell, und meist natürlich völlig unbewusst, ob diese Echtheit gegeben ist. Spielt also jemand nur etwas vor oder ist er wirklich so. Im gleichen Moment stellen sich dann folgende Fragen: „Ist er oder sie echt?", „Kann ich ihm oder ihr vertrauen?".

Ausgehend von diesen Fragen ist es nun eine banale Feststellung, dass die Authentizität eines Menschen gar nicht so sehr vom Maß der Identifikation mit der Rolle abhängt. Dies wird zwar oft genug behauptet und auch hartnäckig „trainiert". Die Authentizität hängt vielmehr von der Integration der verdrängten seelischen Anteile ab. Durch die Integration wächst das seelische Zentrum, der Seinsgrund des Menschen, der dem äußeren Schein seiner Persona eine unverwechselbare Individualität gibt. Insofern ist dieses Zentrum der Seele der Regisseur, der sich in der jeweiligen Rolle nicht verliert und ihre Anforderungen mit seiner Individualität ausfüllt. Somit erhält jeder Mensch ein Unterscheidungsvermögen, das zu einem bewussten Einsatz von Professionalität und Persönlichkeit führt. Im bestmöglichen Fall sehen wir hier eine charismatische Führungspersönlichkeit, die nichts vorspielt, sondern durch ihre Echtheit ein hohes Maß an Loyalität und Gefolge durch die Mitarbeiter erfährt.

Die seelische Integrationsarbeit erfüllt damit nicht einen edlen Zweck, sondern ist vielmehr Grundlagenarbeit an der Herausbildung einer authentischen Führungspersönlichkeit.

Kurz zusammengefasst kann festgestellt werden, dass Authentizität auf Professionalität, das heißt auf Kenntnissen und Fähigkeiten beruht, die Rolle auszufüllen. Authentizität geht aber insoweit über Professionalität hinaus, als die Rolle von der Persönlichkeit geprägt wird. Das bedeutet, dass Authentizität da entsteht, wo eine relative Rolle durch die persönliche Identität absolut geprägt wird. Authentizität in all ihren Aspekten – als Überzeugungskraft, Vitalität, Unterscheidungsvermögen und Begeisterungsfähigkeit – kann man sich nicht wie eine Maske aufsetzen, und ein solcher Versuch würde mit Sicherheit nicht zu einem nachhaltigen Erfolg führen.

4.5.2 Objektivität und Realitätsbezogenheit

Für den beruflichen Alltag im Top-Management ist die stabile innere Mitte eine durch nichts zu ersetzende Qualität innerer Führung. Sie ist die Quelle stimmiger Entscheidungen sowie kongruenten Verhaltens. Der Pontifex oppositorum kann ganz bei sich bleiben, auch und gerade in Ausnahmesituationen, für die noch kein Prozess oder Vorgehen definiert ist. Erst mit Hilfe des fixen Drehpunkts der Mitte können wir abwägen, ähnlich, wie auch die Waage einen Dreh- und Angelpunkt braucht, um ausbalancieren zu können. Damit wird die innere Mitte zu einer Instanz des Abwägens. Erst wenn wir sie gefunden haben, sind wir in der Lage, verschiedene Dinge ohne Hemmung oder Präferenz gegeneinander abzuwägen, sozusagen Pro und Kontra, Gewicht und Übergewicht, Bedeutung und Bedeutungslosigkeit voneinander zu unterscheiden. Diese ungetrübte Unterscheidungsfähigkeit ist die Grundlage einer objektiven Realitätsbezogenheit.

Das Abwägungsergebnis ist dabei Spiegel unserer eigenen Erfahrungstiefe und -weite. Wir können nur so viel abwägen und abschätzen, wie wir zu erkennen imstande sind und folglich nur das in die Waagschale werfen, was wir in uns selbst finden. Objektivität richtet sich demnach nach dem Maß und der Weite unseres eigenen inneren Erlebens. Durch die Arbeit am Weichensteller nehmen Maß und Weite des inneren Erlebens zu, da der Wahrnehmungsfilter im unbewussten an Stärke verliert. Da die Wahrnehmung uns selber, als auch die Außenwelt betrifft, wird durch die Traumaarbeit der Blick immer klarer. Mit dieser Klarheit, die primär eben keine intellektuelle Leistung ist, kann das realitätsbezogene Abwägen immer besser gelingen.

Objektivität, als Frucht des realitätsbezogenen Abwägens, ist eine wichtige Eigenschaft für Führungskräfte. Je höher eine Führungskraft im Management angesiedelt ist, desto mehr Objektivität wird von ihr gefordert, denn diese Qualität wird gebraucht, um sachliche Entscheidungen zu treffen und eine gerechte Führungskultur zu entwickeln.

Genau dafür müssen Führungskräfte bereits über eine stabile Mitte verfügen. Traumabedingte Realitätsverzerrungen bedeuten Fehlinvestitionen in Menschen und Maschinen, die am Ende bis zur Insolvenz oder zumindest zu herben Einbußen und Verlusten führen können. Nicht nur den Erfolg zu wollen, sondern den Erfolg zu wollen und seine Chancen und Risiken realistisch einschätzen zu können, bilden hinreichende Voraussetzungen für eine erfolgreiche Unternehmensführung.

Um Stärken und Schwächen realistisch und in diesem Sinne objektiv einschätzen zu können, muss die Führungskraft in sich ruhen und imstande sein, ohne Angst den Finger in die Wunde zu legen. Eine in ihm ausgeprägte Weg-von-Bewegung führt zum konsequenten Ausblenden der entscheidenden Blockaden, die dem nachhaltigen Erfolg im Wege stehen. Die Leistung des Managers ist daher nicht unbedingt eine rein intellektuelle Leistung, die darin besteht, Schwächen und Stärken in Bezug auf das unternehmerische Ziel zu identifizieren. Vielmehr besteht sie in der Bereitschaft und Fähigkeit, die Lupe auf sich selbst zu richten und sich Fehler und Defizite einzugestehen, ohne dabei den Glauben an sich und den eigenen Wert zu verlieren. Dies ist selbstverständlich aber erst möglich, wenn in ihm die innere Achse so verfestigt ist, dass er keinen Verlust der Identität mehr befürchten muss. Der Pontifex oppositorum muss in ihm bereits entstanden sein.

4.5 Neue Qualitäten einer Führungskultur

Mit Personalentscheidungen verhält es sich ähnlich wie mit Sachentscheidungen. Nur das ungetrübte innere Erleben kann sich den Projektionen, Identifikationen und Verstrickungen in Täter-Opfer-Dynamiken erwehren. Eine gerechte und gute Personalentscheidung muss zu allererst in der Lage sein, den betreffenden Menschen so zu sehen, wie er wirklich ist. Es geht dabei ebenfalls um eine Abwägung, nämlich seiner Qualitäten, Stärken sowie seiner Schwächen. Dies kann nur gelingen, wenn das, was der Mitarbeiter der Führungskraft gegenüber spiegelt, nicht bedrohlich ist. Erst durch die feste innere Mitte kann die Führungskraft bei sich bleiben und ist dagegen gewappnet, sich in Projektionen und Identifikationen zu verlieren.

4.5.3 Unterscheidungsvermögen als Schutz gegen Manipulation

Ist diese innere Mitte bei einem Manager nicht vorhanden oder nur als Keimling existent, fehlt ihm Authentizität, Erkenntnisvermögen, und gegenüber Manipulationen von Außen ist er weniger immun. Denn Manipulation bedient sich dreierlei Dinge: der unerfüllten Bedürfnisse, ihnen entspringenden Sehnsüchten und der Ängste. Sie gibt ein Heilsversprechen oder baut eine Drohkulisse auf mit dem Ziel, die mangelnde Realitätsbezogenheit auszunutzen. Alleine das Ruhen in der inneren Mitte kann als unerschütterliches Bollwerk Manipulationsversuchen standhalten.

Manipulationen begegnen uns jeden Tag, doch im Top-Management setzen sie mächtige Hebelwirkungen in Gang, die fatale Folgen für viele Menschen haben können. Das Top-Management als Zentrum der Macht zieht viele Menschen in einen magischen Bann. Viele wollen dazu gehören, an der Macht partizipieren oder sie sogar übernehmen. Dass die Mittel zur Erreichung der Macht nicht immer die ehrlichsten sind, zeigt die Realität.

Das subtile Einfallstor der Manipulation im Management ist das Erhaschen von Vertrauen. Nichts ist im Top-Management wie auch in der Spitzen-Politik wichtiger als Loyalität und Integrität. Manager müssen aufgrund der Eigenart des Top-Managements genau diese Fähigkeit besitzen, nämlich zu erkennen, wem kann und darf ich vertrauen. Diese Fähigkeit wird ihnen an keiner Hochschule und in keinem Kurs gelehrt, sondern muss in der Persönlichkeit entwickelt werden oder durch schmerzhafte Erfahrungen reifen.

Die Fähigkeit, dem Richtigen zu vertrauen, ist eine Abwägungsentscheidung, die aufgrund der Mangelhaftigkeit der menschlichen Natur aber immer mit einem Restrisiko verbunden bleibt. Es kommt daher auf ein möglichst objektives Abwägen an, und gerade in Bezug auf das Vertrauen merken wir deutlich, wie wichtig die Fähigkeit ist, andere Menschen richtig einzuschätzen. Diese Fähigkeit ist aber kein zufälliges Ergebnis, auch kein Glücksspiel, sondern das Ergebnis eines entwickelten Unterscheidungsvermögens. Genau genommen wird man zum Opfer einer Manipulation, wenn man dem eigenen Mangel an Unterscheidungsvermögen bezüglich der Manipulation von außen anheimfällt. Der Mangel an Unterscheidungsvermögen ist oft auf das Verdrängen von Traumata zurückzuführen. Denn etwas Verdrängtes besitzt kaum ein Unterscheidungsvermögen. Dies wiederum sind die „blinden Flecke" unserer Wahrnehmung und Urteilskraft. An dieser Stelle kann uns die Manipulation am ehesten erreichen.

Manager und Unternehmer brauchen neben profundem generellem Wissen ein tiefes inneres Erleben, das sie befähigt, in realistischer Weise Verhalten, Motive und Einstellungen einzuschätzen. Auf dieser Einschätzung, die das Ergebnis einer Spiegelung inneren Erlebens ist, kann eine solide Vertrauensvergabe fußen, die den Attacken von Manipulationen gegenüber weitestgehend immun ist. Dieses innere Erleben findet ungefärbt und frei von Zwängen und Realitätsverzerrungen in der inneren Mitte des Pontifex oppositorum statt.

4.5.4 Gesunder Machteinsatz

Eine Top-Führungskraft ist in der Regel mit Macht und Einfluss ausgestattet. Es gehört zu ihren Aufgaben diese Macht im Sinne des Unternehmens einzusetzen, zum Ermöglichen von Chancen oder auch Verhindern von Risiken. Das Ausüben von Macht gehört ebenso wie die Frage nach „Wem darf ich vertrauen?" zu den Aspekten des Führungsalltags, mit dem ein Manager in der Regel ganz alleine zurechtkommen muss und die nicht mehr delegiert werden können. An der Art und Weise des Machteinsatzes erkennen wir deshalb häufig auch eine Person wieder: ob „laissez faire" oder „absolute Kontrolle" – Machteinsatz ist ein Spiegel des inneren Systems eines Menschen und damit auch ein Abbild seines Charakters. Wie Macht instrumentalisiert wird, hängt entscheidend von der Entwicklung der gesunden Macht im Menschen ab. Denn die gesunde Macht, mit der jeder Mensch in Form seiner vitalen Instinkte auf die Welt kommt, ist jene Macht, die ihren Lebensraum vor Machtmissbrauch verteidigen kann, oder vor Übermacht rechtzeitig fliehen kann. Das zur Verfügung stehen der gesunden Macht, kann Machtmissbrauch und Aggression von außen stoppen. Machtlosigkeit fällt jedoch dem Machtmissbrauch anheim.

Wenn die gesunde Macht in Folge von Existenziellen Grenzerfahrungen in ihrer Entwicklung gestört oder gar unmöglich gemacht worden ist, so hat dies natürlich

Einfluss auf den späteren Umgang mit Macht. Denn der Machtmissbrauch durch das Umfeld des Kindes und die damit zusammenhängende Ohnmacht bedürfen einer Kompensation. Ganz im Sinne des „Weg-von" -Trauma kann dies verschiedene Formen annehmen: vom machtbesessenen Despoten bis zum Ablehnen oder schlichten Nicht-Ausüben von Macht. Der gemeinsame Nenner dieses Machtgebrauchs ist ihre gestörte vitale Kraft. Denn die gesunde Macht ist definiert durch Realitätsbezogenheit, Wachsamkeit und mahnende Erinnerung. Machtlosigkeit und erhöhte (auch psychische) Gewaltbereitschaft sind allerdings Zustände die auf die abgespaltene Realität der Menschen hinweisen und die diese damit auch ständig reinszenieren. Macht ist eine vitale Kraft und die gesunde Mitte, also der Pontifex oppositorum, ist das Ergebnis der Integration von Übermacht und Ohnmacht, Täter- und Opfer-Identifikation. Es heißt immer wieder: Wer Macht hat, der hat Verantwortung. In Bezug auf eine Führungskraft, bedeutet dies auch, die Grundlagen der eigenen Machtausübung zu erforschen. Wie dient mir meine Macht und zu was sollte sie ursprünglich befähigen? Oder auch: Was hemmt meine Machtausübung und wozu ist diese Hemmung vor der Macht gut? Diese Fragen mit Bewusstsein zu füllen, ist Aufgabe des Pontifex oppositorum als Prozess der Traumaarbeit. Er soll davor bewahren, dass im geschäftlichen Umfeld Macht und Ohnmacht unbewusst reinszeniert werden. Denn die Schäden und Verluste, die dabei entstehen können, sind aufgrund der immensen Hebelwirkung der Top-Führungskraft enorm.

▶ **Lese-Tipp** Fallbeispiel 7: „Kein Bock auf Vertrieb". Der Vertriebsleiter einer Firma verliert sich häufig in den kleinen Dingen, anstelle die großen Aufgaben anzugehen.

4.6 Coaching konkret – Bewegung hat Vorrang

Coaching definiert sich häufig gerne als lösungsorientierter Ansatz. Die Lösung und nicht das Problem stehen im Fokus der Arbeit. Darin will man sich von den therapeutischen Formen der Beratung abgrenzen und als eher pragmatische Form der Begleitung positionieren. Doch was heißt dies in aller Konsequenz?

Lösungsorientiert zu arbeiten, wie es im Coaching oft heißt, bedeutet in Bezug auf das Drei-Ebenen-Schema, sich Ziele auf der Ebene Folgethemen der Spaltung (Ebene III) zu setzen und dort auch nach Lösungen zu suchen. Da sich allerdings Traumafolgen und ihre weiteren Folgen nicht auf der Ebene langfristig beheben lassen, auf der sie erscheinen, sondern nur auf der Ebene der Traumaursachen, sind die Erfolge solcher Lösungsansätze nicht von langer Dauer. Kaum wird ein Problem gelöst, verlagert sich die soeben bewältigt geglaubte Thematik woanders hin. So wie es im Wesen von Trauma liegt, wird es immer wieder reinszeniert, und zwar auf der horizontalen Ebene der zehn Lebensbereiche. Erst wenn wir uns der Wiederholung der Thematik in den unterschiedlichen Lebensbereichen bewusst werden, dürfte in uns die Entscheidung reifen, sich die Ursachen der Wiederholung auf der vertikalen Achse anzusehen. Dieses Anliegen hat nun eine ganz andere Tragweite und ist in diesem Falle die Basis für eine nachhaltige Veränderung.

Der ausschlaggebende Unterschied zwischen dem klassischen Coaching und dem hier vertretenen Ansatz liegt also auf der Einstellung des Fokus. Ist der Fokus auf die einzelnen Bereiche der horizontalen Ebene und der Teillösungen innerhalb dergleichen Ebene eingestellt, kann sich der lösungsorientierte Ansatz kaum durch Nachhaltigkeit auszeichnen. Der eng eingestellte Fokus auf die Ebene der Folgen und angestrebte Nachhaltigkeit schließen einander im Kontext eines Menschen langfristig aus.

Dies soll nicht heißen, dass hier nicht durchaus gute und erfolgreiche Konzepte für die allgemein bekannten Probleme bei Arbeitsprozesse gefunden werden können. Doch das Allgemeingültige gibt es in der Realität kaum. Selbst bei einem hohen Grad an Automatisierung und definierten Prozessen spielt „der menschliche Faktor" eine unersetzliche Rolle. Und wenn es bei der Produktion noch ohne den Menschen gehen mag, so ziemlich sicher nicht bei Personalentscheidungen oder Strategieentwicklungen.

Während im klassischen Coaching oft das Verbessern bzw. Optimieren der Überlebensstrukturen im Vordergrund steht, geraten die Traumastrukturen in den Hintergrund. Durch ihr konsequentes Ausblenden werden sie nur tiefer ins Unbewusste verdrängt und entfalten im Laufe der Zeit von dort aus eine umso destruktivere Wirkung. Durch einen solchen Ansatz würde ganz allgemein sogar die Tendenz der Überlebensstrukturen gefördert, die bemüht sind, die Traumastrukturen möglichst restlos verdrängt zu halten. Wer diesen Ansatz wählt, bestärkt oder fördert am Ende noch diese auf die Dauer unheilvolle Tendenz in seinen Klienten.

Jede Coaching-Maßnahme, die nicht an den Ebenen II und I ansetzt, läuft Gefahr, die Etablierung einer Überlebensstruktur zweiter oder dritter Ordnung zu fördern. Der Reiz, diese im Klienten anzulegen oder zu verfestigen, liegt zweifellos in der Illusion schneller Wirksamkeit. Die neuen Strukturen, Prinzipien, Methoden, Tricks, etc. werden gerne von den Überlebensstrukturen als willkommene Hilfe angenommen. Hier stellt sich kein Widerstand ein. Ganz im Gegenteil, die Klienten sind schnell begeistert, weil das „Neue" so gut zu ihnen passt und der Coach „genau das gebracht hat, damit es schnell wieder weiter ging."

> Wie ist das klein, womit wir ringen, was mit uns ringt, wie ist das groß; […] was wir besiegen, ist das Kleine, und der Erfolg selbst macht uns klein. (Rilke, „Der Schauende")

4.6 Coaching konkret – Bewegung hat Vorrang

Doch die Steigerung der Qualitäten des Überlebens, und dies ist das nächste Paradoxon, birgt in sich eine kaum zu unterschätzende Gefahr: Auf der Oberfläche legt sich die flexible Überlebensstruktur die Maske einer sozial- und emotional kompetenten Führungskraft zu. Im Inneren verstärkt sich jedoch die starre Haltung umso mehr. Sie wird bloß nach außen hin weniger sichtbar. In ihrer Flexibilität zieht sie sich in die Illegalität zurück. Das Ergebnis ist dann nicht eine wirkliche Verwandlung der Persönlichkeitsstruktur, sondern langfristig eine größere Anspannung in der Psyche, welche ihre Überlebensstrukturen noch besser zu tarnen lernt. Tarnen und Täuschen lautet dann die Devise, nach der solch eine schnelle „Verbesserung" abläuft.

Sollte also bei der grundlegenden Arbeit mit den Traumaursachen die Ursache für die Wiederholung der gleichen Verhaltensmuster und Blockaden ans Tageslicht kommen, kann durch die Traumaintegration der gewohnte Kreislauf der Wiederholung im Unbewussten endlich unterbrochen werden. Erst die Bewegung auf der Ebene der Ursachen, also auf der vertikalen Achse, führt aus der Enge und Starre der Überlebensmuster. So entsteht langfristig eine neue Grundlage für neue inhaltliche Lösungen auf der horizontalen Achse. In dieser Reihenfolge zu arbeiten, ist auch sinnvoll, da man sich so den Kampf mit den Windmühlen erspart. Daher folgt für den Ansatz der Traumaarbeit im Coaching-Prozess: Bewegung hat Vorrang. Solange keine Bewegung in der Tiefe der Seele stattfindet, bleibt es beim Vorrang der Störung im Unbewussten (vgl. Kap. 2.3.3 – Störung hat Vorrang).

> **Lese-Tipp** Fallbeispiel 4: „Klarheit vor Harmonie". Einem 40jährigen Manager der Freizeitindustrie fällt es schwer, im Business klare und „harte" Ansagen zu machen.

Die Methodologie der Traumaarbeit ist nun allerdings eine ganz andere als die der klassischen Coachingarbeit. Da die Folgen der Traumata sowohl im Gehirn als auch im Körper vorzufinden sind, bedarf es logischerweise solcher Arbeitsmethoden, die gerade hier ansetzen. Der integrative Ansatz für Traumaarbeit reicht von den relativ neuen, Stammhirn-orientierten Ansätzen des NLP, wie EMI (Eye Movement Integration) bis zu den schon lange existierenden Ansätzen der Körperarbeit nach Wilhelm Reich und Alexander Lowen.

Methoden 5

5.1 Methoden und ihr Zusammenwirken

Die hier vorgestellten Methoden dienen der Ansprache und Führung der Seele im Rahmen der Traumaarbeit. Es geht also zum einen darum, die Seele des Klienten zu erreichen und mit ihr in einen bewussten oder unbewussten Dialog zu treten. Denn dies ist zum anderen die Voraussetzung für den zweiten Schritt: den Heilungsimpuls der gespaltenen Seele aufzunehmen und sie unterstützend durch den Prozess der Traumaarbeit zu führen.

Die Methoden der Traumaarbeit mit dem Unbewussten ermöglichen Erfahrungen der Seele, die ohne sie nur bedingt bis gar nicht möglich wären. Sie beziehen sich auf die Strukturelemente der gespaltenen Seele, den Trauma- und Überlebensstrukturen sowie den gesunden Strukturen. Diese Erfahrungen werden wiederum in ein Modell gegossen, das eben jene Erfahrungen für das Bewusstsein zusammenfassend spiegelt. In diesem Sinne bilden die Methode, die durch sie gewonnene Erfahrung und das daraus entstandene Modell eine Einheit. Ohne das Modell einer Seele würden viele gemachte Erfahrungen zusammenhangslose Erscheinungen bleiben. Ohne die Methoden wiederum wären es unmöglich die Begriffe des Modells inhaltlich zu füllen und wir verblieben im Bereich des Spekulativen. Insofern folgt das Arbeitsmodell der hier vertretenen Traumaarbeit der Erkenntnistheorie von Immanuel Kant:

> Gedanken ohne Inhalt sind leer, Anschauungen ohne Begriffe sind blind. (KrV, B 75)

Wie wir in den vorherigen Kapiteln gesehen haben, sind viele Anliegen und Probleme der Klienten nicht auf der Ebene lösbar, auf der sie sich äußerlich zeigen. Ihre Ursachen liegen grundsätzlich auf einer tieferen Ebene. Diese Tiefe entspricht in der Arbeit mit Menschen dem Unbewussten. Aus diesem Verständnis heraus geht im Rahmen der Traumaarbeit die Vertiefung der Erweiterung von Methoden vor. Das Ziel der Traumaarbeit ist nicht das bekämpfen des Symptoms, sondern die unbewusste Ursache des Symptoms zu erfassen und nachhaltig zu verwandeln. Es geht also um eine wesentliche Erweiterung der Zielsetzung. Eine Erweiterung der Zielsetzungen und der Wirkung ist ohne die Erweiterung der Mittel jedoch kaum denkbar. Die Mittel sind in diesem Sinne die Methoden, mit denen wir das Unbewusste erschließen.

Vergessen wir jedoch nicht, dass es in dieser Hinsicht keine ganzheitliche (holistische) Methode gibt. Jede Methode erreicht eine bestimmte Schicht der Seele und andere wiederum nicht. Menschen die eine bestimmte Methode für eine ganzheitliche erklären, erklären damit ihre eigene persönliche Realitätsreduktion. Die Seele ist eher eine mehrdimensionale Wirklichkeit, denn als nur ein Begriff (James Hillman). Es ergibt sich daher notgedrungen der Bedarf an einem kombinierten Ansatz der Arbeitsmethoden mit dem Unbewussten: *„So ist das Unbewusste also das Tor, das wir durchschreiten, um die Seele zu finden [...] aber um im Unbewussten nach der Seele zu suchen, ist es notwendig, erst das Unbewusste zu entdecken."* (Hillman 1997, S. 53) (Abb. 5.1)

Die vier vorgestellten Methoden bilden in ihrer integrativen Anwendung eine Einheit, wenngleich auch jede Methode für sich alleine steht und auch für sich allein stehen muss. Es geht hier nicht um einen beliebigen Methodenbrei, sondern entspricht bildhaft eher einem antiken Tempel wie in Abb. 5.2 zeigt. Jede Methode muss wie eine Säule zuerst für sich alleine bestehen, so dass wir auf diesen Säulen ein Dach bauen können. Durch diese Überdachung erfährt der Tempel seine funktionale Vollendung. Die Überdachung steht für die Integration der Methoden. Und ein Dach – das zeigt dieses Bild ebenfalls – kann man bekannter Weise nicht auf dem Boden bauen.

Trotz der notgedrungenen Reduktion der Realität sind Methoden im Umgang mit der Psyche unersetzbar und es besteht kein Grund, warum wir auf sie verzichten sollten. Es stellt sich eher die Frage nach ihrer sinnvollen Verbindung, so dass ihre Wirkung im integrativen Einsatz eine Vertiefung erfährt, die zugleich einer Vergrößerung der Reichweite gleichkommt. In der Verbindung wird die Einzigartigkeit einzelner Methoden nicht aufgehoben, sondern aufgewertet. Diese Aufwertung durch Verknüpfung ist die neu entstandene Synergie, die der Weite der Seele folgt, statt sie auf eine Methode zu reduzieren.

5.1 Methoden und ihr Zusammenwirken

Anwendungsbereich der Methoden, die flexibel und integrativ eingesetzt werden können, sodass man den Phänomenen der Seele folgen kann, ohne sie auf eine bestimmte Methode und ihren Rahmen reduzieren zu müssen.

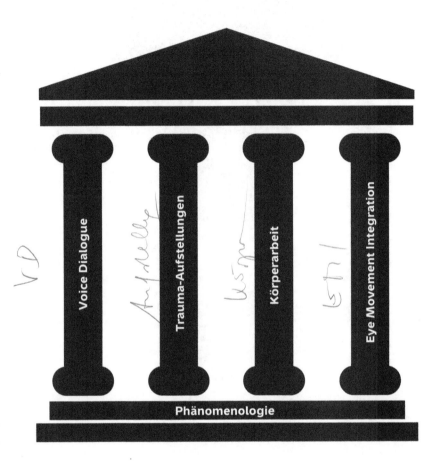

Die Arbeit mit den Phänomenen der Seele geschieht im Seelenraum, der durch die Methoden aus vielen Richtungen erschlossen wird.

Abb. 5.1 Methodentempel

Das ineinandergreifende und -fließende Methodenrad in Abb. 5.2 versinnbildlicht die Flexibilität, mit der wir uns in der unbekannten Landschaft der Seele bewegen können. Es ermöglicht eine schier unbegrenzte individuelle Anpassungsfä-

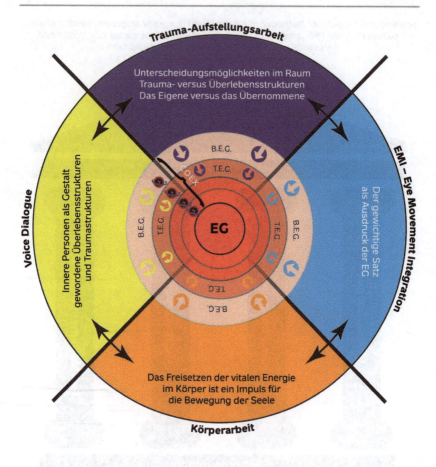

EG = Existenzielle Grenzerfahrung
B.E.G. = Biografisch-persönliche Existenzielle Grenzerfahrung
T.E.G. = Transgenerationale Existenzielle Grenzerfahrung

Abb. 5.2 Methodenrad

higkeit: Nicht der Mensch und seine höchst individuelle Thematik werden auf eine Methode und ihren Rahmen verpflichtet, sondern die Methoden werden in ihrem Zusammenwirken integrativ eingesetzt, um der Mehrschichtigkeit der Seele gerecht zu werden. Das Individuelle und das Individuum stehen im Vordergrund. Die bereits vorgestellten Modelle münden in das Methodenrad und seine individuelle Anwendung. So wie die Modelle allgemein gefasst sein müssen, um verständlich zu sein, so verfügen die Methoden in ihrer Kombination über eine breite individuelle Einsatzmöglichkeit.

5.2 Körperarbeit

Es gehört zu den größten Leistungen Wilhelm Reichs' die funktionale Einheit zwischen psychischen und physischen Blockaden entdeckt und in die Behandlung aktiv integriert zu haben. Hintergrund: Die seelische Spaltung hebt sich weder in der Psyche noch im Körper von alleine wieder auf. Es bedarf daher eines Impulses von außen. Auf der Körperebene entsprechen die rigiden, harten und zähen Muskelverpanzerungen den schützenden Überlebensstrukturen der Seele des Klienten. Sie sind der im Körper manifestierte Widerstand gegen das Wiedererleben der traumatischen Ereignisse. Noch mehr: Sie sind die präventive Hülle gegen das Wiedererleben. Auch das Gegenteil, keine Spannung im Körper, kann dieses Ziel erreichen. Auf diese Weise kommt das Leben schon gar nicht im Körper an. So sind beispielsweise eine charakterliche Oberflächlichkeit und ein steifer, unbeweglicher Körper nur zwei Seiten derselben Medaille. Der Klient kommt weder in tiefen Kontakt mit anderen, noch spürt er sich selbst. Die Steifheit seines Körpers wirkt wenig einladend, da er sich nicht spürt, kann er über Emotionen und das was ihn bewegt keine Auskunft geben. Der „perfekte" Panzer nach innen und nach außen.

Das Gegenstück zum Panzer ist die Verkapselung von Trauma. Der Körper, als eine Überlebensstruktur, speichert die Traumastrukturen als körperlichen und seelischen Schmerz innerhalb seiner selbst ab. Die individuelle Schmerzgrenze wird dabei vom Körper so beschaffen und aufrechterhalten, dass der traumatische Schmerz bestenfalls nicht mehr berührt wird. In der Praxis zeigt es sich häufig als auffällige Über- oder Unempfindlichkeit gegenüber Schmerz. Die individuelle Schmerzgrenze bestimmt so im Rahmen der Körperarbeit das Maß und die Intensität der körperlichen Impulse, die nötig sind, damit die Traumastrukturen nach und nach im Körper freigesetzt werden.

Wilhelm Reich war im modernen europäischen Kontext Wegbereiter der Therapieansätze, die die künstliche Aufteilung des menschlichen Lebens in verschiedene Bereiche für einen holistisch-humanistischen Ansatz aufgegeben haben. Insofern handelt es sich um eine Renaissance antiker Ansätze, die immer die Ganzheit menschlicher Existenz im Fokus ihrer Untersuchungen hatten. Reich entdeckte die Einheit menschlichen Lebens durch die Phänomenologie der Lebensbewegungen des Organismus wieder. Er fasste es bereits 1933 so zusammen: „Mit anderen Worten, wir können unter keinen Umständen einen lebenden Organismus in Charaktereigenschaften hier, Muskeln dort und Plasmafunktionen an dritter Stelle aufteilen, wenn wir mit unserer einheitlichen Auffassung des Organismus praktisch ernst machen wollen. […] Indem wir es allmählich lernen, dieses Lebendige zu begreifen und zu beeinflussen, kommen die rein psychologischen und physiologischen Funktionen von selbst in den Bereich der Arbeit. Schematisches Spezialistentum ist nicht mehr möglich" (Reich 2010, S. 473).

Die Arbeitsmethode besteht in der Impulsgabe auf körperlicher Ebene, um dort eine Lösung in Form einer Abreaktion und Freisetzung der vitalen Lebensenergie zu erreichen. Die Körperarbeit ist zu allen anderen Methoden ein ergänzender non-verbaler Dialog zwischen Begleiter und Klienten, ohne den ein erfolgreicher Einstieg in die Arbeit an tieferen Bewusstseinsschichten häufig kaum möglich oder zumindest ziemlich langwierig wäre.

Besonders die Arbeiten von Arthur Janov und Stanislav Grof haben einen wichtigen Beitrag geleistet, um die Entstehung von Traumata in der vorverbalen Phase verständlich zu machen. Traumata der pre-, peri- und postnatalen Phasen prägen sich als „Imprint" im autonomen Nervensystem ein und wirken so das ganze Leben lang weiter. Diese vorbewussten Ereignisse können wir mit verbalen Methoden logischerweise nicht erreichen. Da die seelischen Schmerzen immer auch im Körper und den Gehirnstrukturen gespeichert sind, wird der Organismus zum Arbeitsbereich und Informationsfeld für die Traumaarbeit. Die abgespaltenen Seelenanteile können nur im Körper integriert werden, nicht außerhalb von ihm. Den Impuls auf der körperlichen Ebene kann sich der Körper logischerweise kaum selbst geben, so muss er von außerhalb kommen.

Konkret passiert dies durch Druckimpulse am Muskelpanzer und weiteren Weichgewebsstrukturen. Durch geführte Augenbewegungen (EMI, siehe weiter unten) wird auf Ebene des Stammhirns ein Impuls gegeben, der sich wiederum über das autonome Nervensystem im Körper auswirkt. Die enge Koordination von Methoden, die auf den Körper einwirken, mit den restlichen Methoden der Traumaarbeit ist bei dieser tiefen Arbeit mit der Seele bewusst vorgesehen – zumal sich das autonome Nervensystem, das Stammhirn, genauso wie die Muskelpanzerungen selbst, dem Willen des Bewusstseins entziehen. Zumindest der letztere Sachverhalt ist inzwischen eine gesicherte Erkenntnis aus der Körpertherapie.

Körper und Seele im Rahmen der körperzentrierten Trauma-Aufstellungsarbeit
Da die Körper und Seele eine Funktionseinheit sind, ergibt sich bei der Arbeit mit Trauma- und Überlebensstrukturen geradezu organisch ein Bedarf an Impul-

5.2 Körperarbeit

sen für den Körper, um die vitale Energie freizusetzen und somit die Seele durch den Körper in Bewegung zu bringen. Die Seelenbewegung wird dann innerhalb der Aufstellung im Raum sichtbar, mit den Mitteln der Trauma-Aufstellungsarbeit aufgegriffen und weitergeführt. Die bloße Spiegelung des im Körper des Klienten eingespeicherten seelischen Schmerzes durch Repräsentanten reicht alleine noch nicht für eine Seelenbewegung aus. Die verbale und nonverbale Darstellung der Stellvertreter in einer Aufstellung können keinen Eindruck auf den Körper und das autonome Nervensystem des Klienten hinterlassen.

Der im Körper abgespeicherte seelische und physische Schmerz wird und soll gerade auch bei der Tiefenarbeit mit Traumata wieder spürbar werden. Nur das, was an die Oberfläche gebracht wird, kann sich anschließend verwandeln. Das, was tief im Gewebe gespeichert zurückbleibt, kann sich durch eine reine Oberflächenbehandlung nicht verwandeln und lösen.

Ansätze nach dem Motto „wasche mich, aber mach mich nicht nass" haben sich bis jetzt als nachhaltige Lösungen nie bewährt, selbst wenn sie sich selber gerne als nicht-invasive Methoden bezeichnen. Im therapeutischen Jargon wird der Klient so „stabilisiert". Der ideologische Anstrich allein erzeugt allerdings noch keine Wirkung. Ganz im Gegenteil: Durch das Aussparen der körperlichen Ebene wird dem Klienten geholfen, langfristig die traumatischen Zustände besser verdrängt zu halten. Im schlimmsten Falle solange bis sich diese als chronische Beschwerden oder gar Krankheiten somatisieren.

Da Körper und autonomes Nervensystem nur ihre eigene Sprache verstehen, muss der körperliche Impuls der Tiefe entsprechen, in der der Schmerz im Körper gespeichert ist. Die eingespeicherte Hauptinformation der seelischen Spaltung ist mit dem Intensitätsgrad des Schmerzes verbunden. Der Impuls von außen soll logischerweise also weder geringer noch stärker sein. Dies soll nicht heißen, dass zarte Berührungen nicht ihre Wirkung hätten. Sie haben eine Wirkung – jedoch in anderen Phasen des Prozesses, z. B. dann, wenn es darum geht, Vertrauen eines verletzten kindlichen Anteiles wieder zu erwecken.

Es geht hier um zwei verschiedene Zwecke und Phasen, die es zu unterscheiden gilt: Der starke Impuls wirkt lösend, setzt den Schmerz und die erstarrte vitale Energie frei. Das zarte Anfassen und Berühren hingegen kann jene Qualitäten vermitteln, die verletzt oder dem Kinde nicht vermittelt wurden. Weder die zarten noch die starken Impulse sind also problematisch, bloß ihr Nicht-Unterscheiden hinsichtlich Funktion und Wirkung.

Es darf wieder daran erinnert werden, dass die Natur die Aufhebung der Spaltung nicht vorgesehen hatte. Weder in der Seele noch im Körper. Selbst im transgenerationalen Kontext gilt diese Gesetzmäßigkeit weiter. Folglich ist die seelische Spaltung als mehrere Aspekte einer Einheit zu sehen und zu behandeln – der

Weichensteller im Unbewussten ist das Sinnbild hierfür. Die Einbeziehung der körperlichen Ebene während der Traumaarbeit hilft die traumatischen Inhalte freizusetzen. Denn das, was durch die Körperarbeit freigesetzt wird, ist nicht selten der Schmerz der Ahnen, den wir mittelbar als Grundstimmung, z. B. als Gereiztheit, Taubheit, Emotionslosigkeit, Kühle, Scham, oder Familien-Tabu in uns tragen. Durch die in Bezug Setzung der körperlichen Reaktion mit der Existenziellen Grenzerfahrung im Rahmen der integrativen Traumaarbeit wächst das seelische Unterscheidungsvermögen für diese Zustände. Wir wissen nun für wen wir stellvertretend diesen Schmerz oder jene Empfindung getragen haben. Mit dieser Unterscheidungsfähigkeit wächst dann auch das Potenzial des gesunden Ichs.

Die Einschränkungen der Körperarbeit, wenn es nur dabei bleibt, sind demnach auch leicht zu erschließen: Die Arbeit am Körper und den Muskelpanzerungen wird langfristig bestenfalls eine Abreaktion schaffen, wenn nicht gleichzeitig die Seele durch sie angesprochen wird. Nur so wird das Freisetzen der vitalen Energie im Körper zu einer neuen Bewegung der Seele, um die es letzten Endes geht.

Es muss also darauf geachtet werden, dass die Körperarbeit fließend in die Traumaarbeit übergeht. Die abgespaltenen Seelenanteile zeigen sich im Aufstellungsrahmen, oder im Rahmen der Methode Voice Dialogue und sollen hier auch auf körperlicher Ebene wieder integriert werden.

5.3 EMI – Eye Movement Integration

5.3.1 EMI – Grundlagen

Die Methode EMI – Eye Movement Integration – wurde 1989 von dem amerikanischen Ehepaar Connirae und Steve Andreas entwickelt. Die methodischen und theoretischen Grundlagen von EMI gehen auf das Neurolinguistische Programmieren (NLP) und die Gestalttherapie zurück. Steve Andreas arbeitete unter anderem mit Fritz Perls, dem Urheber der Gestalttherapie. Während seiner Studien wurde ihm mehr und mehr bewusst, dass die Trennung zwischen Körper und Verstand künstlich ist und auf dieser willkürlichen Trennung die ebenfalls künstliche Begrenzung vieler Therapieformen basiert. NLP geht davon aus, dass alle psychischen Prozesse eine neurologische Grundlage haben. Jegliche Erfahrung ist das Ergebnis aller Informationen, die das Nervensystem aufnimmt. Dabei werden alle Erlebnisse durch unsere Nervensysteme und Hirnstrukturen multisensorisch verarbeitet und gespeichert. Der sprachliche Ausdruck dieser neurologischen Erfahrungen kann immer nur eine verkürzte Übersetzung dieser ganzheitlichen Erfahrung aller Sinnesmodalitäten (Sehen, Hören, Fühlen, Schmecken und Riechen) sein.

5.3 EMI – Eye Movement Integration

Sich nur auf die sprachliche Repräsentation zu verlassen, würde bedeuten, den Großteil an sensorischen Informationen in der Therapie auszusparen. Da die Worte zur Beschreibung des traumatischen Erlebens fast nie ausreichend sind, stellt sich mittel- oder langfristig eher Frustration ein. Kein Wort reicht aus, um das traumatische Erleben richtig beschreiben zu können. Es lässt sich mit Worten nur unzulänglich erfassen.

Durch das Folgen verschiedenster Augenbewegungen kann der Klient auch verdrängte und abgespaltene Sinnesmodalitäten und damit verbundene Erinnerungen und Emotionen in seinem Bewusstsein aktivieren. Die Augenbewegungen führen zu Neuverknüpfungen mit der Gesamtheit der Sinne. Die Inhalte von EMI kommen also immer vom Klienten selber. Daher ist EMI streng genommen Selbstheilung durch Neurotherapie. Vom Begleiter selber werden keine Inhalte induziert.

Mittlerweile besteht ein Set aus 24 langsam geführten Augenbewegungen, deren Abfolge eine EMI-Sequenz bilden. Die Bewegungen laufen horizontal, vertikal, diagonal und kreisförmig. Durch das Folgen der Augen erschließt sich der Klient über sein visuelles Feld den Zugang zu Informationen, Emotionen und Gedanken, die außerhalb seines Bewusstseins abgelegt worden sind.

Das durch EMI freigesetzte seelische Material ist durch seinen Traumabezug grundsätzlich mit starken psychischen und emotionalen Reaktionen verbunden. Die Klienten reagieren körperlich und mental mit allen Mustern, die zur traumatischen Ausgangssituation dazu gehören.

EMI unterstützt durch den Zugang zu mit Trauma verbundenen Gedächtnis-Netzwerken den Prozess der Selbstheilung beim Klienten. Durch die zur Verfügung stehenden Informationen, hilft es dem impliziten Gedächtnis aus der Endlosschleife unabgeschlossener Prozesse zu kommen. Ausgehend von dem Modell der drei Gehirnebenen – dem rationalem Zentrum, emotionalem Zentrum und vor allem vitalem Zentrum – in dem die erstarrte Schockenergie in fragmentierter Form aller Sinnesmodalitäten abgespeichert ist, helfen die Augenbewegungen das Erstarrte, Fragmentierte und Verdrängte wieder auf die Oberfläche des Bewusstseins zu bringen. Die in Erstarrung haltende Schockladung wird mit Hilfe der Methode nach und nach verdünnt oder gar aufgelöst, so dass auch das Fragmentierte wieder zusammenfindet. So kann die stets unabgeschlossene Bewegung in der Seele abgeschlossen werden. Der Schock, der ebenfalls im autonomen Nervensystem und dem Körper abgespeichert ist, hat auf diese komplexe Art und Weise die vitale Kraft zurückgehalten. Gerade dort, und nur dort, wo der Fluss der vitalen Energie einst erstarrte, kann er auch wieder in Bewegung gebracht werden: im Körper, dem autonomen Nervensystem sowie den Gehirnstrukturen.

Wichtige Wesensmerkmale von EMI:

- Es ist eine mehrheitlich nonverbale Methode, daher für viele Klienten, ähnlich wie die Körperarbeit, eine eher ungewohnte Intervention im psychologischen Bereich
- Es führt zum Wiedererleben eines traumatischen Ereignisses mit allen dazugehörenden sensorischen Erinnerungen
- Erzielt sehr schnell Reaktionen beim Klienten, meist schon nach einigen Serien der Augenbewegung
- Arbeitet mit dem traumatischen Ereignis und fügt dadurch verdrängte sensorische Information zum Bewusstsein hinzu
- Ist eine Neurotherapie: sie vervollständigt unvollständig verarbeitet Prozesse des impliziten Gedächtnisses. Erlebnisse können danach ins explizite Gedächtnis übergehen.
- EMI ist nicht zu verwechseln mit EMDR, das mit schnellen Augenbewegungen arbeitet
- EMI lehrt keine Fähigkeiten, z. B. Kommunikationsfähigkeiten, sondern hilft dem Organismus sich selbst zu heilen

5.3.2 EMI im Rahmen der Trauma-Aufstellungsarbeit

EMI ist als eigenständige Methode für die individuelle Sitzung konzipiert worden, doch ihr Einsatz im Rahmen der Aufstellungsarbeit wertet ihre Wirkung zusätzlich auf. Innerhalb des Aufstellungsrahmens fällt die Anwendung von EMI wesentlich flexibler aus. Hier werden meist wenige Serien der Augenbewegungen benutzt, um eine vorübergehende Erstarrung zu lösen. Die Aufstellung erhält dadurch einen wichtigen Impuls, der zu neuen Erkenntnissen und Bewegungen führen kann.

Durch die gleichzeitige Anwendung der Körperarbeit im Rahmen der Aufstellungsarbeit stoßen wir notgedrungen auch auf jene gewichtigen Sätze, die sich durch die Existenzielle Grenzerfahrung eingeprägt haben. Dies ist insofern auch kaum verwunderlich, wenn wir bedenken, dass die gewichtigen Sätze an die Schockladung gekoppelt sind, die auch im autonomen Nervensystem und dem Körper gespeichert ist. Die traumatische Struktur und ihre zurückgehaltene Schockenergie verhalten sich bildhaft gesprochen wie kommunizierende Röhren. Egal an welcher Ecke oder, um beim Bild zu bleiben, bei welcher Röhre man anfängt oder ansetzt, nach und nach oder auch auf einmal kommt der ganze Trauma-Komplex an die Oberfläche des Bewusstseins und des Körpers.

Mit dem Freisetzen der Schockladung im Körper, was durch gezielte Druckimpulse geschieht, geraten auch die gewichtigen Sätze bei den Klienten wieder ins

Bewusstsein. Sie kommen dann häufig unmittelbar mit großer Wucht und Vehemenz zum unmittelbaren Ausdruck.

Der Vorteil dieser kombinatorischen Vorgehensweise, also die Verbindung von Körperarbeit und Aufstellung, liegt darin, dass man die gewichtigen Sätze nicht zu erfinden braucht, wenn sie sich unmittelbar im Prozess zeigen. Der große Vorteil von EMI besteht dann in der unmittelbaren Arbeit mit solchen gewichtigen Sätzen, an die die ganze Schockladung gekoppelt ist. Die Augenbewegungen bei gleichzeitiger lauter, wiederholter Aussprache von diesem gewichtigen Satz, verdünnen seine Wirkung im Unbewussten. Die Schockladung löst sich während der Anwendung nach und nach auf.

So können diese existenziellen gewichtigen Sätze im Ursprungskontext, z. B. im Kriegskontext oder familiären Kontext, aufgelöst werden. Der Vorteil dieses kombinatorischen Vorgehens besteht im genaueren Erfassen und auch Auflösen generationsübergreifender Motive, die sich bei späteren Generationen als Motiv im Unbewussten eingeprägt hatten. Motive, die von den gewichtigen Sätzen wie „das ist das Ende", „das schaffe ich nicht" oder „das ist vergeblich" geprägt werden und oft später die ganze Grundstimmung des Daseins ausmachen.

Bei dem gewichtigen Satz handelt es sich um einen verdichteten Ausdruck Existenzieller Grenzerfahrung. Diese Grenzerfahrung mag entstanden sein im Kontext des Krieges, der Flucht, von Untaten, Schicksalsschlägen oder Massenvergewaltigungen am Ende des Krieges, die im Aufstellungsrahmen gespiegelt werden. Die Motive der Gewalt prägen sich generationsübergreifend durch, trotz ihrer Verdrängung. In der Kombination von Aufstellungsrahmen, EMI und Körperarbeit können sie wesentlich effektiver gelöst werden als durch die Anwendung einer einzelnen Methode. Jede der erwähnten Methoden setzt an einem anderen Aspekt des traumatischen Ereignisses an. Gerade ihr integrativer Einsatz kann die verschiedenen Schichten im Menschen, wo sich auch die Folgen der Existenziellen Grenzerfahrung traumatisch niedergeschlagen hatten, differenziert erfassen. Der gesamte Prozess wird dadurch zugleich auch komplexer.

Die Einschränkung von EMI wird nun ebenfalls sichtbar: Ohne begleitende Körperarbeit gleiten die Augenbewegungen häufig auf der Oberfläche der erstarrten Überlebensstrukturen. Sie können dann nicht in die Tiefe gehen. Denn wir dürfen nicht vergessen, dass die körperliche Erstarrung nicht durch das Bewusstsein zu lösen ist. Das autonome Nervensystem arbeitet unabhängig vom Bewusstsein.

Zweitens können die Augenbewegungen nicht die Komplexität spiegeln, die sich als Existenzielle Grenzerfahrung mitsamt des ganzen historischen Rahmens und in der Täter- und Opferdynamik einprägte. Hierfür ist der Aufstellungsrahmen unverzichtbar. Diese komplexe Thematik lässt sich nicht ausschließlich durch ihren sensorischen Abdruck in den Gehirnstrukturen verarbeiten.

5.4 Körperorientierte Trauma-Aufstellungsarbeit

5.4.1 Grundlagen der körperorientierten Trauma-Aufstellungsarbeit

Die Aufstellungsarbeit ist, vereinfacht gesagt, das Phänomen der Spiegelung seelischer Zustände eines Menschen durch Stellvertreter und das, was ein Aufstellungsleiter darin sieht und dadurch bewirkt. Dies erfolgt in der Form einer räumlichen Externalisierung, also einer Veräußerung von seelischen Anteilen im Raum. Daher der Name Aufstellung: sie ist ein Abbild der inneren Konstellation von Systemen, des Einzelnen oder auch von Gruppen und Organisationen im Raum. Die Aufstellung zeigt so viel, wie ein Aufstellungsleiter darin zu sehen imstande ist und wie er damit umzugehen weiß. Im Rahmen der Trauma-Aufstellungsarbeit geht es vor allem um den Mehrwert des Unterscheidungsvermögens zwischen Trauma- und Überlebensstrukturen, zwischen eigenen und fremden seelischen Inhalten. Dieses Unterscheidungsvermögen muss natürlich zu allererst beim Aufstellungsleiter selber vorhanden sein. Es ist die Grundlage für die Entstehung einer neuen seelischen Mitte aus den Elementen von Trauma- und Überlebensstrukturen beim Klienten. Wir können zwei Aspekte der Aufstellungsarbeit unterscheiden:

I. *Die Spiegelung* befördert zuerst den „seelischen Rohstoff", also die Elemente, die zur Unterscheidung, Genesung und folgender Transformation bestimmt ist. Erst indem die Traumastrukturen von den Überlebensstrukturen und der persönliche von dem transgenerationalen Kontext unterschieden wurden, beginnt die eigentliche Arbeit.

Doch bereits die Externalisierung und Spiegelung seelischer Zustände eines Menschen durch Stellvertreter sind als zwei außerordentliche Mittel anzusehen, die einen hohen Mehrwert bieten. Im Rahmen einer Aufstellungsgruppe lässt sich eine viel höhere Komplexität erfassen und auch differenzieren. Etwas, was so im individuellen Ansatz, also ohne Stellvertreter, kaum möglich wäre.

I. *Die eigentliche Arbeit* erfolgt auf allen Ebenen, wo sich die Folgen der Existenziellen Grenzerfahrung niedergeschlagen haben. Dies schließt also die Stammhirnebene (EMI), wie auch die Körperarbeit mit ein. Es sind zwei wirkungsvolle Möglichkeiten, das autonome Nervensystem anzusprechen.

Bei der Aufstellungsarbeit tritt durchaus regelmäßig das Phänomen der Resonanz gleicher oder ähnlicher Themen und Zustände innerhalb der Gruppe auf. Im Hinblick auf die Gruppendynamik ist dies besonders dann zu beachten, wenn Traumata an die Oberfläche des Bewusstseins herangeschwommen werden. Die Resonanz, gleichgültig wie stark sie sich zeigt, ist dabei keine Re-Traumatisierung. Häufig wird dies mangels Erfahrung mit dem Wesen des Traumas jedoch kaum unterschieden.

Die Aufstellungsarbeit ist abgesehen davon schon als solche – wie jede andere Methode – eine spezifische Wahrnehmungsstruktur. Jede Methode stellt durch die Erfahrungen, die sie vermittelt, eine bestimmte Optik ein, durch die ein spezifisches Bild der Seele bzw. eine ihrer Dimensionen sichtbar wird. Dieses Bild spiegelt sich wiederum auch im Modell, in dem die Methode eingebettet ist. Durch eine andere Methode (z. B. Voice Dialogue, EMI oder Körperarbeit) entsteht ein anderes Bild der Seele. Durch die Methodenkombination kann also ein breiteres Spektrum der Phänomene angesprochen werden. Sowohl die psychischen als auch die physischen, was die Grundidee der Psychosomatik darstellt.

Eher ist es so, dass die Traumaaufstellungsarbeit aus der Tiefe des Unbewussten seelische Zusammenhänge an die Oberfläche bringt, die dem erwachsenem Bewusstsein zuerst nicht gewohnt sind. Es sind keine neuen Glaubensinhalte, sondern Möglichkeiten zur Erweiterung des Bewusstseins.

5.4.2 Phänomenologische Vorgehensweise

Eine entscheidende Frage in Bezug auf Aufstellungen ist immer, was von dem zu halten ist, was sich in und durch sie zeigt. Zeigt die Spiegelung die Realität? Oder bekommen wir das Abbild von etwas ganz anderem präsentiert? Wie objektiv sind Aufstellungen? All diese Fragen werden immer wieder gestellt und die aufschlussreichste Antwort darauf hat C.G Jung vor vielen Jahrzehnten bereits gegeben: Denn „[d]ie Frage nach der Substanz des Beobachteten ist in der Naturwissenschaft nur dort möglich, wo sich ein archimedischer Punkt außerhalb findet. Für die Psyche fehlt ein solcher Standpunkt außerhalb, weil ja nur die Psyche die Psyche beobachten kann." (Jung 1957, S. 92)

Daher ergibt sich im Rahmen der Untersuchung individueller seelischer Vorgänge nur ein phänomenologischer Ansatz für den Beobachter. Phänomenologische Vorgehensweise heißt, sich dem beobachteten Phänomen unvoreingenommenen Blickes anzunähern und vor seinem Mysterium diszipliniert stehen zu bleiben, ohne der Versuchung zu erliegen, es durch vorgefasste Meinungen erfassen oder deuten zu wollen. Es bedeutet auch, ein temporäres Nicht-Wissen aushalten zu können. So werden wir von dem Phänomen selbst erfasst und erst dadurch entsteht ein intuitives Verstehen der seelischen Realität des Klienten aus sich selbst heraus.

Unvoreingenommenheit bedeutet hier also keine vermeintliche Objektivität. Denn selbst dann, wenn wir unvoreingenommen vorgehen, werden dadurch die theoretischen Grundlagen, von denen wir ausgehen, und vor allem das Unterscheidungsvermögen des Aufstellungsleiters nicht außer Kraft gesetzt, sondern wirken weiter. Wir sehen also von unserem Wissen ab, indem wir verzichten, dieses generell oder vorgreifend einzusetzen. So enthalten wir uns einem Urteil und es entsteht eine Lichtung in unserem Geiste. Das Phänomen in einer Aufstellung kann sich so in seiner ganzen Tragweite entfalten, ohne gleich einer konzeptuellen Limitierung anheim zu fallen. So kann etwas entstehen und sich zeigen, was man noch nicht kennt.

5.4.3 Denkart bestimmt Wahrnehmung

Doch gleichzeitig hat Aristoteles den Satz geprägt: „Was der Mensch zuletzt findet in den Dingen, ist zuerst hineingelegt."

Manche Aufstellungsleiter behaupten, dass sie reinen Herzens, unvoreingenommen und nicht wertend in der Aufstellung vorgehen. Bereits solche Aussagen sollten uns allerdings verdächtig stimmen. Denn damit wird lediglich ausgesagt, dass der Autor solcher Aussagen sich seiner theoretischen Grundlagen nicht bewusst ist, nach denen er die in einer Aufstellung auftauchenden Phänomene deutet, einordnet und in einen Zusammenhang bringt.

Die Aufstellungsarbeit hängt in der Tat in einem kaum zu überschätzbaren Maße von den theoretischen Grundlagen ab, von denen der Aufstellungsleiter ausgeht. Dies bedeutet unter anderem, dass wir eben jene Ergebnisse finden, die in dem System vordefiniert sind, von dem wir ausgehen. Mit System ist auch der Rahmen gemeint, in dem sich das System bewegt, z. B. individueller Ansatz oder transgenerationaler Ansatz. Selbst wenn ein Aufstellungsleiter offen ist und unvoreingenommen vorgeht, sieht er in der Aufstellung nur das, was ihm die Methode erlaubt, derer er sich bedient. Denn diese Methode bestimmt auch die Denkart. Die Denkart wiederum bestimmt die Wahrnehmung und somit auch das Vorgehen und die Ergebnisse. Der Aufstellungsleiter und der Klient sollten sich dieser Tatsache immer bewusst sein und mit den Ergebnissen in diesem Bewusstsein arbeiten.

5.4.3.1 Die Paradoxe Realität der Psyche

Aufstellungen, die sich naturgemäß vielmehr dem Unbewussten als dem Bewusstem zuwenden, erfassen besonders gut die widersprüchliche Realität der Psyche. Die Dynamiken der Seele sind eben häufig nur daher existent, da gegeneinander strebende Kräfte in der Psyche gleichzeitig aktiv sind. Diese Realität ist daher kaum anders als auch eben widersprüchlich, also paradox zu erfahren, zu denken und zu erfassen. Paradoxes Denken bedeutet widersprüchliche Gedanken und Ansätze in kreativer Spannung in sich selbst aufrecht zu erhalten. Das Mysterium des Paradoxons, also das was sich an seelischer Erfahrung dahinter verbirgt, offenbart sich dann in dieser kreativen Spannung. Wenn wir diese Spannung lange genug aushalten, sinken wir tiefer zu einer tieferen Wirklichkeit. Wenn wir uns allerdings stattdessen auf nur einen Pol der widersprüchlichen Realität einschränken, ist es eher ein Zeichen, dass wir auf der Oberfläche geblieben sind. Während der Aufstellung wird dieses Spannungsfeld der Paradoxien durch die Stellvertreter gespiegelt und kann durch den Aufstellungsleiter für eine Transformation im Sinne einer Lösung oder Entwicklung genutzt werden.

5.4.3.2 Die Aufstellungsarbeit mit Anliegen (nach Franz Ruppert)

So wie jede Coaching-Stunde sollte auch eine Aufstellung ein genau formuliertes Thema haben. Das Bewusstsein des Klienten sollte in der Lage sein, das Anliegen der Aufstellung wohlformuliert zu beschreiben, damit es wie ein Pfeil direkt zum Ziel geschossen werden kann. Doch diese innere Reife, die Bereitschaft zur Öffnung, die volle Aufmerksamkeit und die unabdingbare Motivation sind beim Klienten nicht immer in vollem Ausmaß vorhanden.

Aus der Perspektive des Aufstellungsleiters kommt der Klient dem Aufstellungsleiter durch die Genauigkeit der Formulierung seines Anliegens entgegen – oder eben auch nicht. Die Kraft, Energie und Bereitschaft, die in der Formulierung des Anliegens liegen, entscheiden wesentlich über das Vorankommen der Aufstellungsarbeit. Durch die Formulierung des Anliegens wird ein nicht-lineares Organisationsprinzip in der Seele angesprochen. Es zeigt sich daran, dass im Stellvertreter des Anliegens all jene Hindernisse gespiegelt werden, die der Erfüllung des Anliegens im Wege stehen. Das Anliegen bzw. sein Vertreter werden zu einem Gefäß, durch das je nach Verlauf der Aufstellungsarbeit die traumatischen Zustände sowohl des Klienten, als auch die seiner Ahnen, mit denen er verstrickt ist, „durchfließen". Die restlichen Stellvertreter spiegeln die gesamte Beziehungsdynamik und so wird auf umfassende Art und Weise die gesamte Arbeitsgruppe zu einem Spiegelfeld des Klienten.

Dies allein kann als ein Hinweis auf die umfassende spiegelnde Qualität der Seele aufgefasst werden. Dieselbe Qualität steht übrigens auch hinter dem Spiegeln der tiefen und mehrschichtigen Traumathemen in den Traumsymbolen und Traumgeschehnissen.

5.4.4 Ursprungskontext

In einer Trauma-Aufstellung wird grundsätzlich der ganze Ursprungskontext der seelischen Blockade mit aufgestellt. Nicht immer jedoch ist es ausreichend, bloß auf die Blockade selbst hinzuweisen. Gerade im transgenerationalen Kontext, handelt es sich ja um Verstrickungen mit den seelischen Anteilen der Ahnen. Oft ist es daher nötig, auch die abgespaltenen Anteile derjenigen Ahnen aufzustellen, um die es sich bei der Verstrickung handelt. Weiterhin sind diese abgespaltenen Anteile der Ahnen nicht ohne den historischen und/oder Bindungs-Kontext zu denken, in dem die Traumatisierung geschehen ist und wo die Verstrickungskette ihren Lauf genommen hatte. Das historische Wissen und das Wissen um die sozialen Umstände, in denen unsere Ahnen gelebt haben, sind an dieser Stelle unersetzbar.

5.4.5 Intervention

Hin und wieder kommen wir während einer Aufstellung zu einem kritischen Punkt, der eine Intervention verlangt. Die kindlichen Anteile des Klienten, die mit den Ahnen und ihren Traumata verstrickt sind, halten diese Verstrickung für ihre eigene Identität, an der sie festhalten. Sie halten selbst dann an ihr fest, wenn diese Identität eine Selbstzerstörung oder Verausgabung aller ihrer Kräfte bedeuten sollte. Sie hatten damals, als die Verstrickung mangels einer anderen Alternative geschah, keine andere Wahl.

Seitdem hatte sich für diese Anteile in ihrem Abgespalten- und Verstricktsein nichts geändert. Von selbst bleiben sie weiterhin in der Verstrickung. Die Verstrickung hat für sie den bekannten „Stallgeruch" und alles andere wird mit dem verschlingenden Nichts assoziiert, das weitaus bedrohlicher erscheint, als jede wie auch immer destruktive Identifikation. Wenn also der Aufstellungsleiter diesen Anteilen (den Stellvertretern) in der Aufstellung freien Lauf lässt, bleiben sie naturgemäß auch weiter in der Verstrickung und bleiben felsenfest davon überzeugt, dass ebendort und nirgendwo sonst ihr richtiger Platz ist. Hier kommt es nun darauf an, welches Unterscheidungsvermögen der traumatischen Inhalte der Aufstellungsleiter an den Tag legt und wie er im Raum arbeiten kann. Der verstrickte Anteil kann seine Verstrickung oft erst nur aus einem Abstand wahrnehmen, nie aus der Verstrickung selber. Ohne eine Intervention, die mit Raum und im Raum arbeitet, bleibt die Verstrickung naturgemäß erhalten.

Mit einer Intervention ist also keineswegs ein Hineinlegen eigener vorgefasster Konzepte in das Geschehen der Aufstellung gemeint. Wohl ist aber das Hineinlegen des eigenen Unterscheidungsvermögens vonnöten, sollte eine Aufstellung mehr als nur spiegeln. Das Unterscheidungsvermögen des Aufstellers stellt in seiner Arbeit erst den Mehrwert dar.

5.4.6 Doppelfokus

Das Aufzeigen von Verstrickungen und Identifikationen hebt nicht automatisch die damit verbundene Aufspaltung in der eigenen Seele auf. Dies scheint oft unterschätzt zu werden. Der Fokus sollte und müsste beides im Blick behalten, Sichtbarmachung und seelische Integration sollen Hand in Hand gehen.

Wenn man sich in den Aufstellungen nur mit Identifikationen aus dem Familiensystem befasst, ohne dabei gleichzeitig die Aufspaltungen in der Seele des Klienten zu beachten, ist der Klient von sich aus kaum imstande, die in der Aufstellungen gezeigten Identifikationen mit fremden seelischen Inhalten zu lösen und Gespaltenes in sich zu integrieren. Er verfügt noch nicht über ein gesundes, unterscheidendes Ich-Zentrum und das Eigene ist für ihn schlicht noch nicht auffindbar.

Der Aufstellungsleiter kann und soll im Laufe der Aufstellung durch seine Wahrnehmung und sein Unterscheidungsvermögen zu einem Orientierungsstützpunkt für den Klienten werden. Dadurch wird die eigene Wahrnehmung und Orientierung des Klienten gestärkt. Die Herausbildung des eigenen gesunden Zentrums als der neuen seelischen Mitte geht also gleichzeitig mit der Ablösung von fremden seelischen Inhalten einher. Das, was bis dahin fremdbestimmend und folgenderweise auch lebenshemmend, lebensverneinend und gar lebensdestruktiv gewesen war, kann jetzt als solches gesehen werden und sich auflösen. Bei der Auflösung der vorher identitätsstiftenden Überlebensstrukturen ist also, wie bereits erwähnt, mit einem nicht geringen Widerstand zu rechnen. Es geht schließlich um die Auflösung der ganzen bisherigen Persönlichkeitsstruktur zugunsten des neuen, sich erst im Entstehen Befindenden.

5.4.7 Disidentifikation

In der Aufstellungsarbeit mit Traumabezug geht es um keinen neuen psychologischen Ansatz. Es handelt sich letztendlich um eine kontinuierliche Disidentifikation mit der psychologischen Struktur, die auf den Einfluss des Familiensystems zurückzuführen ist.

Die psychologische Struktur des Einzelnen besteht insbesondere aus der unbewussten Identifikation mit den Schicksalen der Ahnen, die wiederum maßgebend durch Traumafolgen geformt wurden. Die Traumafolgen sind also als Bausteine jener unbewussten Struktur anzusehen, die in ihrer Gesamtheit eine Grundlage im Unbewussten des Einzelnen bildet. Diese Grundlage ist zugleich als eine Prädisposition anzusehen, auf der das persönliche Unbewusste aufbaut. Mit anderen Worten: Diese Prädisposition wird weiter auf der biographischen Ebene eigener Erlebnisse fortgesetzt. Genau aus diesem Grund sprach Leopold Szondi vom Erb- und Zwangsschicksal.

Diese psychologische Struktur für die eigene zu halten, ist schon daher naheliegend, da scheinbar keine andere vorhanden ist, die man für eigen halten könnte. Außerdem ist auf diesem Konsens die ganze Gesellschaft aufgebaut, in der wir leben. So sind wir natürlich bestrebt, diese psychologische Struktur womöglich zu verbessern und zu optimieren. Oder noch präziser gesagt: Das anpassungsfähige, von Überlebensstrukturen geleitete Bewusstsein, versucht sich zu optimieren und zu verbessern. Die unbewusste Grundlage, die aus Traumafolgen der Ahnen besteht, bleibt allerdings von diesen Versuchen unberührt. Eine Verbesserung oder Optimierung von etwas, was auf Traumafolgen beruht, ist auf lange Sicht ein absurdes Bestreben. Nichtsdestotrotz lassen sich nur wenige von der Absurdität dieser Bestrebungen abbringen. Die Mehrheit ist eifrig dabei, ihre Überlebensstrategien zu verbessern, zumal sie sich von der ganzen Gesellschaft und dem Kollektivzwang darin bestätigt fühlt.

Die Traumaarbeit löst die Person Schritt für Schritt aus ihren Identifikationen. Erst durch diese Ablösung entsteht der freie seelische Raum. Es ergibt sich die reale Möglichkeit des frei gewählten Schicksals, wo erst eine freie Wahl möglich ist. Eine Wahl jenseits der uns vorher leitenden und bestimmenden Identifikationen und Verstrickungen. Die positiven Ergebnisse der Aufstellungsarbeit so wie zum Beispiel das bessere, gelassenere und gelöstere Verhältnis zu den Eltern, Geschwistern und Partnern sind als Begleiterscheinung anzusehen. Sie können, doch müssen nicht unbedingt eintreten. Eine zunehmende Ablösung von den Familienstrukturen ist unter Umständen ebenso als eine positive Begleiterscheinung anzusehen. den Familienstrukturen ist unter Umständen ebenso als eine positive Begleiterscheinung anzusehen. Besonders in der körperorientierten Trauma-Aufstellungsarbeit wird Freiheit stets als eine Freiheit „von und zu" verstanden. Freiheit zu dem Eigenen, setzt die Herauslösung aus den Verstrickungen voraus, also eine Freiheit von etwas im System Vorgegebenen.

Wesentlich geht es um das Auflösen der Verstrickungen und Identifikationen, sowie die Aufhebung der damit verbunden Verdrängung. Dies erfolgt aus dem Verstehen heraus, das schrittweise ein neues identitätsstiftendes Bewusstsein entstehen lässt. Das Neue was aus der Traumaarbeit entsteht, bedarf weder im Voraus noch im Nachhinein psychologischer Anweisungen und zusätzlicher normativer

5.4 Körperorientierte Trauma-Aufstellungsarbeit

Ansätze. Das Neue ist ein Neuland, das wir Schritt für Schritt betreten, indem wir Schritt für Schritt das Alte verlassen.

Die Aufstellungs-Methode hat auch Einschränkungen: Durch die Spiegelung lassen sich Widerstände nicht genau erfassen, die bei der der Arbeit mit Menschen immer zum großen Hindernis werden können. Umso besser gelingt dies jedoch mit der Methode Voice Dialogue. Auch der Zugang zum autonomen Nervensystem ist durch das Spiegeln allein sehr eingeschränkt.

5.4.8 Exkurs: Organisationsaufstellungen als Instrument im Management

Organisationsaufstellungen sind eine eigenständige Aufstellungsform, die eine Organisationsstruktur und ihre Dynamik durch die genaue Spiegelung in großer Tiefe erfassen kann, die für strategische Entscheidungen, Personalbesetzungen und wichtige Verhandlungen richtungsweisend ist. Es können dadurch Motive beleuchtet werden, die hinter den offensichtlichen oder weniger offensichtlichen Haltungen eines Gegenübers, sowie der eigenen Person stehen. Dies ist insofern von Bedeutung, da die bewussten und unbewussten Motive die Sachebene wesentlich beeinflussen können.

Durch die Spiegelung der Firmenleitung kann man zudem die Ausrichtung der Firma erkennen, die die Firmenkultur mit einschließt. Die innere Bewegung der Führungsebene weist somit auf ihre Außenwirkung im Unternehmen hin. Genauso sind die Nicht-Bewegung, Nicht-Reaktion, sowie Bewegungen auf Abwegen als eine Ausrichtung zu bewerten. Vor allem letztere Ausrichtung ist durch Trauma- und Überlebensstrukturen der Leitung mitbestimmt. So kann eine Organisationsaufstellung zum Startpunkt einer individuellen Arbeit mit der Führungskraft werden.

Schließlich besteht jede Organisationseinheit, in diesem Falle eine Firma, aus diversen Positionen, besetzt von konkreten Individuen. Ohne diese bliebe sie nur eine abstrakte Form und Bezeichnung. Auf der praktischen Ebene, also im Rahmen des systemischen Models auf der horizontalen Ebene der Personal- und Sachentscheidungen, hat sich die Arbeit mit Organisationsaufstellungen in der Praxis bereits bewährt.

Obwohl Führungskräfte in der Regel keine therapeutische Ausbildung, geschweige denn Ausbildung in der Traumarbeit haben, müssen sie sich ständig mit den Traumafolgen auseinandersetzen. Tagtäglich sind sie mit Widerstand, Manipulation, Kreativitätsmangel, dem Stress seitens ihrer Mitarbeiter und auch Geschäftspartner konfrontiert. Abgesehen von der sachlichen Ebene, macht die Auseinandersetzung mit den Traumafolgen einen großen Teil ihrer Arbeit aus, ohne sich darüber bewusst zu sein, dass es sich um Traumafolgen handelt. Diese spezielle Aufstellungs-Arbeit kann ihnen daher mehr Klarheit bringen. Entsprechend geschult und sensibilisiert, dürfte der Leitungsebene klar werden, dass man mit den Traumastrukturen (im Menschen) nicht sachlich verhandeln kann und dies mit den Überlebensstrukturen auch nur sehr bedingt möglich ist.

Wir glauben uns auf einer rein sachlichen Ebene zu bewegen, doch dies erweist sich bei näherer Analyse als eine Illusion. Diese bessere Einsicht wird durch das spezifische Format der Organisationsaufstellungen ermöglicht, die durchaus auch ohne Stellvertreter im individuellen Rahmen herangezogen werden können. Die Beweggründe und Motive hinter den Entscheidungen können bereits hier gespiegelt werden.

Mit Hilfe der Organisationsaufstellungen gelingt es, Entscheidungen aufgrund eines wesentlich breiteren Informationsfeldes zu treffen. Es wird z. B. rasch klar, welche Dinge bei den Verhandlungen wichtig und welche unwichtig sind. Die Spiegelung erfasst ebenso Überlappungen der formalen und der nicht-formalen Machtstruktur einer Firma. Es ist von entscheidender Bedeutung, zu wissen, wer bzw. was der eigentliche Machthebel während einer Verhandlung ist. Dies zeigt sich in den Organisationsaufstellungen. Durch die Aufstellungen wird uns bewusst und sichtbar, wie sehr das innere System (vertikale Achse – Innenwelt des Menschen) mit dem äußeren System (horizontale Achse – äußere Welt inkl. Firmenstruktur) verbunden ist (vgl. Abb. 1.1 – Organisationsstruktur).

5.5 Voice Dialogue

Voice Dialogue ist auf die Arbeit von Hal und Sidra Stone zurückzuführen, welche ihre Methode immer als ein offenes System vermittelt haben. „In unseren Reisen, unseren Lehrtätigkeiten und unseren Schriften haben wir uns standhaft geweigert, irgendeine Art von Zertifikation für Voice Dialogue-Training anzubieten." (aus dem engl., Stone und Stone 1989, S. ix)

In diesem Sinne wird ihre Methode inzwischen von vielen Therapeuten bzw. Begleitern angewandt und immer weiter entwickelt. Der Voice-Dialogue-Prozess kann auch gut mit anderen Ansätzen kombiniert und ergänzt werden.

Voice Dialogue ist, wie sein englischer Name bereits besagt, ein dialogisches Miteinander der Stimmen und dies gleich im doppelten Sinne: Erstens zwischen dem Klienten und dem Begleiter und noch wesentlicher ein Dialog der „Stimmen" im Klienten selber. Diese Stimmen sind Teilpersönlichkeiten (Begriff von Pierre Janet) in der Psyche eines Menschen, die mit der Voice Dialogue-Methode direkt angesprochen werden können.

5.5.1 Die Inneren Personen

Die Folge der Existenziellen Grenzerfahrung liegt in der Spaltung, die die Seele in zwei Teile spaltet: einerseits als Trauma- und anderseits als Überlebensanteil. In der Form und Funktion der Überlebens- oder der Traumastrukturen nehmen diese Teile auch bestimmte Gestalt bzw. Gestalten an, die derart autonom sind, dass man von „Inneren Personen" spricht. Dieser Begriff ist zwar nicht ganz glücklich gewählt, da er an gewisse psychiatrische Diagnosen erinnert, die damit jedoch keineswegs gemeint sind.

Trauma- und Überlebensstrukturen bilden sich im persönlichen System eines Menschen als Innere Person ab. Demzufolge ist die Innere Person eine Einheit in der die Trauma- und Überlebensstrukturen mitsamt der seelischen Spaltung aufgehoben sind. Da beide Strukturen trotz und wegen der Spaltung aufeinander bezogen sind, bilden sie im Rahmen der Inneren Person ein Bezugssystem.

Es handelt sich allerdings um ein Bezugssystem von Gegensätzen, Polaritäten oder widerstrebenden Tendenzen wie es Abb. 5.3 zeigt: Während die Haupttendenz der Traumastrukturen darin besteht, das Verdrängte durch Reinszenierung wieder sichtbar werden zu lassen, besteht der Zwang der Überlebensstruktur darin, diese Reinszenierung zu verhindern bzw. vorbeugende Schutzstrategien zu entwickeln, die das erneute Vorkommen der Traumata verhindern soll. Das Verdrängen und Verdrängthalten manifestiert sich zugleich als ein starker Widerstand gegen das Sichtbarwerden des traumatischen Erlebens von Ohnmacht, Schwäche, Angst, Verzweiflung, Verlassenheit, etc. Die Innere Person ist bewegt durch diese starke, widersprüchliche Dynamik und so wird sie selbst zum personifizierten Beweger dieser Dynamik, die aus dem Unbewussten das Bewusstsein beherrscht.

Die Haupttendenzen eines Einzelnen die sich in allen Lebensbereichen zeigen, deuten also auf ihre Träger und Beweger hin: Auf die Inneren Personen.

Genau genommen ist das Ich also nur ein Sammelbegriff, der einer Sprachkonvention entspricht, die im Leben ihren praktischen Zweck erfüllt. Keineswegs jedoch spiegelt dieser Sammelbegriff die Komplexität des seelischen Erlebens wieder. Jeder Mensch ist eine kleine Gesellschaft, wie bereits Novalis sagte.

Die Inneren Personen sind zudem auch das Ergebnis der Abbildung des äußeren Familiensystems im inneren System des Einzelnen. Sie sind in diesem Sinne als Gestalt gewordene Schicksalsmuster und auch als Täter-Opfer-Dynamiken anzusehen. Abbildungen der Trauma- und Überlebensstrukturen, die als Folgen der Existenziellen Grenzerfahrungen der Ahnen entstanden sind. Diese sind an ihren historisch-gesellschaftlich-familiären Kontext gebunden. Als solcher Komplex sind sie im familiären Unbewussten aufgehoben. Und so besteht wiederum das familiäre Unbewusste (L. Szondi) aus diesen Schicksalsmustern, die wir via Geburt unbewusst verinnerlichen und genauso unbewusst in der Gegenwart weiterführen.

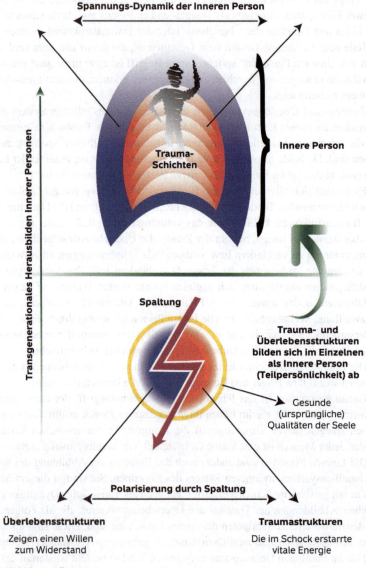

Abb. 5.3 Innere Person

Innere Personen können unterschiedlich beschaffen sein. Zum Beispiel als Schutzinstanz, kindlicher Anteil, mal mehr Täter, mal mehr Opfer, aber auch als Gestalt gewordene Felder, die die Grundstimmung des ganzen Systems in einem Menschen abbilden. Eine derart beschaffene Innere Person besteht aus mehreren Schichten. Die äußere Schicht steht im Widerstand, während die darunter liegenden Ebenen komplexe Züge von Täter- und Opfer- Dynamiken tragen. Dies zu erkennen, zu differenzieren und im dialogischen Miteinander zu spiegeln, bedarf, wie man sich sicherlich vorstellen kann, jahrelanger Übung.

5.5.2 Voice Dialogue als Differenzierungsmethode

Im Voice Dialogue geht es wesentlich um die Unterscheidung der seelischen Anteile im inneren System des Klienten. Es soll dem Klienten gelingen, sich seiner Identifikationen und familiären Verstrickungen bewusst zu werden, die er unbewusst weiter trägt. Die Stimmen der Inneren Personen sind dem Menschen selber bewusst, teilbewusst, oder gar unbewusst. Der Grad der Bewusstwerdung sagt selber noch nichts über die Wirkungskraft dieser Stimme in der ihr gehörenden Person aus. Die innere Stimme ist vielmehr wie die Spitze des Eisberges. Sie ist der Ausdruck einer Haltung, die eben bewusst, teilbewusst oder unbewusst sein kann. Auch die Haltung selber ist noch nicht der Ursprung der inneren Stimme. Denn sie ist wiederum auf eine oder mehrere Existenzielle Grenzerfahrungen (COEX – System of condensed experience) zurückzuführen, deren Gewicht in und durch die Stimme wirkt.

Da das innere Erleben einer Person – genauso wie sein Familiensystem – völlig individuell ist, müssen wir jederzeit von Etikettierungen der inneren Gestalten absehen. Andernfalls wird es uns nicht gelingen, die innere Wahrheit des Klienten zu ergründen. Es gibt schlicht und einfach nicht DAS innere Kind, oder DEN inneren Kritiker. Dies sind Etiketten von außen, die bereits einen Inhalt in die inneren Gestalten hineinprojizieren.

5.5.3 Die Kunst des dialogischen Miteinanders

Schauen wir uns noch genauer an, was dialogisches Miteinander genau bedeutet. Voice Dialogue arbeitet wie die Aufstellungsarbeit mit dem Raum. Der Klient wird gebeten, der Inneren Person ihren Platz im Raum zu geben, indem er diesen Platz selber einnimmt. Der Platz unterscheidet sich von der Ausgangsposition des Klienten, meist ein Stuhl im Raum, der das erwachsene Bewusstsein repräsentiert. Sobald er in der Inneren Person „angekommen" ist, schwingt sich der Begleiter auf die gleiche energetische Ebene ein, um der Person angemessen zu begegnen. So startet der Dialog zwischen dem Begleiter und dem Klienten, der ab dann nur noch aus der Inneren Person heraus spricht. Voice Dialogue ist ein Balanceakt des dialogischen Miteinanders. Die Inneren Personen reagieren nämlich äußerst sensibel auf Ihr Gegenüber.

Überlebensstrukturen sind übrigens nicht nur die rigiden, unbeweglichen, strengen und harten Haltungen der inneren Personen, sondern auch ihr scheinbares Gegenteil: geschmeidige Gestalten, die Güte und Toleranz nach Außen ausstrahlen, verbergen in ihrem Inneren einen umso größeren Widerstand.

Deshalb ist es wichtig, in der gleichen Schwingung wie die Innere Person zu sein. Diese Schwingung hat vor allem eine energetische Komponente, die wie ein Flussbett eine tragende Verbindung ist. Es ist die Informationsquelle über die Innere Person schlechthin. In dem Flussbett werden auch alle anderen Kommunikationselemente getragen – also verbaler Ausdruck, Emotionen, Körpersprache, innere Bilder und Symbole. Wichtig ist also, mit der Aufmerksamkeit beim Flussbett zu bleiben. Im besten Falle ergibt sich so eine starke Resonanz mit der Inneren Person des Klienten – das dialogische Miteinander. Diese Art des spiegelnden und dialogischen Kontakts ist nötig, um eine Verwandlung der Inneren Person einzuleiten.

5.5.4 Widerstände im Voice Dialogue

Ein Hauptaspekt der Überlebensstrukturen sind Widerstände und Ängste. Die Funktion der Überlebensstrukturen besteht in der Schutzfunktion des Verdrängens. So leistet diese Überlebensstruktur zwecklogisch Widerstand gegen jede Möglichkeit der Aufhebung dieser Funktion. So wie im privaten und beruflichen Alltag ist Widerstand auch in der Tiefenarbeit im Voice Dialogue anzutreffen. Die Inneren Personen sind schließlich das verinnerlichte Abbild biografischer oder/und Transgenerationaler Existenzieller Grenzerfahrungen. Zu schützen und das Trauma in Verdrängung zu halten, ist ihre einstudierte Rolle, die sie immer weiter spielen.

Der Dialog mit den Inneren Personen muss sich daher nicht immer harmonisch gestalten, sondern kann auch voller Widerstände und Widersprüche sein. Immerhin ist es eher die Regel als die Ausnahme, dass man auf Widerstände stößt. Dabei ist offener Widerstand noch die harmloseste Form, da leicht zu erkennen. Gerade im dialogischen Miteinander wird die unheimliche Wandelbarkeit der inneren Gestalten deutlich – Tarnen und Täuschen sind die häufig schwer zu erkennenden Strategien der Überlebensstrukturen. Dabei wird diese Taktik so perfektioniert, dass das Bewusstsein des Betreffenden es gar nicht bemerkt. An dieser Stelle helfen nur genaue Beobachtungsgabe sowie das Erkennen von logischen Widersprüchen und energetischen Unstimmigkeiten (Stimme, Körpersprache, etc.), um die dahinter liegende innere Gestalt in ihrer Haupttendenz zu erkennen.

Im unmittelbaren Voice Dialogue wird einem erst ersichtlich, dass der Widerstand einen einzigen unbewussten Zweck verfolgt: nämlich Widerstand an sich. Widerstand hat die Funktion des Verdrängens der Traumainhalte. So ist der Widerstand sich selbst ein Zweck.

5.5.5 Das Wesen des dialogischen Miteinanders

Daraus wird ersichtlich, dass emphatisches Zuhören im Voice Dialogue zu wenig wäre. Es muss in erster Linie vom differenzierten Unterscheidungsvermögen seelischer Inhalte und Dynamiken getragen werden. Dieses Unterscheidungsvermögen wird im dialogischen Miteinander als Spiegelfläche angeboten, auf der der Klient seine unbewussten Haupttendenzen, als Innere Personen ungeschminkt erleben kann. Eine Haltung, die alles „annimmt wie es ist", wäre hier fehl am Platz, da sie keinen Mehrwert der Unterscheidung anbietet. Der Vielfalt im Klienten, also die Vielfalt seiner inneren Personen, muss der Begleiter mit einer ähnlich breiten Möglichkeitspalette an Qualitäten entgegenkommen, in der sich die Innere Gestalt des Klienten nuanciert und differenziert spiegeln kann. Begegnet man z. B. während des Dialoges einem kindlichen Anteil im Klienten, so geht es primär nicht darum ihm gleich ein Beziehungsangebot zu machen und das zu tun, was die Eltern versäumten, sondern zu spiegeln, wie sich im Klienten die strenge, kalte, ständig kritisierende oder strafende Haltung der Eltern abgebildet hatte. Der Spiegelung und Bewusstwerdung kann hier nur gelingen, indem die Strenge der Eltern dem kindlichen Anteil entgegengesetzt wird, die größte Macht über ihn hat.

So treibt sie auch nach dreißig oder vierzig Jahren den Klienten verlässlich und streng zu immer besseren Leistungen an. Dank dieser Leistungen klettert er zwar die Karriereleiter empor, doch das verletzte, bedürftige, gleichzeitig auch eigenwillige und vielleicht verborgen rachsüchtige Kind stellt die „größte Gefahr" in seinem persönlichen System dar. Es zeigt sich früher oder später anhand seiner unkontrollierten Reaktionen, die das Überlebens-Ich nicht länger im Stande ist zu unterdrücken. Im Geschäfts- wie Privatleben kann es so zu „nicht nachvollziehbaren Reaktion und Fehlentscheidungen" kommen, die am Ende das gesamte persönliche System ins Wanken bringen können.

Es wird ersichtlich, dass die komplexe innere Struktur des Menschen, die aus Überlebens- und Traumaanteilen besteht, eine genauso komplexe Herangehensweise bedarf. Der methodologische Rahmen muss also die Komplexität der Vielfalt im inneren System des Menschen in der praktischen Arbeit spiegeln, um dessen Tragweite im Außen vollkommen erschließen zu können.

5.5.6 Das Sichtbarwerden der unbewussten Haupttendenzen der Inneren Personen

Während des Voice Dialogue kann der Geist des Begleiters gegebenenfalls genauso messerscharf wie geschmeidig sein. Nur so kann er das Gegenüber existenziell ansprechen und in Bewegung versetzen. Das dialogische Miteinander spielt sich zwar auf einer inhaltlichen Ebene ab, doch stehen Inhalte bewusst nicht im Vordergrund. In den Inhalten zeigen sich allerdings Haupttendenzen als eine Eingangstür zu den inneren Personen. Darauf liegt der Schwerpunkt der Methode. Neben den Inhalten können noch weitere Elemente als Eingangstüren dienen, wie z. B. Bilder, Symbole, Emotionen, die Körpersprache oder energetische Qualitäten. So ist beispielsweise eine Vehemenz, mit der etwas behauptet wird, eine Tür zu den vorherrschenden Tendenzen im Leben des betreffenden Klienten. Die Frage, die sich dann stellt: Welche Person steht hinter dieser energischen Vehemenz und Wucht? Welche Motive hat sie? Die Motive der Überlebensstrukturen, fußen oft auf Existenziellen Grenzerfahrungen, die das Gegenteil der nach außen vehement vertretenen Haltung erahnen lassen.

Hier zeigt sich oft eine Polarität als Dynamik der Inneren Person: Einerseits soll die Wiederholung des traumatischen Erlebens vermieden werden. Dazu werden präventive Strategien entwickelt, die eine „Sicherheitszone" erschaffen. Anderseits wird eine ausgleichende Erfahrung, oder Ersatzbefriedigung mit aller Kraft angestrebt. Alle guten und plausiblen Gründe, warum man das eine macht, während man das andere unterlässt, werden im dialogischen Miteinander in Frage gestellt. Dies muss nicht direkt und nicht einmal verbal geschehen. Voice Dialogue ist eine nuancierte Kunst des dialogischen Miteinanders, nicht das mechanische Abfragen von diversen Punkten.

Denn auch traumatische Erlebnisse, die sich als Grundstimmungen, Atmosphäre tiefer Trauer, Vergeblichkeit oder Erstarrung zeigen, bilden sich in den Inneren Personen ab. Die Fläche des unterscheidenden Bewusstseins des Begleiters wird zu einer genauen Spiegelfläche für das Tun, Lassen und atmosphärische Wirken der inneren Gestalten, deren Präsenz bis jetzt niemand in Frage gestellt hatte. Am allerwenigsten wurde es durch ihren vermeintlichen Besitzer hinterfragt, da wir in uns selber kaum einen Abstand zu uns selbst schaffen können.

5.5.7 Voice Dialogue als die moderne Coaching-Methode

Hier begegnen Voice Dialogue und Coaching einander, um sich jedoch gleich wieder zu trennen. Der erste essentielle Unterschied besteht darin, dass im klassischen Coaching der Klient und seine inneren Gestalten so gut wie gar nicht voneinander

5.5 Voice Dialogue

getrennt betrachtet werden, was mit den gängigen Methoden auch gar nicht möglich ist. Es kommt jedoch tatsächlich darauf an, ob man es im Klienten mit seinem unbewussten Widerstand, kindlichem Anteil, dem erwachsenen Bewusstsein, oder der Inneren Person zu tun hat, die einen ständig antreibt, oder kritisiert. Alle haben verschiedene Motive, zweckmäßige Logik, unterschiedliche Reife, usw. Dies können wir nicht über einen Kamm scheren, sonst sind die Ergebnisse entsprechend undifferenziert und ineffizient.

Andernfalls kann es leicht passieren, dass man – bildhaft gesprochen – in der Firma statt mit dem Chef mit dem Portier über eine wesentliche Angelegenheit berät. Der Chef wird eben nicht unbedingt durch das erwachsene Bewusstsein geleitet, das in seiner Tragweite und Machtkompetenz eingeschränkt ist. Es mögen ganz andere unbewusste innere Personen anwesend sein, die die Zügel in der Hand haben. Unter ihnen, die aus dem Schatten des Unbewussten die Bühne des Bewusstseins betreten, besteht ein Machtgefälle, das sich sowohl bei wichtigen Lebensentscheidungen, als auch im Arbeitsalltag zeigt.

Demzufolge ist Voice Dialogue eine Methode, die die seelische Vielfalt im Menschen genau unterscheidet und berücksichtigt. Durch sie erhält das klassische Coaching eine wesentliche Weiterentwicklung sowie einen sonst nicht erreichbaren Mehrwert.

Dies zeigt sich unmittelbar auch in der Effizienz von Voice Dialogue. So begnügt sich ein so geschulter Begleiter nicht gleich – um weiterhin bei dem Bild zu bleiben – mit dem Portier einer Firma, sondern untersucht, wer der eigentliche Entscheidungsträger im Klienten ist. Er begnügt sich auch nicht mit eingeschränkten Sachlösungen, so sehr sie auch gerade notwendig sind, sondern untersucht aus einer umfassenden systemischen Sicht heraus zuerst, wer der Entscheidungsträger hinter der Kulisse der Sachebene ist. Mit dieser Person, und mit keinem anderen, tritt er dann in ein unmittelbares dialogisches Miteinander. Es werden zuerst die unbewussten Motive hinterfragt und es wird nicht vorschnell nach Lösungen gesucht. Das schnelle Suchen nach Lösungen innerhalb eines problematischen Musters im Menschen führt nicht aus dem unheilvollen Kreise des gleichen Musters heraus. Entscheidend ist der Träger der folgenschweren Motivation im Menschen, die sich verlässlich in falschen Sach- oder Personalentscheidungen zeigt. Es geht uns im Voice Dialogue um die unbewussten Gründe, von denen diese Inneren Personen angetrieben werden und den Menschen als ihren Besitzer so vor sich her treiben.

Handelt es sich bei diesem Menschen um einen Topmanager oder eine andere Führungskraft, so kann er die ganze Abteilung oder Firma vor sich her treiben, ohne wirklich zu wissen wohin. Das vielfältige innere System des Menschen greift so in das äußere System einer Firmenstruktur ein. Voice Dialogue ist eine systemische Methode im strengen Sinne. Sie untersucht ein Anliegen auf der Ebene der horizontalen Ebene des gerichteten Bewusstseins und befragt dazu auch die

Inneren Personen der vertikalen Ebene des Unbewussten. Das ist der vollständige Umfang der Systemik der Seele. Erst wenn die unbewussten Motive der Entscheidungsträger und damit deren innere Gestalten, ans Tageslicht kommen, wird er sich ihnen in der Spiegelung nach und nach bewusst, statt weiter von ihnen beherrscht und angetrieben zu werden. So kann er auch eine angemessene und wirklich kompetente sachliche Entscheidung fällen und sich als ein adäquater Steuermann erweisen. Einem Getriebenen zur Hand zu gehen und dabei helfen zu wollen, dass er sein zwanghaftes Angetriebensein sogar noch perfektioniert, ist nicht die Sache von Voice Dialogue.

Wir können nicht nur mit einer Hälfte arbeiten, die sich auf aktuelle Sachlösungen innerhalb der äußeren Firmenstruktur beschränkt und das strategisch weitaus wichtigere innere System der Entscheidungsträger auslässt. Halbvollzogene systemische Ansätze bringen nicht einmal halbe Lösungen, sondern eher problematische Scheinlösungen.

Einschränkung von Voice Dialogue Da die Inneren Gestalten oder Anteile mit denen gearbeitet wird, die Gestalt gewordenen Trauma- und Überlebensstrukturen in der Seele des Einzelnen sind, ist Voice Dialogue langfristig kaum ohne eine körperzentrierte Traumaarbeit denkbar. Wir können nicht mit Folgen Arbeiten, ohne die Ursachen direkt anzugehen. Genauso wenig können wir mit dem Abdruck einer transgenerationalen existenziellen Grenzerfahrung arbeiten, ohne dass der historische Gesamtrahmen der Täter- und Opferdynamik der Seele durch eine Aufstellung gespiegelt wird. Denn in genau diesem Rahmen ist der Abdruck, also die Innere Gestalt, verfangen und verwirrt.

5.6 Pontifex oppositorum als Induktion gesunder Qualitäten

Warum die Methoden der Traumaarbeit integrativ eingesetzt werden sollten, ergibt sich aus der näheren Betrachtung ihres Ziels: Pontifex oppositorum, der Mittler zwischen den Gegensätzen. Wie wir bereits in Kap. 4.3.2 gesehen haben, ist Pontifex oppositorum eine Reflexion, die eine neue seelische Mitte entstehen lässt. Durch die Reflexion – methodologisch im Prozess vermittelt – werden gleichzeitig gesunde Qualitäten induziert, da die Überlebensstrukturen aus ihrer Zwanghaftigkeit befreit werden und die eingekapselten Traumastrukturen ihre Qualitäten an das gesunde Ich abgeben können.

Das methodologische Erfassen der seelischen Strukturen spielt bei diesem Prozess eine bedeutende Rolle, da der Einfluss der Trauma- und Überlebensanteile sich mehrschichtig niederschlägt und wirkt. Die Methoden müssen die eine oder die andere Schicht spiegeln können und in diesem Sinne integrativ eingesetzt werden.

5.6 Pontifex oppositorum als Induktion gesunder Qualitäten 141

Reflexion und Integration der Traumastrukturen durch Methoden

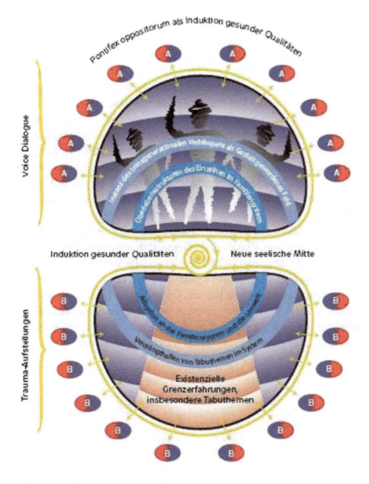

A - 10 Lebensbereiche, in denen sich die Bewegungen der Inneren Personen auswirken
B - Traumaursachen im Familiensystem

Abb. 5.4 Reflexion und Integration der Traumastrukturen durch Methoden

Der Prozess des Pontifex oppositorum steht auch für das Spiegeln der Symptome aus den zehn Lebensbereichen (Abb. 5.4, A- Bereiche), sowie das Spiegeln der Traumaursachen aus dem Familiensystem (Abb. 5.4, B- Bereiche, i.V.m. Abb. 2.13). Beide Symptomkomplexe weisen auf die Ursachen hin, die wir entweder durch Voice Dialogue als Innere Personen im Einzelnen erfassen können, oder durch die Aufstellungsarbeit als Existenzielle Grenzerfahrungen und ihre direkten Folgen: Trauma- und Überlebensstrukturen.

Vor dem Hintergrund des im Prozess zur neuen Mitte zu Leistenden, ergibt sich die Stärke aus der Kombination von Voice Dialogue und der Aufstellungsarbeit. Im wahrsten Sinne geht es um Methoden der externalisierten Introspektion, die der Reflexion dienen. Wir wollen dies an dieser Stelle nur kurz skizzieren, um ein erstes Gespür für die Komplexität und Variabilität der Methoden zu kreieren:

Für die Arbeit mit den Verstrickungen im Familiensystem eignet sich hervorragend die Trauma-Aufstellungsarbeit, da sie aufgrund ihrer Komplexität und Unterscheidungsmöglichkeiten die Vielschichtigkeit des Familiensystems zu spiegeln imstande ist. Das einzigartige Potenzial von Voice Dialogue wiederum besteht im unmittelbaren Dialog mit den Inneren Personen im Einzelnen, die die Abbildung und somit auch der unmittelbare Träger der Einflüsse und Verstrickungen aus dem Familiensystem sind.

So greifen beide Methoden ineinander, zumal sie auch von den gleichen theoretischen Grundlage ausgehen: Existenzielle Grenzerfahrung, Spaltung, Trauma, Überlebensstrukturen, etc. Die spezifische Eigenart und die Vorzüge jeder Methode bleiben jedoch weitgehend beibehalten, ganz im Sinne des Methodentempels. Darin liegt die Synergie und Effizienz bei der Anwendung dieser Methoden. Für beide Methoden und auch für ihre kombinierte Anwendung eignen sich EMI und die Körperarbeit hervorragend, um dem Prozess begleitend Impulse auf körperlicher Ebene zu geben. Hier schließt sich nun das Methodenrad wieder.

Praktische Hinweise für die Traumaarbeit

6.1 Kunden für die Traumaarbeit gewinnen

Nach all dem Gesagten bleibt die Frage, wie nun konkret Top-Manager, CEOs und auch Privatpersonen für die Traumaarbeit gewonnen werden sollen. Wir werden an dieser Stelle weniger vertriebliche Tipps geben, als einen Hinweis darauf, in welcher Haltung und Vorbereitung ein Coach sich seinen potenziellen Klienten annähern sollte. Traumaarbeit ist Seelenarbeit und damit spielt auch im Vertrieb die unbewusste Seele eine entscheidende Rolle bei der Entscheidung, ob ein Coaching zustande kommt oder nicht.

6.1.1 Würdigung der Überlebensanteile

Für das Überlebens-Ich ist das Trauma und die damit verbundene Existenzielle Grenzerfahrung das schmerzlichste Ereignis, das es vor dem Bewusstsein zu verbergen gilt. Das Halten im Verborgenen ist immer ein Schutzmechanismus, kein Angriffsmechanismus, wenngleich dies nach außen häufig durchaus so zu interpretieren wäre. Denn aggressives Auftreten, grenzenlose Schaffenskraft oder extremes Durchhaltevermögen sind gerade für das starke Überlebens-Ich häufig die beste Verteidigung gegen seelische Angriffe. Insofern müssen für eine erfolgreiche Zusammenarbeit mit dem Klienten zu allererst „[...] *die Überlebensanteile den gesunden Anteilen erlauben, sich den traumatisierten Anteilen zuzuwenden.*" (Ruppert 2010, S. 166) Dieser Grundsatz gilt für die Traumaarbeit ganz allgemein und unabhängig von der behandelten Person. Wenn die Überlebensanteile sich in den

Weg stellen, ist keine Hin-Zu-Bewegung zu den traumatisierten Anteilen möglich. Dann kann die Arbeit nicht gelingen oder sie führt im schlechtesten Falle zu einer oberflächlichen Optimierung der Überlebensstrukturen, die versuchen werden, die Arbeit in ihrem Sinne zu manipulieren, wodurch sich die innere Spaltung sogar verfestigen würde.

Um das Vertrauen der Überlebensanteile gewinnen zu können, müssen wir uns erneut ihre Natur verdeutlichen. Sie haben das (seelische) Überleben gesichert und wollen uns vor erneutem Schmerz bewahren. Damit fällt ihnen eine große Aufgabe zu, bei der es um nichts weniger als „um Alles und das Ganze" geht. Es handelt sich also nicht um irgendeine persönliche Marotte, Eigenschaft oder dergleichen, sondern um einen originären Anteil unserer Seele, ohne den wir nicht existieren konnten. Überlebensstrukturen sind damit existenzielle Strukturen der Seele, und in diesem Bewusstsein müssen wir uns ihnen in einer Haltung nähern, in der sie sich ernst genommen fühlen und die auch ihre existenzielle Wucht spiegelt.

Diese Haltung richtet sich auf das Spannungsfeld zwischen traumatisierten Anteilen, die sich nach Heilung sehnen, und Überlebensstrukturen, die den Schmerz des Traumas in seelischer Abspaltung bewahren wollen. Die Dynamik zwischen ihnen vollzieht sich allerdings weitestgehend unbewusst. Diese kontradiktorischen Impulse werden je nach überwiegender Stärke in ein Ja oder ein Nein zur bewussten Arbeit übersetzt. Dass sich der seelische Impuls zu einem „Ja" manifestiert, kann der Coach in erster Linie mit seiner Haltung gegenüber den Überlebensstrukturen begünstigen.

Denn die Seele, vor allem in Form ihrer Überlebensanteile, prüft den Coach auf seine Haltung, und auf die Haltung kommt es im wahrsten Sinne des Wortes an (mittelhochdeutsch haltan für hüten). Kann er die Seele vor Schaden behüten? Kann es sich das Überlebens-Ich für die Zeit der Traumaarbeit erlauben, die Schutzfunktion an den Coach zu übertragen? Kann er die Arbeit wirklich leisten und das Unaushaltbare aushalten? Manipuliert er mich? Ist er ehrlich? Will er Macht über mich haben? Ist er sich seiner selbst bewusst oder will sein Überlebens-Ich mich für seine Zwecke instrumentalisieren?

6.1.2 Der Vorrang des Überlebens-Ich

Besonders Top-Manager und Unternehmensinhaber haben es in der Regel weit gebracht in ihrem beruflichen Leben. Viele von ihnen haben ihren Erfolg mit großen Mühen und Opfern erarbeitet. Die meisten haben Unternehmen gegründet und Arbeitsplätze geschaffen, die es zuvor noch nicht gab. Aus einer alltäglichen Sicht könnten diese Dinge alleine für sich schon als respektabel und lobenswert angesehen werden.

6.1 Kunden für die Traumaarbeit gewinnen

Noch einmal anders gestaltet sich der Blick aus der Sicht des Überlebens-Ich, das dafür gesorgt hat, dass die Person so weit gekommen ist. Es hat aus der seelischen Not Tugenden gemacht, die den Manager in große Höhen katapultiert haben. Diese Person hat insofern dem Überlebens-Ich sehr viel zu verdanken. Sie hat nicht nur überlebt, sondern sie lebt jetzt sogar sehr gut. Auf diese Fakten kann sich das Überlebens-Ich berufen und das schafft seiner inneren Position eine herausragende Stellung, ja, die Vormachtstellung schlechthin. Im methodologischen Rahmen von Voice Dialogue zeigt sich die diese seelische Macht in der Regel als starke Innere Person, der nur in der gleichen Rangordnung zu begegnen ist.

An den Überlebensstrukturen führt kein Weg vorbei. Sie manifestieren sich als die unbewussten existenziellen Haltungen des Klienten, die vorrangig sind. Da sie lange Zeit das Überleben gesichert haben, sind sie vorerst der einzige innere Weg, der auch die äußeren Beziehungen und Verhaltensweisen bestimmt. Dies muss der Coach sehen und vorerst auch so für sich gelten lassen können. Das zu voreilige in Frage stellen der altbekannten Muster kann schnell zu Widerstand oder Rückzug beim Klienten führen.

6.1.3 Den Heilungsimpuls der traumatisierten Seele aufnehmen

Wir haben bereits weiter oben erörtert, dass der Heilungsimpuls der Seele seinem Aufgespanntsein zwischen den traumatisierten seelischen Anteilen und den Überlebensanteilen entspringt. Anhand ihrer Wiederholung in immer gleichen Mustern wird dem gesunden Ich nach einer gewissen Zeit klar, dass es sich im Kreise dreht und dass es keine positive Aussicht auf Erfüllung seiner Bedürfnisse gibt. In diesem Moment öffnet sich ein kleines Fenster „Hin-zu-Traumastrukturen" des gesunden Ichs. Die Kraft des Verdrängens ist für kurze Zeit geringer als der bewusste Impuls zur Sichtbarmachung des Verborgenen. Dieses Tor kann der Coach nutzen. Damit es sich nicht gleich wieder verschließt, sollte er in seiner Haltung und Kommunikation folgendes beachten:

- Das Überlebens-Ich hat im Sinne des individuellen Fortkommens für den Klienten gute Dienste geleistet, und seine Qualitäten werden auch nach der Arbeit für den Klienten vorhanden sein.
- Das traumatisierte Ich zeigt sich auf der Ebene der Symptome, die aber nur die Oberfläche einer tiefen seelischen Verletzung oder eines Defizits darstellen. In der Traumaarbeit sind Symptome insofern nützliche Wegweiser und nicht primär negative Dinge, die es zu beseitigen gilt. Wer Symptome voreilig und

isoliert bekämpft, bekämpft die Impulse zum Sichtbarwerden dessen, was die Seele zeigen möchte.
- Der Änderungs-, Verwandlungs- und Heilungsimpuls muss von der Motivation des Bewusstseins getragen sein. Dies zeigt sich in der Benennung des Anliegens durch den Klienten und dem Willen zur Sichtbarmachung – der Hin-zu-Bewegung, d. h. hin zu den Traumafolgen.
- Das Vorhandensein des Heilungsimpulses ist unabdingbar für die Arbeit und kann dem Klienten vom Coach nicht abgerungen werden.
- Der Coach hilft dem Klienten dabei, ein Bewusstsein über die innere Tiefe und Spannbreite seiner seelischen Qualitäten zu erlangen. Durch die Hin-zu-Bewegung und die Traumaarbeit werden die durch Traumafolgen überlagerten seelischen Potenziale wieder sichtbar und verfügbar gemacht.
- Damit erreicht die Traumaarbeit eines ihrer Hauptziele: mehr Autonomie für den Klienten. Denn erst die Arbeit mit dem ins Unbewusste Verdrängten, stellt die Grundlage für eine wesentlich umfassendere Autonomie her, als es das unreflektierte Bewusstsein je ermöglichen kann. Denn Letzteres steht selber nur wieder im Dienste der Überlebensstrukturen, die ihm lediglich eine Pseudo-Autonomie einräumen. Durch die Spaltungsintegration entstehen für den Klienten mehr Raum und unbekannte Wahlmöglichkeiten außerhalb der traumatischen Blockaden.

6.1.4 Das Thema Traumaarbeit offen präsentieren

Aus den spezifischen Zielsetzungen der Traumaarbeit und der Systemik der Seele ergeben sich auch alle weiteren Maßstäbe für äußere Aspekte dieser besonderen Form des Coachings. Wenn wir über Traumaarbeit sprechen, dann sollten wir nicht defensiv damit umgehen, sondern mit Offenheit und Transparenz nach Möglichkeit eine vertrauensvolle Basis schaffen. Die Überlebensanteile wissen, mit wem sie es zu tun haben, und damit ist für den Coach spätestens nach dem Erstgespräch klar, ob die Arbeit angenommen wird oder nicht. Denn selbst wenn der Klient nicht alle theoretischen Aspekte mit seinem Bewusstsein erfassen kann, so sind sich zumindest die unbewussten Anteile über die Tragweite der künftigen Arbeit im Klaren. Der geschulte Coach spricht durch seine Haltung auch primär diese Anteile im Klienten an. Erkennen die Überlebensstrukturen die „Haltefähigkeiten" des Coaches an, können die traumatisierten Seelenanteile sich auf das Sichtbarwerden ihrer selbst einstellen, und das bewusste Ich kann diese innere Bereitschaft hin zu einer konkreten Arbeit mit dem Coach lenken. Auch hier verändert die Traumaarbeit herkömmliche Grundsätze des klassischen Coachings.

6.1.5 Den Nutzen der Arbeit klar kommunizieren

Je klarer den gesunden Strukturen der Nutzen bzw. die Früchte der Arbeit vermittelt werden, desto höher ist die Wahrscheinlichkeit, dass die Arbeit gewinnbringend angenommen wird. Gerade Unternehmer und Führungskräfte richten hohe Aufmerksamkeit auf den Nutzen, das Ergebnis eines Wagnisses oder einer Investition. Diese Kosten-Nutzen-Abwägung ist ein Akt des Bewusstseins und gleichzeitig ein wichtiges Element in der Präsentation der Arbeit. Denn an dieser Stelle kann der seelische Impuls zur Heilung durch das Bewusstsein an Kraft gewinnen. Dabei verläuft das Vertraut machen mit der Traumarbeit in zwei Richtungen:

Das Bewusstsein muss Träger der Arbeit werden. Ohne den Pontifex oppositorum können die inneren Gegensätze nicht zu einer neuen Ordnung verbunden werden. Das Risiko ist kalkulierbar, wenn der Coach durch seine Professionalität und Haltung den Überlebensstrukturen die langfristige Sinnhaftigkeit dieser Arbeit glaubhaft vermitteln kann. Er tritt dann an ihre Stelle, und sie ziehen sich zumindest vorübergehend zurück. Neue Angebote können nur akzeptiert werden, wenn sichergestellt ist, dass die zukünftige (innere) Ordnung nicht zu einer Verschlechterung führt, zumal ja die Integration zu mehr Unterscheidungsvermögen des Bewusstseins führen soll. Diese Unterscheidung ist von enormer Wichtigkeit. Die Überlebensanteile werden nur teilweise ihre Macht abgeben. Erst nach einer Konsolidierungsphase und der Gewissheit, dass die vorhandenen Fähigkeiten ausreichen, das Überleben zu sichern, kann zum nächsten Schritt angesetzt werden. Insofern müssen auch die Überlebensstrukturen erst Vertrauen in den Prozess gewinnen. Der Impuls zur Traumarbeit gewinnt durch den Prozess und seine Ergebnisse selber an Stärke und das seelische Unterscheidungsvermögen kann sich entfalten.

Der Nutzen besteht in dem Zugang zu Qualitäten, die bisher durch die Traumafolgen dem Bewusstsein nicht zugänglich waren. Durch die Integration dieser vitalen Qualitäten in das bewusste Ich sind die vitalen Kräfte des Klienten stärker als vor der Arbeit. Die Überlebensstrukturen können den Zwang zum Überleben und Schützen nachgeben, da der Klient dies nun Dank seines hinzugewonnenen Bewusstseins selbstständig erledigen kann. Er sieht die Gefahren bewusst und kann bewusst darauf reagieren – darin ist er nun autonom, und das innere System kann sich dadurch entspannen. Körper und Seele übernehmen diese Entspannung in ihren spezifischen Wirk- und Erlebnisbereich. Der Mensch und seine Wirkung auf sein Umfeld entspannen sich in ihrer Gesamtheit, und in Bezug auf das Unternehmen entfaltet sich diese Wirkung auf die gesamte Kommunikation innerhalb der Organisation. Die hinzugewonnenen Seelenanteile sind eine Quelle neuer Kreativität und Innovationskraft.

6.1.6 Zehn Praxis-Punkte für die Traumaarbeit

Aus dem Gesagten ergeben sich die wichtigsten zehn Punkte für die Praxis der Traumaarbeit. Sie dienen als eine Richtschnur, die sich in vielen Jahren der praktischen Erprobung als äußerst hilfreich erwiesen hat.

1. Arbeit mit Traumata ist keine von der Seele losgelöste Arbeit an einem Partikularbereich der Psyche. Sie bewegt sich, von den Symptomen ausgehend, auf tiefere Zusammenhänge des seelischen Lebens hin.
2. Im Coach müssen die Grundhaltung und die Kenntnis von der Systemik der Seele kraftvoll präsent sein, denn ihm bleibt nur wenig Zeit, die Seele zu überzeugen. Die Seele des Klienten sucht sich ihn ja aus, nicht er sie. Im Moment des Aufeinandertreffens muss idealerweise schon eine seelische Resonanz bestehen. Der Klient reagiert auf das, was da ist, nicht auf das, was sich noch irgendwann im Coach entwickeln wird.
3. Es darf kein Geheimnis um die Traumaarbeit gemacht werden, weil das Überlebens-Ich diese „Taktik" (zu Recht) als Gefahr der Vereinnahmung und des Machtmissbrauchs enttarnen und entschieden bekämpfen würde.
4. Der Auftritt, ob persönlich oder über andere Kommunikationskanäle, muss die Arbeit bereits adäquat ankündigen, sie eindeutig klar und ohne Umschweife erklären.
5. Klarheit ist der beste Vertrieb, und gerade im Business-Coaching werden Coaches weiterempfohlen. In der Art der Empfehlung spürt der Klient schon, ob der Coach für sein Anliegen der Richtige ist oder nicht. Denn die Art der Empfehlung ist auch wieder ein Resultat der Aktivierung, die der Coach bei seinem Vorgänger erreicht hat. Eine überzeugte Seele überzeugt eine andere Seele.
6. Das Erstgespräch im Business-Coaching wird anders als im Personal-Coaching in den Geschäftsräumen des Coachees geführt werden. Das ist das Bewerbungsgespräch, das das Überlebens-Ich mit dem Coach führt. Er muss kommen und es überzeugen, dass es seinen Schutz im Rahmen der Arbeit teilweise an ihn abgibt. Es geht nicht um ein Überreden, zumal der Impuls zur Arbeit bereits vorhanden ist, ohne den es ja auch nicht zur Einladung gekommen wäre. Das Ziel besteht darin, den ernstzunehmenden Partner im Entwicklungsprozess zu erkennen. Die Traumaarbeit selber wird jedoch selten, anders als im klassischen Coaching, in den Geschäftsräumen des Kunden durchgeführt.
7. Trauma-Integration vor psychologischer Deutung: Gerade Manager und Führungskräfte sind darin geschult, Kausalitäten und prozessuale Zusammen-

hänge zu analysieren. Dies kann auf Seiten des Klienten dazu führen, sofort alles verstehen zu wollen. In der Tat zeigen sich die Inhalte des Unbewussten häufig nur stückchenweise, sodass der Coach seinen Klienten gut auf das Aushalten des Nichtwissens während der Traumaarbeit vorbereiten muss. Im Vordergrund steht die Sichtbarmachung und Integration von abgespaltenen seelischen Anteilen. Durch sie können hernach Sinnzusammenhänge im eigenen Leben deutlich werden. Die psychologische Deutung und das Verstehen sind somit eine Frucht der Traumaarbeit, nicht ihr Ziel.

8. Unsicherheiten sind klar zu benennen, und wenn sich beim Coach leichte Unsicherheiten zeigen, sollten diese angesprochen werden. Diese zu überspielen, würde das Unbewusste des Klienten als nicht vorhandene Authentizität wahrnehmen. Das offene Ansprechen von Unsicherheiten kann unter Umständen sogar zur entscheidenden Verbindung mit der Seele des Klienten beitragen, wodurch neue Räume geöffnet werden. Die Logik des Überlebens-Ich interpretiert dies so, dass der Coach die Brisanz des Themas erkannt hat und sogar spürt. Sind die Unsicherheiten jedoch so groß, dass der Coach sich der Arbeit nicht gewachsen fühlt, sollte er den Fall nicht annehmen.

9. Der Coach, der von der Arbeit nicht 100 %-ig überzeugt ist oder sie ohne feste innere Achse macht, kann damit kein Erfolg haben. Er muss während des Prozesses zum Partner der Seele werden. Vor der Arbeit mit Traumata müssen also unbedingt viele eigene Prozesse der inneren Klärung abgeschlossen worden sein.

10. Dauer des Prozesses: Das Modell der Traumaverkettung zeigt, dass der Prozess der Bewusstwerdung und Herauslösung aus der Verstrickung sicherlich einige Zeit in Anspruch nehmen wird. Mit James Hillmann gesprochen: *„Die Seele hat nicht nur Geheimnisse, sondern ist selbst ein Geheimnis. Geteilte Geheimnisse bauen Vertrauen auf, und Vertrauen zähmt das Flucht-oder-Kampf-Problem der Distanz. Kein Wunder, dass es so etwas wie Kurztherapie nicht geben kann, wo sich die Seele gänzlich beteiligt."* (Hillman 1977, S. 32)

6.2 Pro und Contra Traumaarbeit

Es gehört zur Natur der Systemik der Seele, die Realität des Psychischen sowie ihre äußeren Verbindungen in Beziehungen und Organisationsstrukturen in ihrer gesamten Tragweite zu betrachten. Es ist damit ein methodologischer Ansatz, der die Dinge konsequent bis zu Ende denkt.

Die Frage ist berechtigt, was eigentlich einträte, wenn wir uns nicht für die Traumaarbeit entschieden, denn eventuell gibt es ja auch Gründe, die gegen das

Aufarbeiten der traumatischen Ereignisse sprechen. Es soll deshalb auch nicht verschwiegen werden, dass der Weg zum Pontifex oppositorum nicht immer ein leichter ist. Ganz generell können wir sagen, dass dann, wenn mit Traumata gearbeitet wird, auch mit Phasen ungewohnter Destabilisierung zu rechnen ist. Durch die Konfrontation mit der Existenziellen Grenzerfahrung wird das Verdrängte wieder aufgewühlt und sickert bis an die Oberfläche des Bewusstseins durch. Deshalb können sich im Familienrahmen in Folge der Arbeit durchaus neue Reaktionen auf den Partner zeigen. Das, was bis jetzt nur die eigenen Kinder in einer Identifikation gelebt haben, fällt nun auf einen selber zurück und wird so zum Thema in der Partnerschaft. Im Arbeitsrahmen werden strukturelle Defizite sichtbar, und die Grundlage des bisherigen Schaffens wird immer deutlicher. Dies kann auch zu einer ernüchternden Frage über die Sinnhaftigkeit der Unternehmung führen oder zu der Gewissheit, Personalentscheidungen aufgrund unbewusster Motive häufig falsch getroffen zu haben.

Im Umkehrschluss kann es somit auch Vorteile bieten, sich nicht mit der Traumaarbeit zu befassen, was auch ganz klar gesagt werden soll. Ein Grund hierfür besteht darin, dass wir so eine Zeitlang von großen Veränderungen verschont bleiben, zumal es auch so „irgendwie weitergehen wird", ohne gleich untergehen zu müssen. Außerdem verlieren wir dann nicht unsere Kontrolle, die während der Traumaarbeit durchaus verloren gehen kann, und insbesondere im Familienrahmen ersparen wir uns viele Kraft und Energie raubende Konfrontationen. Alles bleibt mehr oder weniger übersichtlich, also so, wie es bis jetzt war, wenn auch in einem kleinen Rahmen. Auf der beruflichen Ebene wird der gewohnte Gang der Dinge fortgesetzt und kann, so denkt man, noch einige Jahre ohne große Änderungen weiterrollen. Im Übrigen müssen sich Führungskräfte nicht mit einem Coach auseinandersetzen, auch mit dem gesellschaftlichen Makel, auf externe Hilfe angewiesen zu sein. Schließlich kann die Stabilität ja auch durch andere Maßnahmen von außen, zumindest zeitweise, gestützt werden.

Wenn dann aber die Verkapselung der Traumastrukturen durch die Überlebensanteile immer stärker wird, und dies ist mit voranschreitender Zeit der Fall, ergeben sich auch erhebliche Nachteile. Im Einzelnen zeigen sie sich als versiegender Energiefluss und durch negative körperliche Symptome, was nicht primär eine Folge des Alterns ist, sondern auf die zunehmende Verpanzerung des Organismus zurückgeführt werden muss. Unter dem inneren Dauerstress, der durch das Verdrängthalten hervorgerufen wird, leidet vor allem das Immunsystem. Das Leben läuft weiter in seinen gewohnten Bahnen, genauso wie auch die Reinszenierungen der traumatischen Ereignisse, und das innere Erleben verändert sich nicht. Das familiäre Unbewusste bleibt unangetastet und entfaltet aus der Tiefe eine umso größere Wucht. Das zeigt sich im Erleben und Ausleben insbesondere bei Kindern.

Analog verhält es sich mit der Firmenstruktur, die ihrem Wesen nach nicht in Frage gestellt wird. So zieht man weiterhin die gleichen Mitarbeiter und Geschäftspartner an, und die das Unternehmen prägende Überlebensstruktur verhindert wegen ihrer Rigidität logischerweise jede echte Innovation.

Wer aber Energie, Mut und Vertrauen gegenüber dem Coach aufbringt und sich mit ihm auf den Weg zum Pontifex oppositorum begibt, wird nicht unbelohnt bleiben. Durch die Integrationsarbeit verlieren die Weichensteller im Unbewussten ihre richtungsweisende Funktion, namentlich die Trauma- und Überlebensstrukturen. Dadurch kann der Einzelne mehr sehen, mehr spüren und mehr erleben. Die Person kann sich neu orientieren und es wird ihr leichter, das Alte und Überkommene zu verlassen. Durch das zunehmende seelische Unterscheidungsvermögen wächst der Umfang des gesunden Ichs sowie seine Fähigkeit zur Abgrenzung gegenüber der Außenwelt, und die vitale Lebensenergie nimmt wieder zu. Im Familienrahmen werden die Tabuthemen nicht mehr länger verschwiegen, und dadurch, dass sich eine Person verändert, reagieren nach systemischen Gesetzen auch die anderen Systemmitglieder. Das bringt entweder mehr Nähe, oder die Wege können sich auch radikal trennen. Jedenfalls bleibt es nicht bei dem unbefriedigenden Status quo, sondern es entsteht neuer Handlungsraum. In jedem Fall wird das eine Erleichterung für die Kinder der Familie sein, die es bis dahin unbewusst mitgetragen haben. Für sie entsteht ein neuer Raum, in dem sie mehr Individualität und Freiheit ausleben können. Auch das berufliche Umfeld wird nolens volens auf die innere Bewegung der Person reagieren. Es entstehen sowohl neue Reibungsflächen als auch neue Allianzen, die zu kreativen Lösungen führen können. Die bis jetzt nur angedachten Änderungen werden tatsächlich umgesetzt, da sich der innere Handlungsspielraum bedeutend und spürbar vergrößert hat. Die Authentizität der Führungskraft wächst im gleichen Maße, wie ihre Fähigkeit, realistische Ziele zu setzen und Arbeiten zu delegieren, zunimmt. Durch Struktur- und Personaländerungen verändert sich schließlich auch die Unternehmenskultur und die Innovationskraft nimmt deutlich zu. Da die unbewusste Ursache der Blockade beseitigt ist, besticht das Ergebnis der Traumaarbeit durch seine Nachhaltigkeit.

6.3 Verantwortung und Nachbetreuung

Zu Recht wird von Klienten und Kollegen immer wieder das Thema Betreuung nach der Traumaarbeit angesprochen. Die Integrationsarbeit kann ohne Frage heftige Gefühlsschwankungen und emotionale Ausbrüche hervorrufen. Die Arbeit mit Traumastrukturen bringt ja das lang Verborgene oder aktiv Bekämpfte aus den Tiefen des Unbewussten nach oben, und so können durch die Auflösung der Verkapselung erst jetzt Wut, Trauer, Schmerz, Scham, Angst und Panik an die Oberfläche kommen, nachdem sie über Jahre, ja häufig über Generationen hinweg, im familiären Unbewussten verdrängt gehalten worden waren. Ihre Wirkung aus der Verdrängung heraus hat sich dann nach Jahren in den zehn Bereichen als Folgethemen der Spaltung gezeigt. An dieser Stelle wiederholen wir uns zwar, aber diese Wiederholung ist nötig, da der Klient um diese zwingende Logik der Seele wissen muss. Dies wiederum ist ein Teil der Systemik der Seele, dass keine Energie verloren geht, sondern nur in anderen Zuständen abgespeichert wird, in den Hirnstrukturen, im Nervensystem und in den Muskelpanzern. Wer die Weichenstellerfunktion der Überlebensstrukturen aufheben will, wer also an der anima vitalis interessiert ist, muss gewahr sein, dass die Integration das Verdrängte freisetzt. Das kann für den Klienten und sein Umfeld eine kurze Zeit lang unangenehm sein, denn er gerät in dieser Zeit der Verarbeitung womöglich sogar in den Widerstand zum Prozess selber. Allerdings lässt sich all das im Sinne der Arbeit nicht vermeiden denn die Überlebensstrukturen und ihre Folgen lassen sich nicht außerhalb ihrer selbst integrieren. Diesen Ansatz verfolgen zwar diverse Therapien und Methoden, die mangelnde Nachhaltigkeit solcher Vorgehensweisen spricht jedoch eine klare Sprache.

Aus dem Gesagten ergibt sich für den Coach, der Traumaarbeit anbietet, eine Bringschuld dahingehend, dass der Klient über die möglichen Konsequenzen der Integrationsarbeit gründlich informiert werden muss. Die Bringschuld des Klienten wiederum besteht in der aktiven Kontaktaufnahme, sollte er sich außer Stande fühlen, mit den emotionalen Schwankungen umzugehen. Ein Szenario soll verdeutlichen, wie die Betreuung eines Klienten ablaufen kann.

Klient K informiert sich über die Traumaarbeit auf der Homepage von Coach C. Dort erfährt er die Grundsätze der Traumaarbeit:

- die Traumaarbeit basiert auf Freiwilligkeit
- der Klient ist selbst verantwortlich für seinen Prozess
- während der Sitzungen übernimmt der Coach die Verantwortung für die Traumaarbeit
- kommt es zu stärkeren emotionalen Ausbrüchen, so liegt es in der eigenen Verantwortung des Klienten, sich mit seinem Begleiter in Verbindung zu setzen und einen Folgetermin zu vereinbaren

Fallbeispiele

7

7.1 Fallbeispiel: „Es fehlt der rote Faden"

Ein selbständiger Unternehmensberater beklagte sich über die mangelnde Stabilität in seinem beruflichen wie privaten Leben. Zu diesem Schluss sei er gekommen, da ihn Kunden und Geschäftspartner in letzter Zeit vermehrt darauf angesprochen hätten. Aussagen wie „Was hast du denn jetzt eigentlich für eine Handy-Nummer? Bei dir kommt man ja nicht mehr mit, so häufig wie du sie wechselst." Oder „Wo wohnst du denn jetzt eigentlich?" haben ihn ein wenig nachdenklich gemacht. Als er nachgerechnet hat, kam er mit 32 Jahren auf 27 Umzüge, und das wäre alle 14 Monate ein Umzug. Am Anfang fand er die Wechsel und die neuen Orte noch sehr belebend und inspirierend. Mittlerweile erkenne er aber, dass er eigentlich nach einer gewissen Zeit gar nicht anders könne, als weg zu müssen. Es komme ihm jetzt eher wie eine innere Unruhe oder Rastlosigkeit vor, von der er aber nicht wisse, woher sie eigentlich komme. Da jetzt auch noch Kunden und Geschäftspartner dies zwar noch freundlich, aber durchaus mit einem wahren Hintergrund, erkennen, habe er Angst, dies könne ihm als Unstetigkeit negativ ausgelegt werden. Als Geschäftsmann müsse er auch eine gewisse Beständigkeit ausstrahlen, die seine Kunden ja auch von ihm erwarteten und bei ihm suchten.

Angesprochen auf seine Unstetigkeit bemerkte er auch, dass es ihm schon immer schwer gefallen sei, sich auf ein Thema festzulegen. Er habe zwar vieles ausprobiert, das meiste aber nach anfänglicher Begeisterung wieder aufgegeben. Das beträfe berufliche Unternehmungen genauso wie private Beziehungen. Einer seiner ehemaligen Chefs habe ihm einmal gesagt: „Du bist schon ein guter Mann, aber irgendwie fehlt da der rote Faden."

© Springer Fachmedien Wiesbaden 2015
A. Riechers, R. Ress, *Trauma und Blockaden im Coaching*,
DOI 10.1007/978-3-658-08782-1_7

Dieser Satz sei ihm im Gedächtnis haften geblieben und irgendwie habe sich das auch bis heute nicht verändert. Er wünsche sich vor allem in Bezug auf seine berufliche Tätigkeit nun endlich seinen Bereich zu finden, um dort mit all seinen Fähigkeiten zu einer stabilen Größe, persönlich wie auch wirtschaftlich, heranreifen zu können. Er habe jedoch die Befürchtung, dass er schon bald wieder alles stehen und liegen lassen werde, um das nächste anzufangen. Dann finge er aber wieder bei null an und langsam spüre er, dass ihm die Zeit davon läuft.

In einer Aufstellung zeigte sich erst die ganze unbewusste Tragweite des Falles. Die Mutter des Klienten verließ dessen afrikanischen Vater, als er sechs Wochen alt war. Seitdem hatte er seinen leiblichen Vater nie mehr gesehen. In der Ahnenreihe des Vaters zeigten sich Szenen und Bilder von Gewalt und Ablehnung.

Nach der ersten Trauma-Aufstellung machte sich der Klient auf die Suche nach seinem Vater und fand diesen in Spanien, nach über 33 Jahren, und Vater und Sohn sahen sich zum ersten Mal im Leben. Der Vater konnte die Bilder der Aufstellung allesamt bestätigen und weitere Hintergrundinformationen geben. Er selber stamme aus Äquatorialguinea und er und seine gesamte Familie sind während des Bürgerkrieges von dort vertrieben worden. Er musste die Tragödie als junger Student in Madrid aus der Ferne mitverfolgen und konnte nicht helfen. Der Großvater und ein Großonkel sind ums Leben gekommen. Der erhebliche Landbesitz der Familie wurde annektiert. Die Großmutter sei von der Heimat weit entfernt an gebrochenen Herzen gestorben. Alle Geschwister des Vaters leben auf dem ganzen Erdball verstreut.

Der Klient, so stellte sich nach weiteren Aufstellungen und Voice Dialogen heraus, war über den leiblichen Vater mit dessen verstrickten Anteilen mit dem Großvater verbunden. In deutlichen Bildern wurde das „auf der Flucht sein" gespiegelt. Der Klient hatte deshalb keine Ruhe finden können und folgte dem Grundsatz „schnell wieder weiter, bevor sie dich kriegen". Diese Flucht, die für den Großvater und dessen Bruder tödlich endete, war in der Zeitlosigkeit aufgehoben, und das seelische Grundmuster spiegelte sich in fast allen Lebensbereichen wieder. Unstetigkeit war in diesem Fall das seelische Überlebensmuster, weil Stillstand damals zum sicheren Tod geführt hätte. Übertragen auf das Leben des Klienten bedeutete dies, dass Beständigkeit keine akzeptierte innere Qualität sein konnte, da sie in der seelischen Realität, also für seine Überlebensanteile, die Gefahr an sich bedeutete.

Die Fluchtreaktionen waren derart in das Nervensystem eingedrungen, das sie so etwas wie eine Vorprogrammierung (*imprint* nach Arthur Janov) beim Klienten bedeuteten, denn immerhin hatte der Klient die Schockladungen des Großvaters und des Vaters mitgetragen. Das ganze Körpergewebe war davon betroffen, sodass einige Sitzungen mit Körperarbeit und EMI nötig waren, um die neuronalen Vernetzungen wieder in Balance zu bringen. Fast zeitgleich verspürte der Klient

7.1 Fallbeispiel: „Es fehlt der rote Faden"

eine deutliche Entspannung und fühlte sich mehr und mehr wohl in dem, was und auch wo er es machte. Er könne sich in seinen aktuellen Projekten jetzt besser und beharrlicher auf die Lösung von Problemen konzentrieren. Zudem verknüpfen sich nun viele Ideen und Fähigkeiten, die er in der Vergangenheit gesammelt hatte. Das helfe ihm nun sehr bei seiner aktuellen Tätigkeit, in der er jetzt auch eine viel längere Perspektive als zuvor sehe.

Fallreflexion und Konsequenz
Autonomie
27 Umzüge sind ein klar zu erkennendes Muster, vor allem dann, wenn sie sich auf 32 Lebensjahre beziehen. In der Häufigkeit ist bereits ein Zwang zu entdecken. Phänomenologisch befinden wir uns also auf Ebene II – Spaltungsfolgen. Das, was sich als Muster wiederholt: Der Klient kann nicht anders, die Muster wiederholen sich in Liebe-Partnerwahl, Beruf, Freundeskreis etc. Es kommt also zu einer ständigen Reinszenierung des traumatischen Ereignisses. Das, was ausbleibt als Muster: Der Klient findet nicht seine Berufung, der rote Faden fehlt.

In all dem ist der Klient nicht wirklich autonom. Die Bewegung „weg von" ist zwanghaft. Da Störung Vorrang hat, kann der Klient seine sehr wohl vorhandenen Qualitäten nicht zur Schaffung seines eigenen Bereichs verwenden. An einem bestimmten Punkt angekommen, setzt das Flucht-Muster wieder ein, da Ankommen von der Seele mit nicht mehr wegkommen gleichgesetzt wird.

Transgenerationales Trauma
Der Fall zeigt, dass Traumata Mehrgenerationenwesen sind. Durch die Verstrickung mit den Eltern können Sie über mehrere Generationen im Familiensystem vorhanden bleiben. Auf die Prägung durch Erziehung, das zeigt dieser Fall ganz besonders eindrücklich, kommt es dabei nicht an.

Täter-Opfer-Dynamik
Der Klient selber hatte bereits einige seiner früheren Geschäftspartner abrupt verlassen. Ähnlich hatte es sich mit Beziehungen zu Frauen verhalten, die er von heute auf morgen verließ. Das ursächliche Trauma forderte Opfer (den Großvater, den Großonkel, den Vater etc.) und endete in chaotischen Situationen für die Herkunftsfamilie des Vaters. Die Mutter des Klienten flüchtete selbst aus dem als „eng und spießbürgerlich" erlebten Elternhaus, das ihr „keine Luft zum Atmen" ließ. Indem sie jedoch das Kind abrupt dem Vater entzog, wurde sie selbst zur Täterin. Auch diese Täter-Opfer-Spaltung trug der Klient zeit seines Lebens in sich. So suchte sein Opfer-Anteil in beruflichen und privaten Beziehungen nach Rettung und Erlösung, während sein Täter-Anteil diese Beziehungen jeweils abrupt beendete.

Ressourcen

Die Ressourcen zur Erreichung seines Zieles „Meinen Bereich finden und Beständigkeit erreichen" hätten niemals von außen kommen können, sondern sind im ursprünglichen traumatischen Erlebnis zeitlos gebunden. Die Qualitäten, Kenntnisse und Fähigkeiten dienen daher primär dem Überlebens-Ich. Erst die Integration und sinnvolle Auflösung des Traumas schafft den Raum für eigene, autonome Aktivitäten, und insofern kann erst jetzt der eigene Bereich gefunden werden. Ratschläge und Kurse à la „die eigene Mitte finden" oder „endlich zur Ruhe kommen" wären für das Überlebens-Ich gefährliche Ablenkmanöver, die geschickt umgangen worden wären. Der Raum für die eigene Mitte ist nie ein abstrakter, sondern er vollzieht sich innerhalb der seelischen Grenzlinien. Hier war der eigene Raum maximal in der sich ständig vollziehenden Bewegung weg-von möglich, sodass er für das Bewusstsein als ein „so bin ich eben" aufgelöst wurde.

Das Überlebens-Ich und seine beruflichen Qualitäten

Die beruflichen Stärken des Klienten orientierten sich allein an seinem Überlebens-Ich. Seine Stärken bestanden im „Trouble-Shooting", das Schnelligkeit und Aktivismus erforderte. Da er keine Tätigkeit bzw. kein Fach dauerhaft ausübte, hatte er ein gutes Allgemeinwissen, das aber nicht in die Tiefe reichte. Für die Feuerwehraufgaben reichte es zwar, 80 % der Aufgabe zu erledigen, für den Klienten war es aber schwierig, die Jobs bis zum Ende zu erledigen. Bevor es also zu der Klärung von Details kam, hatte der Klient schon wieder neue Projekte begonnen und die alten beendet.

Auch hier hätten Projektmanagement-Seminar oder kognitiv-imaginäre Ansätze keine Verbesserung gebracht. Das Unvermögen Arbeiten zu 100 % erledigen zu können, ist als Folge der Traumafolge unbewusst an das traumatische Ereignis gebunden. Erst seine Integration in das bewusste Ich gibt die Qualitäten wieder langsam frei, die nötig sind, um die Dinge in Ruhe bis zum Ende zu bringen.

Nachhaltigkeit und Innovationskraft

Am Ende dieser Fallbetrachtungen können wir nun leicht erkennen, wie viel die Traumaarbeit mit Nachhaltigkeit und Innovationskraft zu tun hat. Ohne den roten Faden, also den eigenen Bereich, ist keine Beständigkeit im Sinne der Nachhaltigkeit möglich.

Innovationskraft ist als eine individuelle Fähigkeit zu verstehen, alte Wege bewusst verlassen zu können, um neue Wege zu beschreiten. Insofern ist Innovationskraft kein abstrakter Begriff. Es ist eine aktive Hin-zu-Bewegung ohne Weg-von-Dynamiken. Sie ist damit ein sichtbar gewordener Teil der neu gewonnenen Autonomie, personifiziert in bewussten, nicht traumatisierten Ich-Anteilen. Innovationskraft ist also an das gesunde Ich gebunden und damit Teil der vitalen Kraft der Seele.

7.2 Fallbeispiel: „Es ist alles viel zu leicht!"

In einer Einzelsitzung stellte sich ein aufstrebender Manager der Automobilbranche vor. Er berichtete, dass sein Leben im Außen absolut erfolgreich sei. Er führe bereits mit Mitte dreißig ein priviligiertes Leben und sei auf der Karriereleiter sehr schnell unterwegs gewesen. Während andere Kollegen, die zum Teil die doppele oder dreifache Berufserfahrung haben, bei vielen Aufgaben immer noch vor unüberwindbaren Problemen stünden, gehe ihm alles sehr leicht von der Hand. Im nächsten Satz korrigiert er sich: „Es ist alles viel zu leicht. Und das kann doch nicht normal sein?!" Rückblickend falle ihm zudem auf, dass er sich fast immer in nahezu ausweglosen Lagen bewiesen habe. „Es war irgendwie immer extrem. In der Produktion im Ausland mit schlechten Maschinen und ungeschultem Personal, beim Motorradfahren mit der Rennmaschine, in der Armee in einer Sondereinheit. „War halt immer ein bisschen wilder als normal." Während er dies sagt, lächelt er stolz und verschmitzt.

Im Privatleben habe er nach seiner Scheidung vor wenigen Jahren nur noch kurze Beziehungen gehabt. Die meisten Bekanntschaften mit der Damenwelt gingen über eine Affäre nicht hinaus. Er wirke auf andere wohl sehr attraktiv, ihm sei jedoch aufgefallen, dass er sich immer schneller langweile und die Beziehung dann desinteressiert beende. Der Wunsch, eine Familie zu haben sei schon da, nur würden der Beruf und die damit verbundenen Reisen in die ganze Welt dies momentan nicht zulassen. Jetzt aus diesem Jet-Set Leben aussteigen könne und wolle er nicht. Er sei jedoch gekommen, weil ihm diese Extreme langsam unheimlich vorkommen und er beruflich allmählich auch der Langeweile anheimfalle.

Gemeinsam mit dem Klienten wurde das Anliegen so formuliert: „Ich möchte mir den Anteil anschauen, der zwanghaft das Extreme sucht."

Da die innere Stimme, die das Extreme attraktiv und erwähnenswert findet, bereits sehr präsent war, haben wir zunächst mit einem Voice Dialogue begonnen. Die innere Person hat sich ohne Umschweife sofort gezeigt und mit auffallender Lässigkeit alle Extremleistungen des Klienten als ihr Werk verbucht. Auf ihre Grenzen angesprochen reagierte sie äußerst ausweichend und oft unlogisch. Nach kurzer Zeit des dialogischen Miteinanders war klar, dass dieser innere Anteil keine Grenze kannte. Es ging ihm ums Spielen. Alles war ein Spiel: Arbeit, Freizeit, Menschen. Dieser Anteil war zudem energetisch raumfüllend und sehr charismatisch, letzteres allerdings auch auf eine durchaus charmant manipulative Art und Weise.

Zurück auf der Ausgangsposition, zeigte der Klient sich sichtlich beeindruckt und leicht verwirrt wegen der Spielermentalität seines inneren Anteils.

In der zweiten Position zeigte sich das absolute Gegenteil. Es sprach eine sanfte und sehr gesetzte Stimme. Extreme waren ihr fremd. Sie habe nach eigenen

Aussagen die erste Ehe begonnen, die erste Stimme dagegen habe sie beendet. Ihre Raumqualität war präsent aber bei weitem nicht zu vergleichen mit der ersten Stimme. Sie schien momentan völlig hinten anzustehen. Sie zeigte sich in aufflammenden Gefühlen für Frauen, meistens für solche, die ein schweres Schicksal haben. Darin meine sie es durchaus ernst, aber kurz bevor es zu einer tieferen Begegnung kommen könne, „übernimmt" jedoch immer die erste Stimme.

Nach dem Voice Dialogue folgte eine Aufstellung, die zum historischen Kontext der ersten Stimme führte. Der Großvater des Klienten verlor während des Zweiten Weltkrieges durch einen russischen Scharfschützen das Augenlicht. Als ältestem Sohn mit drei weiteren Geschwistern hätte ihm das elterliche Sägewerk als Erbe zugestanden, als „heimgekommener Krüppel" wurde das Erbe jedoch an die „fähigen" jüngeren Brüder verteilt.

Es war offensichtlich, dass der Klient den abgespaltenen Anteil des Großvaters übernommen hat, der die Trauer um das verlorene „Duell" und all seine Folgen abgespalten hatte. Daraus ging ein im wahrsten Sinne des Wortes extremes Überlebens-Ich hervor, das kompensatorisch alles besiegte, was sich ihm in den Weg stellte. Der Körper des Klienten präsentierte sich mit sehr starkem Kopf, Nacken, Rücken- und Brustpanzerungen, die mit Körperarbeit gelöst werden konnten. Bis zum Moment des Erkennens des Leidens des Großvaters bedurfte es langer körperlicher Interventionen, die ein Hinweis auf die Dimension des abgespaltenen Schmerzes und der Trauer sind.

Der Klient berichtet, dass er seit seiner Teenagerzeit vermehrt Spiele und Duelle suchte, aus denen er eigentlich immer als Sieger hervorging. Auch die Arbeit sei so ein permanentes Spiel mit Kollegen, Kunden, Auditoren, usw. Er beherrsche dieses Spiel einfach, ohne groß darüber nachdenken zu müssen. Und er sei trotzdem bei allen sehr beliebt, werde fast schon angehimmelt.

Die äußerliche Ähnlichkeit mit seinem Großvater sei bereits mehreren Familienmitgliedern aufgefallen. Er sehe ihm mittlerweile immer ähnlicher, selbst der Blick und die Frisur ähnelten sich. Wirklich aufgefallen sei ihm das bisher aber nie. Zudem sei der Großvater auch schon verstorben, als er ein Jahr alt war.

Das Schlussbild der Aufstellung zeigte dem Klienten sehr eindrücklich, dass er stellvertretend für seinen Großvater jedes nur mögliche Duell gewinnen wollte. Es durfte niemals wieder verloren werden, denn sonst verliert man alles! Die innere Stimme, die daraus hervorging, hatte sich zunehmend verselbständigt und ständig die Gelegenheiten gesucht, das traumatisierende Ereignis in der befriedeten Welt zu reinszenieren. Die sanften Qualitäten, die für zwischenmenschliche Beziehungen jeder Art notwendig sind, hatten keine Chance mehr, sich zu zeigen. Der Charme war nur vordergründig und wurde in den Dienst des Obsiegens gestellt. Dadurch konnten kaum wirklich tiefe Beziehungen heranreifen. Gleichzeitig zeigte sich die tiefe Verbundenheit mit dem Großvater sogar in der Physiognomie des Klienten. Seine beiden Brüder gehen nämlich eher „nach der anderen Seite der Familie". Nach nur wenigen Wochen berichtete der Klient von einer völlig neuen Ausgewogenheit in seinem beruflichen wie privaten Leben. Auch viele Arbeitskollegen hätten ihn bereits angesprochen „ob etwas anders sei mit ihm, denn er wirke so ausgeglichen". Er erreiche nun auch seine Angestellten und Kollegen besser, die die Zusammenarbeit mit ihm als wesentlich angenehmer empfinden.

Fallreflexion und Konsequenz
Überlebensstrukturen folgen nur einer Logik – der Zwecklogik des Überlebens. Dabei richtet sich das Leitmotiv nach den Erfahrungen, die die Seele in der Existenziellen Grenzerfahrung gemacht hat. Hier: „Siegen um jeden Preis", „Alles ist ein Duell", „Man darf das Duell nie verlieren". Die gesamte Intelligenz und auch zwischenmenschliche Qualitäten werden in den Dienst des Überlebens-Ich gestellt. So formt sich ein Charakter, der im engen Sinne nicht dem Klienten gehört, sondern der Klient gehört ihm. Erst die Herauslösung aus der Identifikation mit dem Großvater ebnet Wege für ein eigenes Selbst und einen Lebensentwurf jenseits der rigiden Muster der Überlebensanteile.

Die Schrecken des Zweiten Weltkrieges halten die nachfolgenden Generationen nach wie vor in ihrem Banne.

7.3 Fallbeispiel: „Des lieben Friedens willen"

Ein Unternehmer beklagte seine zögerliche Haltung bei geschäftlichen Verhandlungen. Er sei durchaus eloquent und selbstbewusst, verliere aber dann, wenn es um Geld gehe, zu schnell die Geduld und gerate in Angst und Panik, den Auftrag zu verlieren. Dann stimme er immer viel zu schnell den Bedingungen des Vertragspartners zu und ärgere sich später über die schlechten Konditionen, die er „verhandelt" hat. Während dieser „Verhandlungen" überfluten ihn körperliche Reaktionen und unverhältnismäßige Untergangszenarien. Der Klient wünscht sich, für die Zukunft seine Standpunkte angstfrei und selbstbewusst im Sinne der Wertschöpfung vertreten zu können. Er könne es sich nicht mehr länger leisten, sich derart unter Wert zu verkaufen. Er selber glaube, dieses Verhalten habe mit seiner Mutter zu tun, die auch grundsätzlich allem und jedem zu schnell einen Gefallen tue und sich nachher darüber ärgere.

Während der ersten Voice Dialogue Sitzung wurde mit dem symbiotischen Anteil der Mutter gearbeitet. Die damit verbundene innere Gestalt bestätigte die Vehemenz und den Vorrang des Lebensmottos „immer freundlich und zuvorkommend sein, bitte und Danke sagen". Wenn man so ist, komme man gut durchs Leben. Streitsituationen solle man vermeiden, lieber nachgeben, nicht widersprechen. Warum dies so sei, wisse die innere Person eigentlich gar nicht. Es ist eben so. Und ja, sie kenne es auch nur so. Und wenn man das nur lange und oft genug so mache, mögen einen auch die Menschen. So muss es sein.

Zu Beginn der zweiten Sitzung berichtete der Klient, dass er sehr von der Unmittelbarkeit beeindruckt sei, die die Stimme seiner Mutter in ihm habe. Das sei ihm bis dahin noch gar nicht bewusst gewesen. Dies löste eine tiefere Reflektion über sein Familiensystem aus. Er erinnerte sich nun an die Sätze seines Großvaters, von dem er diese Überzeugungen auch kenne. Anschließend folgte dieser Bericht über die Kriegserlebnisse des jungen Großvaters:

Am Ende des Krieges wurde der junge Soldat der Wehrmacht von den russischen Truppen festgenommen und in ein Gefangenenlager gesperrt. Der Tod ging dort jeden Tag um. Die gefangenen Soldaten starben an Unterernährung, Krankheiten und den sadistischen Spielen der Wärter. Doch der Großvater hatte eine Begabung, sich Freunde zu machen. Er konnte im Unterschied zu anderen sogar unter diesen Verhältnissen stets gute Miene zum bösen Spiel machen. Dadurch erwarb er sich die Freundschaft des Lagerarztes, der ihm schließlich sogar zur Flucht verhalf. Er ermöglichte es ihm, versteckt unter den Leichen auf der Transportkutsche aus dem Lager zu entkommen. Auch in seinem späteren Leben war er ein stets korrekter und zuvorkommender Mensch, dem die Achtung durch sein Umfeld sehr wichtig war. In Konfliktsituationen hieß es von seiner Seite „Du musst immer im Strom irgendwie mitschwimmen, dort ja sagen und hier ja sagen und gar nicht so sehr auffallen, dann kannst du zu Hause machen, was du willst. Um des lieben Friedens willen einmal mehr ja sagen als nein."

Scheinbar als Nebensymptom hat der Großvater den höchsten Zaun in der Siedlung gebaut. Während die anderen den gewöhnlichen 1,20 Meter hohen Jägerzaun hatten, ragte der vom Großvater gebaute Zaun in die stolze Höhe von 2,50 Meter. Doch damit nicht genug, hinter dem Zaun standen blickdicht gepflanzte sechs Meter hohe Thuja-Bäume. Es war sein Rückzugsgebiet, und zwar im direkten wie im übertragenen Sinn des Wortes. Paradies des Einkapselns. Sämtliche Aktivitäten wurden nach innen verlagert.

Nach dieser Schilderung zeigte sich im Voice Dialogue mit dem Klienten nun auch der mit dem Großvater verbundene Anteil. Zusammengekauert auf dem Boden sitzend sprach er mit leerem Blick über die in ihm gereiften Erfahrungen seiner Gefangenschaft. Hier erst bekamen die Sätze einen unmittelbaren Sinn. „Wenn du hier einen nur einmal schief oder gar unfreundlich in die Augen blickst, dann bekommst du am nächsten Tag nichts oder gar Abfall zu essen. Und das ist dann dein Ende. Nur ein falscher Ton oder eine versagte Begrüßung besiegelt dein Schicksal!"

In der Verdichtung war die ganze Ladung: „Ich darf nicht widersprechen!" Ausgehend von diesem gewichtigen Satz wurde mit dem Klienten EMI durchgeführt, und nach drei Durchgängen konnte die Schockladung deutlich reduziert werden. In der Körperarbeit zeigten sich starke Verkrampfungen in den unteren Gliedmaßen, die im Kontext durch einen starken Druckimpuls freigesetzt werden konnten, und so begann die erstarrte vitale Energie zu fließen. Dies machte sich beim Klienten insbesondere durch starke Hitzewallungen und Schweißausbrüche sichtbar.

Die Schockenergie, die nach 70 Jahren nun stellvertretend beim Enkel frei wurde, konnte wieder dem gesunden Ich hinzugefügt werden. Sie konnte aus dem Vorgeformtsein der Existenziellen Grenzerfahrung des Großvaters befreit werden. Die Freundlichkeit des Klienten blieb weiterhin als Qualität erhalten, wurde nun aber von einer neu gewonnenen Unbefangenheit und Souveränität getragen. Die Verhandlungen liefen seitdem völlig anders und zum Wohle des Klienten.

Fallreflexion und Konsequenz
Die Existenzielle Grenzerfahrung, also die Erfahrung an der Grenze zwischen Leben und Tod, prägt sich über Generationen durch und hinterlässt in Körper und Nervensystem der Kinder und Kindeskinder ihren Abdruck. Ohne die In-Bezugsetzung der Symptome zur Existenziellen Grenzerfahrung und ihren historischen Kontext können wir die Schockladung weder nachhaltig lösen noch die Spaltung integrieren. Dieser Fall zeigt, dass die Trauma-Integration nur im Körper selber stattfinden kann, nicht außerhalb von ihm. Es ist auch ein Fall, der zeigt, wie der Zweite Weltkrieg im Heute das Streben und Erleben der Menschen beeinflusst, sozusagen als Folgethemen der seelischen Spaltung. Seine transgenerationale Wucht ist ungebrochen. Die aktuellen Veröffentlichungen von Sabine Bode (z.B. „Kriegsenkel", 2014) sind ein lebendiges Zeugnis dieser Wucht.

7.4 Fallbeispiel: „Klarheit vor Harmonie"

Ein 40jähriger Manager der Freizeitindustrie möchte in einem Business-Coaching an seinen Führungsqualitäten arbeiten. Laut seinem Anliegen gelinge es ihm nur schwer, klare Ansagen zu machen. Er sei vor allem darauf bedacht, dass die Stimmung im Team passe. Wenn sich alle wohl fühlen, dann stimmen auch die Ergebnisse. Da die Organisation aber beständig wachse, müssten nun auch vermehrt Prozess- und Strukturentscheidungen getroffen werden. Das Geschäft, so der Klient, werde unpersönlicher. Die Blockade bestünde nun konkret darin, dass er diesen Entscheidungen aus dem Weg gehe oder sie grundsätzlich lange hinauszögere, was zu Komplikationen mit der Geschäftsführung und auch zu Missmut bei den Mitarbeitern führe. Dieser Missmut stelle ihn dann zusätzlich unter Stress, da ihm die Harmonie im Team sehr wichtig sei und er auch nicht den „eiskalten Manager" spielen wolle. Das müsse auch anders gehen. Es sei ihm auch schon klar geworden, dass Klarheit vor Harmonie kommen müsse.

Nach einer Aufstellung zeigte sich, dass die Mutter des Klienten im Prinzip nie gestritten hatte. Sie sei von der Großmutter des Klienten nicht angenommen, sondern von dieser als einjähriges Baby zu deren Schwester gegeben worden. Bis heute werde die Mutter des Klienten von ihrer leiblichen Mutter nicht akzeptiert. Der Klient wies starke Becken-Verpanzerungen und hohe Empfindlichkeit am Gewebe im Innenschenkel auf. Nach Lösung der Blockaden in diesen Gewebestrukturen wurde das Schicksal der Mutter zum ersten Mal aus ihrer Perspektive erlebt. Wie stark muss die Mutter darunter gelitten haben, nicht angenommen zu werden? Wie groß muss die Sehnsucht nach der Zuwendung durch die Mutter gewesen sein? Wie groß ist der im Körper zurückgehaltene Schmerz? Der Klient konnte das innere Erleben der Mutter, ihre Verzweiflung und das Gefühl des Abgewiesenseins als verstrickten Anteil wahrnehmen.

Danach wurde im Voice Dialogue das dialogische Miteinander mit folgenden Hauptstimmen geführt: der Träger der Harmonie, der Anteil, der unter Stress gerät, der mit der Mutter symbiotisch verstrickte Anteil sowie zwei weitere Nebenstimmen. Es zeigte sich, dass die eigene (zwanghafte) Harmonie eine Wiedergutmachung für die Erlebnisse der Mutter waren: „Schaut her, es geht doch! Es kann alles so schön sein, wenn man nur will!" Mit der Harmonie zu brechen würde dann bedeuten, mit der Mutter zu brechen und sie erneut zu verstoßen. In diesem seelischen Konzept ist der Klient aufgewachsen. Seine durchaus liebevolle Mutter war durch die eigenen Defizite aus der Kindheit nicht in der Lage, Qualitäten der gesunden Selbstbehauptung und des Aushaltens von Dissens weiterzugeben. Unbewusst wurden Verhaltensweisen dieser Art mit der Opferrolle der Mutter beantwortet, für die sich das Umfeld dann unfreiwillig in die Rolle des Täters begeben musste – ein Zustand, der seine Kompensation in der Harmonie fand. So erlangte die Harmonie Vorrang vor der Klarheit.

Die in Glaubenssätze verdichtete seelische Grundhaltung „Harmonie vor Klarheit" des Klienten konnte in zwei EMI Durchläufen integriert werden. Das verstärkte Bewusstsein des eigenen Verstricktseins in das Schicksal der Mutter führte zu einem seelischen Unterscheidungsvermögen zwischen Harmonie als Qualität und der seelischen Verletzung der Mutter durch die versagte Annahme der Großmutter. Erst jetzt konnte der zwanghafte Charakter der Harmonie zu einer kontrollierten Qualität werden. In der folgenden Voice-Dialogue Abschlussrunde zeigte sich schließlich auch die Stimme der Klarheit „wie aus dem Schlaf erwacht". Ziel der Arbeit war es dann, die seelischen Anteile und das Unterscheidungsvermögen stärker in das Bewusstsein zu integrieren und als Ressourcen zugänglich zu machen.

Fallreflexion und Konsequenz
Bewegungsorientiertes Coaching
Für den Klienten gab es vor der Traumaarbeit keine echte Alternative zu seinem bisherigen Führungsverhalten, das Konflikte und „harte Entscheidungen" scheute. Es gab nur das durch die Existenzielle Grenzerfahrung geprägte Gegensatzpaar „Harmonie oder eiskalter Manager". Die eiskalten Manager sind dabei Projektionen der eiskalten Großmutter, die ihr Kind weggegeben hat und es bis heute nicht anerkannt hat. Das vermeintliche Ziel „Es soll dem Team gut gehen!" ist bereits durch den Weichensteller, das ist die Traumaerfahrung der Mutter, vorgeprägt. Die bewegungsorientierte Traumaarbeit hat die seelischen Grundlagen für das konkrete Führungsverhalten untersucht und die durch die Überlebensstrukturen eingefrorenen Qualitäten der Klarheit wieder freigesetzt.

Lösungsorientiertes Coaching
Auf dieser inneren Bewegung kann nun ein lösungsorientiertes Coaching aufsetzen, das sich den konkreten Herausforderungen im geschäftlichen Alltag widmet. Da die Transgenerationale Existenzielle Grenzerfahrung nun integriert ist, können die Ziele und konkreten Verhaltensweisen sich mehr und mehr den tatsächlichen Gegebenheiten im Sinne einer Objektivität anpassen. So entsteht ein nachhaltiger und klarer Führungsstil, der die Qualitäten „Harmonie" und „Klarheit" für seine Ziele balanciert nutzen kann. Beide schließen sich nun im inneren Erleben nicht mehr länger gegenseitig aus. Als Folge davon steigt die Zufriedenheit und Leistung im Team, denn die Führungskraft prägt die Unternehmenskultur von oben nach unten. Der Fall demonstriert welche Auswirkungen die Systemik der Seele im Business-Coaching haben kann.

7.5 Fallbeispiel: „Ich bin auch da!"

Der Chef und Inhaber eines gut laufenden Restaurants möchte seine kommunikativen Blockaden zum Gegenstand eines Coachings machen. Es falle ihm schwer, sowohl im geschäftlichen als auch im privaten Rahmen, seinen Standpunkt und seine Emotionen mitzuteilen. Dies sei insofern auch privat sehr erheblich, als er das Restaurant zusammen mit seiner brasilianischen Frau betreibt. Er könne Privates und Geschäftliches eigentlich kaum trennen, da er die wichtigsten Absprachen ohnehin mit ihr treffe.

Es falle ihm insbesondere in Streit- und Konfliktsituationen schwer, seine Standpunkte klar und deutlich zu artikulieren. Er brauche dann immer erst sehr viel Zeit, bis er eine Reaktion zeigen könne. In Bezug auf Geschäftspartner falle es ihm auch nicht leicht, „harte Entscheidungen" zu verkünden. Er könne diese zwar durchaus formulieren, aber bereits nach kurzer Zeit stellen sich Selbstzweifel ein, und schließlich sucht er dann die Schuld doch wieder bei sich selbst.

Gerade seiner brasilianischen Frau, in deren Kulturkreis Emotionen eine wichtige Rolle spielen, falle der Umgang mit seiner Verhaltenheit und Langsamkeit bei emotionalen Reaktionen sehr schwer. Die Streitigkeiten würden dadurch eher noch zunehmen, da sie ihn dann derart unter Druck setze, dass er gar nichts mehr sage. So schwelten die Auseinandersetzungen dann über mehrere Tage, was sich natürlich auch auf die Stimmung im Restaurant und auf die Mitarbeiterführung auswirke.

Für die Frau sei klar, dass „die Sache" etwas mit dem Verhältnis zu seinem Vater zu tun haben müsse. Der Klient selber habe noch zwei wesentlich ältere Brüder und eine ältere Schwester. Er sei der „Nachzügler" gewesen. Als er neun Jahre alt war, starb die Mutter in der Garage in Folge einer Kohlenmonoxid-Vergiftung. Der Vater stellte den Vorgang als einen Unfall dar, obwohl alle Hinweise auf einen Selbstmord hingedeutet hätten. Die Mutter habe vor ihrem Tod lange Phasen von Depressionen durchlebt, und es hätte fast täglich fürchterliche Streitereien zwischen ihr, den pubertären Kindern und dem Vater gegeben. Dabei war die Mutter in den Auseinandersetzungen durchaus „kein Engel" gewesen. Dies würden die Geschwister heute völlig ausblenden, indem sie den Vater allein verantwortlich machten. Der Kontakt zwischen ihm und den älteren Geschwistern sei völlig abgebrochen. Der Vater habe zwischenzeitlich eine neue Frau, mit der er nach eigenen Worten „nun schon länger zusammenlebe, als mit der Mutter".

Die Mutter selber stamme aus einer kleinen Stadt in Österreich. Sie sei im Alter von zwei Jahren von ihrer eigenen Mutter verlassen worden. Der Vater habe dann eine neue Frau und „liebe Ersatzmutter" für sie gefunden.

Der Vater des Klienten komme aus einer alt eingesessenen Familie in Österreich. Auch er war der Jüngste im „Clan". Er sei ein wenig der Liebling des Großvaters gewesen, der ihn immer in seinem „neuen Wagen" chauffiert habe. Mit 15 verließ er den elterlichen Hof, zu dem ein Sägewerk und eine große Landwirtschaft gehörten, um in der nahe gelegenen Stadt eine Ausbildung zu machen. Da er ein sehr lebenslustiger Mensch war, hatte er schon bald eine Beziehung zu einem Mädchen „vom niedrigeren Stand". Aus der nicht öffentlichen Verbindung entstand ein uneheliches Kind. Da der Vater das Mädchen nicht heiraten wollte, kam es zum Bruch mit dem Elternhaus. Dem Großvater habe dieser „Skandal" förmlich das Herz gebrochen.

Später habe der Vater des Klienten nur noch schlecht über seine Herkunftsfamilie geredet. Man habe ihn auch beim Erbe arg benachteiligt. Während das Sägewerk und die Ländereien an die älteren Geschwister gingen, habe er nur ein kleines Haus bekommen.

7.5 Fallbeispiel: "Ich bin auch da!"

Der Vater habe die Beziehung des Klienten zu seiner brasilianischen Frau von Anfang an nicht gut geheißen. Der Klient sollte sich entscheiden: „Entweder die brasilianische Familie oder wir!" Sollte er sich für erstere entscheiden, bräuchte er gar nicht mehr wieder zu kommen.

Zwar sei es nicht zum Bruch gekommen, Familientreffen seien aber grundsätzlich mit Spannungen belegt gewesen, da der Vater immer wieder abfällige Äußerungen über die lateinamerikanische Kultur gemacht habe. Die Frau habe sich dann mehr Unterstützung durch ihren Mann gewünscht, aber ihm sei es kaum gelungen, dem Vater Paroli zu bieten. Es habe sich dann bei ihm oft ein Schwindel eingestellt und es sei ihm schwer gefallen, sich zu konzentrieren.

Der Klient war vor dem Coaching bereits seit mehreren Monaten Mitglied einer Aufstellungsgruppe und erklärte, er sehe sein Familiensystem mittlerweile deutlich vor sich liegen und könne die unterschiedlichen Bereiche zumindest intellektuell voneinander abgrenzen.

Das Anliegen der ersten Sitzung war dann aber „wieder ins Gefühl kommen", da er keinen unmittelbaren Zugriff zu Emotionen in Form von emotionalen Reaktionen habe. Er stehe deshalb gelegentlich völlig neben sich. Da er in Folge der Aufstellungsarbeit tatsächlich die Tragweite seines Anliegens – intellektuell – verstand, haben wir uns zuerst für die Körperarbeit als tragende Methode entschieden. Starke Spannungen ballten sich im unteren Lendenwirbelbereich zusammen. Die Herzregion war über der Brust sowie seitlich über die Arme und den Rücken stark verpanzert. Mit jeder Sitzung Körperarbeit kamen mehr und mehr Empfindungen und Erinnerungen zu seinem Anliegen zurück. Der Klient hatte während der Arbeit immer wieder starke Hitzewallungen und war am Ende der Sitzung meist nass geschwitzt.

In der folgenden Sitzung beschrieb er das Muster der Streitigkeiten und auch den Ablauf der normalen Gespräche mit seinem Vater. Dieser monologisiere viel, und es käme ihm immer so vor, „als ob da eine Wand zwischen ihnen sei". Er würde dann gerne etwas antworten oder entgegensetzen, der Schwindel sowie eine Art Überflutung mit Gefühlen würden ihn allerdings keine Worte finden lassen. Der Vater spreche mittlerweile auch viel mehr darüber, dass er vielleicht Fehler gemacht habe. Zu einer echten Aussprache sei es aber noch nicht gekommen.

Es stellte sich heraus, dass der Klient sich an so gut wie keine Details aus der Zeit unmittelbar nach dem Todes seiner Mutter erinnern konnte. Das komplette innere Erleben dieser Periode war ebenfalls wie ausgelöscht. Eine weitere Einheit Körperarbeit an der Muskulatur unter dem Schulterblatt und der Knochenhaut an den oberen Rippen seitlich führte zu einer Wiederherstellung der Erinnerungen. Er war zu dem Zeitpunkt meist mit dem Vater allein zu Hause. Die älteren Geschwister seien entweder bereits ausgezogen oder nur noch sporadisch zu Besuch gewesen. Er habe sich in der Zeit eher unauffällig verhalten und sich z. B. zum „Kassetten aufnehmen" in sein Zimmer zurückgezogen. Dem Vater habe es gefallen, dass nach all der schweren Zeit er ihm nicht auch noch Kummer machte, sondern insoweit problemlos gewesen sei.

Dem Klienten wurde nun bewusst, dass er aus Loyalität und zum Wohle des Vaters auf seine eigenen Bedürfnisse nach Trauer und Ausleben des Unverständnisses über den Tod der Mutter verzichtet hatte. Er habe es nicht gewagt, neben den Geschwistern, dem Vater auch noch zur Last zu fallen. Es sei allerdings damals genauso wie heute gewesen, und er konnte dem Vater auch damals diesen einen Satz nicht sagen, wie sehr er es auch wollte: „Ich bin auch noch da!"

In einer abschließenden EMI-Sitzung wurde das abgespaltene Innere Erleben des Klienten mit diesem Satz wieder integriert. Er konnte danach das volle Ausmaß seines unfreiwilligen emotionalen Verzichts erkennen. Es gelinge ihm seitdem, einen Zugang zu seinen eigenen Bedürfnissen zu spüren, seine Frau habe allerdings anfangs noch irritiert auf seine direkten emotionalen Reaktionen reagiert. Im Restaurant spürt er eine Verbesserung des Arbeitsklimas. Vor allem die Selbstzweifel in Bezug auf die Richtigkeit seiner Standpunkte blieben nun aus. Dies war früher immer sehr Energie raubend gewesen.

Fallreflexion und Konsequenz
Der Fall demonstriert gut die Vorteile des körperorientierten Ansatzes in der Traumaarbeit. Der Klient war zwar seit einigen Monaten bereits in einer Aufstellungsgruppe, aber trotzdem konnte er immer noch nicht in sein Gefühl kommen. Alexander Lowen, Schüler von Wilhelm Reich und Gründer der Bioenergetik, schreibt in diesem Zusammenhang: „Um ein Gefühl zu unterdrücken, muss man die Lebendigkeit oder Beweglichkeit des Körpers dämpfen und einengen. So werden durch das Unterdrücken eines Gefühls alle Gefühle eingeschränkt." (Lowen 2014, S. 96) Das Nichtspüren ist somit primär eine körperliche Funktion, erzwungen durch muskuläre Panzerungen. Die Überlebensstrukturen bilden sich funktionsidentisch in Körper, Geist und Seele ab. Die Integration muss auf der Ebene stattfinden, auf der sich die Traumafolgen manifestiert haben – in diesem Falle auf der körperlichen Ebene.

Gerade in Familienunternehmen, und die Mehrzahl der Unternehmen in Deutschland sind Familienunternehmen, ist die Trennung zwischen Privat und Business kaum möglich. Business-Coaching ohne private Inhalte kann sich maximal auf das Optimieren von Überlebensstrukturen beziehen. Nachhaltige Veränderungen können bei der Aufrechterhaltung dieser künstlichen Trennung allerdings nicht entstehen.

7.6 Fallbeispiel: „Kein eiskalter Stein werden"

Die Klientin hat das gut laufende Feinkostgeschäft ihrer Eltern vor kurzem übernommen. Schon vor und während des Übergabeprozesses gab es vor allem zwischen ihr und der Mutter immer wieder heftige Differenzen über die Art und Weise der Unternehmensführung. Diese Auseinandersetzungen steigerten sich während des Nachfolgprozesses, sodass eine gemeinsame Arbeit in den Geschäftsräumen fast unmöglich wurde.

Die Eskalationen konnten jederzeit und an jeder Kleinigkeit ausbrechen, und sachliche Auseinandersetzungen wurden nach kürzester Zeit sehr persönlich. Es war immer das gleiche Muster: Die Tochter erkenne nicht, was die Eltern für sie getan hätten, sie sei undankbar. Dies werde von der Mutter mit einer „schockierenden Boshaftigkeit" vorgetragen. Wenn die Klientin etwas gut gemacht habe oder ihrer Mutter eine Freude bereiten wollte, könne diese sich nicht einmal von Herzen freuen. Auch der Vater bekäme regelmäßig „sein Fett ab". Es gibt dann immer wieder boshafte Sticheleien, die der Vater allerdings regelmäßig mit Schweigen quittiert. In den Geschäftsräumen, in denen die Eltern noch in Teilzeit aushelfen, führen diese elterlichen Streitigkeiten auch immer wieder zu Zwist zwischen Tochter und Mutter. Für die Tochter ist die Boshaftigkeit ihrer Mutter unerträglich. Sie achte dann nicht mehr auf die Argumente, sondern reagiere auf den „herrischen lauten Ton". An die Inhalte der Streitigkeiten könne Sie sich danach aber kaum noch erinnern. Sie habe bereits eine tief sitzende Angst, ihren Mitarbeitern gegenüber auch so zu reagieren. Erste Anzeichen dafür gäbe es, da die Angestellten sie bereits auf ihre „schroffe und kühle Art" in Stresssituationen hingewiesen hätten. Sie sei dann für Argumente nicht mehr zugänglich und gehe auf Abstand.

Die Klientin formulierte ihr Anliegen so, dass sie besser mit der Art der Mutter klarkommen wolle. Letztendlich ginge es ihr darum, nicht selber als „eiskalter Stein" zu enden. Auch in ihren privaten Beziehungen zeige sich bereits ein solches Muster, und Männer kämen mit ihrer „starken Art" nicht klar.

In einer ersten Aufstellung zeigte sich das Feld der Boshaftigkeit in Form der Großmutter „Frida". Sie war die Mutter der Mutter und schon immer die Oma gewesen, die „nichts hat durchgehen lassen". Während der Opa immer lustig gewesen sei, fiel die Oma nur durch ihre Strenge auf. Die Klientin könne sich nun erinnern, dass im Schlafzimmer der Großeltern eine Pappwand in die Mitte des Ehebetts eingezogen worden war. Sie habe damals, schon als Teenager, ihre Mutter gefragt, wofür so etwas denn gut sei. Aus den sehr kryptischen Antworten habe sie für sich selbst stimmig geschlossen, dass die Hochzeitsnacht, in der auch die Tante gezeugt worden sei, eine „grausame und brachiale" Erfahrung für die Oma gewesen sein müsste.

In der anschließenden Körperarbeit zeigten sich starke Rücken- und Nackenpanzerungen. Des Weiteren fiel es der Klientin schwer, klar zu sehen. Nach kurzer Innervierung der betreffenden Zonen durch Körperarbeit war das gesamte innere Erleben der Großmutter in der Klientin präsent und verdichtete sich zu dem Satz: „Lass mich hier raus!" Dieser gewichtige Satz wurde dann in zwei EMI-Reihen integriert. Die Anspannung der Klientin ließ deutlich nach, und der Satz änderte sich in „Ich bin raus."

Um die seelische Unterscheidungsfähigkeit der Klientin zu stärken, wurde in der folgenden Sitzung die Boshaftigkeit als Innere Person im Voice Dialogue betrachtet. Sie zeigte sich als mürrische und wortkarge Gestalt, die sich alles in allem unverstanden fühlte. Sie entsprang dem historischen Kontext der Großmutter und sei eine schützende Instanz. Den eigenen Willen zu bewahren, sich nie mehr den Willen anderer aufzwingen lassen, das sei ihr Ziel, das sie seitdem erfolgreich verfolge. Ihre Grundüberzeugung sei dabei: „Keiner will mir etwas Gutes!" Die Klientin auf dem Stuhl nehme sie nicht wirklich ernst. Sie wolle sie ja nur loshaben, verstünde jedoch gar nicht, dass sie zu ihrem Schutze dort sei. Wenn sie nicht wäre, wäre die Klientin schon längst unter die Räder gekommen.

Die Klientin war von der Haltung dieser Inneren Person geschockt. Da die Klientin nun sichtlich aufgewühlt war, haben wir uns für eine EMI-Reihe entschieden, und zwar mit der Ladung des Satzes „Keiner will mir etwas Gutes!". Der Klientin wurde nun klar, dass sie diesen Satz von ihren weiblichen Ahnen, allen voran der Mutter, übernommen hatte, die alle hinter jeder Handlung, vor allem im Geschäft, eine Berechnung oder Manipulation vermuteten. Der Klientin begegne dieser Satz vor allem in Situationen, wenn Mitarbeiter ihr Vorschläge machten. Dann bekomme sie auch schnell Zweifel über deren Absichten, die dahinter stecken könnten. Im Prinzip sei ihr klar, dass man es nur gut mit ihr meine, trotzdem mache sie vor allem in Stresssituationen bei diesem Punkt schnell „zu".

Nach der EMI-Reihe hatte die Klientin noch körperliche Blockaden, das klare Sehen und freie Atmen fiel ihr schwer. Mit wenigen körperlichen Interventionen konnten die Blockade am Hals und in der oberen Brust aber wieder gelöst werden. Während der Körperarbeit setzten bei der Klientin immer wieder zwanghafte Gedanken ein. Diese Gedanken würden die körperliche Überflutung, die sie als ihre Hilflosigkeit beschrieb, quasi ausschalten. Der Kopf rief mit lauter Stimme: „Da musst du jetzt durch!"

Dieselbe innere Stimme wurde dann Gegenstand eines weiteren Voice Dialogues. Die zugehörige Innere Person zeigte sich als die Instanz des transgenerationalen Vergessens, die selber keine Verbindung zur Boshaftigkeit hatte. Das Vergessen setze immer genau dann ein, wenn eine Überflutung beginne. Die Erinnerungen daran löscht das Vergessen einfach. Würde es das nicht tun, hätte die Klientin weder eine schöne und unbekümmerte Kindheit haben noch ihre Unbeschwertheit

7.6 Fallbeispiel: „Kein eiskalter Stein werden"

erhalten können. Im dialogischen Miteinander wurde diese Beschützereigenschaft ausdrücklich gelobt. Der Person wurde vom Begleiter jedoch mitgeteilt, dass die Leichtigkeit der Klientin bereits angeschlagen sei. Durch das Vergessen könne sie keine Situation gründlich reflektieren. Da das zu reflektierende ja gelöscht sei, könnten aus den Erfahrungen auch keine Lehren gezogen werden. Schlussendlich sei sie, d. h. die Innere Person, ungewollt der Motor des „Untergangs der Leichtigkeit". Denn die Klientin verfalle zunehmend ins Grübeln und „kriegt die Dinge im Kopf nicht zusammen". Die innere Instanz des Vergessens konnte sich mit diesem neu gewonnen Bewusstsein dazu bewegen, ihre Aktivitäten auf alltägliche Dinge zu beschränken. Sie habe kein Interesse daran, dass die Klientin ihre Leichtigkeit verliere.

In der folgenden Sitzung berichtete die Klientin von leichten Verbesserungen im beruflichen Umfeld. Sie sei bis etwa drei Uhr nachmittags leistungsfähig, ab dann setze aber wieder das Grübeln und Nicht-denken ein. Beides geschähe im Wechsel, mit der Konsequenz, dass sie sich nicht mehr konzentrieren könne. Manchmal „erwischt" sie sich beim Spielen auf dem Handy, in diesen Momenten ärgere sie sich sehr über sich selbst und bekomme ein schlechtes Gewissen. Sie flüchte einfach irgendwie aus der Realität und könne dies nicht selber stoppen.

Im Voice Dialogue zeigte sich erneut die Instanz des Vergessens, und zwar dieses Mal wieder sehr nah mit den Händen auf den Schultern der Klientin. Sie müsse sie beschützen und dies gelänge eben am besten durch das Ausschalten der Gedanken; sie beschütze vor Überflutung, einer noch größeren Kraft, die alles „in Gefahr" bringen könne. Die Klientin sprach nun selber das erste Mal von der vorherigen Instanz als von „ihrem Beschützer". Sie kenne ihn schon lange, sei aber mit den Folgen ihres Handelns immer weniger einverstanden. Sie wolle nun endlich wissen, wovor er sie beschütze. Sie wisse, „dass wir noch nicht am Kern waren". Mit dieser Motivation stellte sich die Klientin in das Feld hinter dem Beschützer. Sie könne in diesem Feld kaum stehen, es fühle sich schwer an, und im Prinzip empfinde sie hier nur Gleichgültigkeit. Ihren Körper könne sie überhaupt nicht fühlen. Nach einigen Impulsen auf körperlicher Ebene reagiert die Klientin mit starker Abwehr. Wütend schreit sie heraus „Ich will kein Opfer mehr sein!" Dieser gewichtige Satz, der zum transgenerationalen Feld gehörte, wurde mit EMI und Körperarbeit integriert. Während des Prozesses sagte die Klientin auch noch „Jetzt sehe ich sie alle, die Täter und Opfer in meiner Familie. Es geht schon ewig so. Auch im Geschäft. Manchmal teile ich aus und ich spüre nichts mehr dabei. Dann kann ich auch nicht anders. Aber jetzt will ich das nicht mehr!". Im Abschluss des Voice Dialogues zeigte sich „der Beschützer" mit mehr Abstand und Gelassenheit. Er traue der Klientin nun wesentlich mehr zu. Der Klientin wurde bewusst, wie sehr das Chaos und die Gefühlskälte als Folge der Erfahrungen der Ahnen sie erfasst hatte. Sie könne sich nun vorstellen, mehr auf ihre innere Stimme zu hören. Ihre „Angst vor dem Kern" sei nun verschwunden.

Fallreflexion und Konsequenz
Voice Dialogue war die tragende Methode zur Förderung des seelischen Unterscheidungsvermögens der Klientin. Der Fall zeigt, wie wichtig die Kenntnis der eigenen seelischen Landschaft bei der Integration von Traumata ist. Es handelt sich um ein inneres System mit klarem Machtgefälle, d. h. es gibt machtvolle und weniger machtvolle Instanzen, aber alle beziehen sich aufeinander innerhalb dieses Machtkomplexes. Manche Instanzen sind selbst schon die Folge der Folge von Existenziellen Grenzerfahrungen und stehen somit in Bezug zu ihnen. Ohne die In-Bezug-Setzung zur Existenziellen Grenzerfahrung kommen wir nicht „zum Kern". Die übernommenen Einstellungen und gewichtigen Sätze der Ahnen waren bereits Folgen der Folgen der Existenziellen Grenzerfahrungen der Ahnen. Die Klientin war durch Geburt in das so geformte Familiensystem mit diesen seelischen Leitmotiven verstrickt. Ursprünglich gab es allerdings eine Täter-Opfer-Dynamik, die bereits das gesamte System durchdrungen hat. Die mächtige Instanz des transgenerationalen Verdrängens ist *der* Schutzwall gegen die Überflutung aus dieser destruktiven Dynamik. Sie ist eine Instanz im Unbewussten, die kraft des Verdrängens auch die Quelle eines genauso machtvollen Widerstandes ist. Der Widerstand zeigte sich hier in der Abschaltung des Denkens und Fühlens. Insofern war die ergänzende Körperarbeit das Mittel zur Überwindung des Nicht-Fühlens, was funktionsidentisch mit Widerstand ist. Die Dinge sollen nicht durch ein Gefühl spür- und sichtbar werden. Wieder in ihrem Gefühl angekommen, konnte die Klientin zum „wahren Kern" durchbrechen – der Täter-Opfer-Dynamik.

7.7 Fallbeispiel: „Ich habe keinen Bock auf Vertrieb"

Ein Manager der Telekommunikations-Branche wurde von seinem Chef zu einem Business-Coaching ermutigt. Er solle, so der Auftrag, mehr Führungsstärke bekommen und lernen, mehr zu delegieren. Der Chef habe Angst, dass er bei dem Versuch, die Dinge „an sich zu reißen", zu viel Energie verliere. Er müsse vielmehr lernen, abzugeben und bereit sein, sich eine Struktur „unter ihm" einzurichten.

Während des ersten Interviews mit der Führungskraft hat der Klient die Entwicklungsziele seines Chefs bestätigt. Er würde sich darüber freuen, weniger im operativen Geschäft mitmischen zu müssen, denn bisher kamen immer mehr Aufgaben hinzu. Nach kurzer Zeit erklärte der Manager, der momentan der offizielle Vertriebschef der Firma war, dass er eigentlich „keinen Bock auf Vertrieb" habe.

7.7 Fallbeispiel: „Ich habe keinen Bock auf Vertrieb"

Dass er dort sei, habe sich eher historisch entwickelt, da er die Sache gut beherrsche. Er könne gut mit den Kunden umgehen und im Sinne der Firma verhandeln. Mittlerweile sei ihm aber vielmehr daran gelegen, strategischer zu arbeiten. Er möchte mehr Unternehmer sein. Was ihn bis jetzt darin gehindert habe, sei ein mangelnder Fokus. Es falle ihm schwer sich Zeit für die großen Entscheidungen zu nehmen, bzw. sie anzugehen. Er verfange sich, und da gibt er seinem Chef ausdrücklich Recht, häufig in Kleinigkeiten. Das schnelle Geschäft des Vertriebsalltags könne er perfekt erledigen. Das Große bleibe jedoch aus, wird vertagt und irgendwie schiebe er es vor sich selbst her. Er finde auch immer wieder gute Ausreden, diese strategischen Dinge nicht anzugehen.

In der ersten regulären Sitzung berichtet der Klient, dass es ihm auch anfangs schwer gefallen sei, dem Unternehmenschef seine „großen" Ideen ohne Umschweife schildern zu können. Inzwischen habe er den Dreh heraus, aber es ginge nie wirklich direkt, sondern müsse so gestaltet werden, dass der Chef glaube, die Ideen kämen von ihm selber. Es gebe da auch insgesamt eine Verunsicherung bei ihm, da er nicht wisse, wo der Chef mit der Firma hinwolle. Zwar sei er in einer Schlüsselfunktion, aber der Chef habe als Firmeninhaber die Zügel selbstverständlich in der Hand. Obwohl er das operative Geschäft dominiere, wolle er seine Macht zur Durchsetzung seiner Ziele jedoch nicht missbrauchen.

Da die Unsicherheit des Klienten über die Motive des Chefs die stärkste Blockade hinsichtlich seines Entwicklungsziels zu sein schien, haben wir zuerst eine Aufstellung durchgeführt. Das Anliegen des Klienten bezog sich auf „die schwierigen Gespräche mit dem Chef". Es zeigte sich, dass der Klient den Chef als „Übermacht" wahrgenommen hatte. Diese Übermacht wiederum zeigte sich bereits im Familiensystem des Klienten in Form seines Vaters. Sie war als lähmende Bedrohung im historischen Kontext des etwa dreijährigen Klienten entstanden, der zusehen musste, wie sein Vater die Mutter körperlich misshandelte. Der Klient hatte dieses Ereignis verdrängt, konnte sich aber während der Aufstellung wieder an die Szenen erinnern und das Erleben des Stellvertreters bestätigen. Der traumatisierte kindliche Anteil war sichtlich erstarrt und angespannt. Dieser abgespaltene kindliche Anteil wurde anschließend mit einer EMI-Sitzung wieder integriert, da der Klient seine Situation in einem gewichtigen Satz formulieren konnte.

In der folgenden Sitzung haben wir dann erneut mit dem Anteil gearbeitet, der sich „in den Weg stellt". Da dieser Anteil für den Klienten bereits eine klare und sehr dominierende Gestalt in seinem Leben eingenommen hatte, war der Voice-Dialogue die am besten geeignete Methode. Der Anteil zeigte sich als personifizierte Übermacht – deckungsgleich mit den Erfahrungen aus der Aufstellung. Dort war weder Raum noch Anerkennung für den Klienten. Im Prinzip hatte sich die innere Gestalt über die Bestrebungen des Klienten lustig gemacht. Nach einiger Zeit des dialogischen Miteinanders hatte sie sogar auf eine zweite Instanz hingewiesen, mit der sie „erfolgreich" zusammenarbeite.

Diese zweite innere Gestalt stellte sich als die Angst im Klienten vor. Sie erhalte Signale von der Übermacht, wenn der Klient sich auf eigenen Bahnen bewegen wolle. Dann sende ihr die Übermacht Bilder, die sie mit Angst ausmalt. Sie selber habe eigentlich keine Idee, aber sie könne die Bilder so füllen, dass der Klient am Ende gelähmt sei und von seinem Vorhaben ablasse. Das sei alles, was sie täte, und funktionieren würde es bis jetzt immer hervorragend. Auf den Ausgangsstuhl zurückgekehrt zeigte sich der Klient sehr beeindruckt von der „lähmenden Dynamik", die er durch den Voice Dialogue in sich wahrnehmen konnte.

Nach etwa zweiwöchiger Pause berichtete der Klient von starker Müdigkeit, die ihn bereits zwischen 20 und 21 Uhr einschlafen ließe. Er sei dann wie abgeschaltet. Durch den Versuch, die Gestalt der Müdigkeit als Person anzusprechen zeigte sich, dass sie nur ein reiner körperlicher Zustand ohne persönlichen Charakter war. Allerdings wurde von ihr ausgehend ein neuer Aspekt im Klienten sichtbar, der sich als die innere Gestalt der Klarheit zeigte. Sie war von einer energetischen Qualität, wie sie dem Klienten so noch nicht anzumerken gewesen war: Ruhig, gelassen und dabei sehr selbstsicher. Nach Minuten des dialogischen Miteinanders stellte sich heraus, dass sie jetzt erst aus ihrem Schlaf erwacht war. Sie stünde dem Klienten bei wichtigen Entscheidungen zur Seite. Allerdings obliege es ihm, sie anzuhören. Sie spreche nicht mit lauter Stimme, sondern man müsse kommen und ihr zuhören. Es sei da aber noch eine andere Stimme, die lauter und schriller sei und auf die der Klient momentan noch eher höre als auf sie.

Der „Gegenspieler" der ruhigen Klarheit ist die personifizierte Ungeduld. Sie ist grundsätzlich schnell und hat immer pragmatische Ideen, um Dinge zügig lösen zu können. Sie ist für die operativen Dinge zuständig. Sie treibe den Klienten an, denn ohne sie würde er den Vertriebsalltag nicht bestehen können. Mit der Klarheit habe sie keine Probleme, solange die Dinge erledigt werden. Probleme bekomme sie nur mit Menschen, die nicht an Lösungen interessiert sind und sie verlangsamen. Es war für den Klienten sehr angenehm zu erkennen, dass er über diese Qualität verfügt. Es wurde ihm jedoch nun umso klarer, dass es an ihm liege, für die gesunde Mischung aus Ruhe und Aktivität zu sorgen. Die Anteile erfüllen immer nur eine Funktion, für die Herstellung der Balance aber sei er selbst zuständig.

Als Überprüfung – im Vergleich zur Ausgangssituation – haben wir erneut die Innere Person befragt, die sich als Übermacht in den Weg stellte. Diese zeigte sich nun aber nicht mehr als im Weg stehend, sondern wie verwandelt als ruhige Instanz. Sie sei die Ausgangssituation vor wichtigen Entscheidungen und ein Ort der Ruhe und der Kraft. In ihr liest der Klient ein Buch und verbringt Zeit nur mit sich selbst, ohne Ziel und Zweck. Sie erinnere sich, dass sie vor langer Zeit bereits auf diese Art und Weise Kraft und Inspiration getankt habe.

In der Abschlusssitzung stellte der Klient seinen Plan für eine Stelle als Geschäftsführer vor. In einer Organisationsaufstellung haben wir sein Organigramm und die zu besetzenden Stellen auf Verträglichkeit und Blockaden hin überprüft. Die Ergebnisse dieser Sitzung hat der Chef nicht nur angenommen, sondern auch alle Maßnahmen zur Schaffung der neuen Position in die Wege geleitet.

Fallreflexion und Konsequenz
Der Fall zeigt eindrücklich, wie wichtig es für den Coach ist zu wissen, mit wem man es beim Coaching zu tun hat. Ohne Voice Dialogue können wir nicht erkennen, dass es eine unbewusste Überlebensstrategie ist, die uns gegenüber steht. Dieser Anteil ist gegenüber Reflexionen, Ratschlägen und Tipps bezüglich Führung, Strategie, Leadership, etc. mehr als immun. Sobald es zu den „großen Dingen" kommt, geht der Anteil in Widerstand. Denn er steht nach wie vor im Banne der mit ihr verknüpften Existenziellen Grenzerfahrung in der Kindheit des Klienten.

Die vitale Lebensenergie und damit auch die Kreativität und Problemlösungskompetenz waren überlagert von der Grundstimmung der Existenziellen Grenzerfahrung: „Nicht bewegen, das ist zu groß und mächtig für dich." Das, was sich in den Weg stellte, war also die Gestalt gewordene Schockladung der traumatischen Erfahrung. Getriggert wurde das Innere Erleben durch den Chef, der seine Macht wiederum aus anderen Gründen zelebrierte.

Überlebens-Ich als Motor und Bremse
Der Klient war Meister im Lösen von den alltäglichen Problemen. Diese Qualitäten sind aber schon Folgen der Existenziellen Grenzerfahrung. Der Zugang zu den „großen Herausforderungen" geschah erst durch die Lösung der überlagernden Traumafolgen, die die Enge der Überlebensstrukturen gut verdeutlichen. Seine Problemlösungskompetenz war der größte Motor des beruflichen Erfolges. Im Management angekommen bedarf es aber neuer Qualitäten strategischer Natur. Jetzt wird die „Überlebensqualität" zur größten Bremse, da sie zwanghaft und alternativlos im Klienten mächtig wirkt. Von außen kann strategische Kompetenz nicht einfach hinzugefügt werden. Es handelt sich nicht um eine Technik des Denkens, sondern um das Vermögen, über die vitale Lebensenergie in Form von Innovationskraft und innerer Ruhe, frei zu verfügen.

Pontifex oppositorum
Der Pontifex oppositorum als Mittler der Gegensatzpaare. Die Mittlerfunktion zeigt sich hier besonders deutlich anhand der Polarität zwischen ruhiger Klarheit

und Ungeduld. Das bewusste gesunde Ich kann diese Qualitäten integrieren und ausbalancieren. Damit ist auch Balance eine Folge eines gesunden Ichs, sie geschieht aus ihm heraus und kann nicht von außen oder aus pragmatischer Einsicht erfolgen. Denn ohne Bewusstsein des inneren Erlebens des Gesunden-Ichs ist die eigene Einseitigkeit dem Menschen verborgen. Er kennt nur die eine Seite und kann folglich keinen Unterschied feststellen.

Machtmissbrauch und Machtverzicht
Das freie Annehmen und Ausüben von Macht ist nicht möglich, wenn Machtmissbrauch das zentrale Thema einer Existenziellen Grenzerfahrung ist. Hier kann es nur zwei Extreme geben, die der Täter-Opfer-Spaltung entspringen. Zum Täter werden und ebenfalls Macht missbrauchen oder sich mit dem Opfer identifizieren und auf Macht verzichten, was bis zur Selbstbestrafung gehen kann. Jedoch ist der bewusste Machtverzicht eine verdeckte Form eines Verhaltens, das von außen meist noch als selbstlose Handlung sozial honoriert wird. Fakt ist jedoch, dass eine Top-Führungskraft ihre Macht einsetzen soll und muss, um die strategischen Ziele zu erreichen. Machtvakuum, als Folge von Nichtausübung, ist ein grundsätzlicher Konfliktherd im Unternehmen, da er immer viele Unsicherheiten in der Belegschaft erzeugt.

7.8 Fallbeispiel: „Mein Unwille"

Der 45 jährige Chef einer Baufirma beklagt sich über seine Arbeitsbelastung. Er gehe momentan förmlich in Arbeit unter. So könne es auf keinen Fall mehr weiter gehen, weil es ihn sonst bald „zerreißen" würde. Er habe schon einige konkrete Ideen entwickelt, um Abhilfe zu schaffen und die Arbeit besser zu organisieren, begegne dabei allerdings wieder einem ihm altbekannten Problem: seinem Unwillen. Immer dann, wenn er ein konkretes Vorhaben ins Auge gefasst hat, zeigt sich bereits nach kurzer Zeit ein Unwille in ihm, gegen den er nichts unternehmen könne. Er verliere dann rasch seine Motivation, die Idee bis zum Ende zu führen. So verzögern sich die Dinge unweigerlich oder kommen erst gar nicht zur Verwirklichung.

Nach der Familienanamnese wurde Voice Dialogue als tragende Methode der Arbeit gewählt. Der Unwille zeigte sich direkt hinter dem Stuhl als zornig, wütende Innere Person des Klienten. Ihre Hände drückten auf die Schultern des Klienten und erlaubten ihm keine ausweichende Bewegung. Die Person sprach während des Voice Dialogues kein einziges Wort. Ihre Gestik und Mimik waren jedoch unmissverständlich: Dieser hier gehört mir!

7.8 Fallbeispiel: „Mein Unwille"

Wieder auf dem Stuhl sitzend erinnerte sich der Klient an verschiedene Szenen seines Lebens, die dem Verhalten der inneren Person entsprachen. Für den Klienten zeigte sich dies in seiner Familiengeschichte als Rückhaltlosigkeit. Er kannte die Erfahrung, dass man ihm in den Rücken fiel, statt ihm eine Unterstützung in Form einer ausbleibenden Rückendeckung zu geben. Ein Schlüsselereignis sei eine Begegnung mit der Polizei im Alter von 13 Jahren gewesen. Man habe ihn damals bezichtigt, einen Fahrradunfall eines Mädchens provoziert zu haben. Auf der Polizeiwache habe er glaubhaft seine Unschuld erklären können. Er wäre ganz "cool" geblieben und hätte "seine Show abgezogen". In diesem Moment ist ihm jedoch der Vater mit den Worten "Sei nicht so vorlaut!" ins Wort gefallen. Daraufhin sei bei ihm alles zusammengebrochen. Er habe sich verraten und im Stich gelassen gefühlt. Im Prinzip sei dies jedoch stellvertretend für die ganze Männerlinie gewesen. Es sei eine männliche Energie, die ihn da zurückhalte. Es wäre fast so, als ob sie sagen würde: „Der kriegt das nicht, was wir auch nicht hatten!"

In der folgenden Aufstellung präsentierte sich das Anliegen des Klienten als zorniger Repräsentant, der augenscheinlich sofort in den Zweikampf "Mann gegen Mann" gehen wollte. Der aufgestellte historische Kontext zeigte sich als Sportwettkampf oder Faustkampf zwischen Jugendlichen. Der Stellvertreter spürte in seiner Position die nähere Gegenwart und die Vorkriegszeit gleichzeitig. Der die Wut tragende Anteil zeigte sich weiterhin kampfbereit, ohne jedoch Bilder oder Erinnerungen zu haben.

Nach kurzer Körperarbeit im Nacken- und Rückenbereich sagte der Klient: „Ich habe keine Lust mehr zu kämpfen!" Er erinnerte sich nun an verschiedene Szenen seines Lebens und war wütend über die mangelnde Unterstützung, die er so oft verspürt hatte. Am Ende sei es aber der gesamten Männerlinie so ergangen, seit Generationen. Gegen seine Vorfahren sprach der Klient erbost: „Ihr seid kein Rückhalt." Mit einer EMI-Sequenz wurde die Ladung des Satzes entschärft. Der Klient erkannte nun, dass er eigentlich im „Clan" immer der Schwächste war. Der Satz „Ich war immer der Schwächste" wurde mit einer weiteren EMI-Sequenz integriert. Dabei aufgetretene Blockaden der Augen- und Mundsegmente wurden mit Körperarbeit gelöst. Zum Ende hin konnte der Klient frei atmen und entspannt stehen. Das Gefühl der Schwäche hatte sich in Ruhe verwandelt.

Die Sitzung endete am Ausgangspunkt des Voice Dialogues. Die vorerst wütende innere Person zeigte sich nun deutlich entspannter. Die Hände lagen nun nicht mehr auf den Schultern des Klienten. Auf die Frage, ob sie sich nun zurückgezogen hätten, antwortete innere Gestalt: „Ja, er kann nun schon selber auf sich aufpassen".

Fallreflexion und Konsequenz
Durch die Traumaarbeit wurde, und zwar sowohl symbolhaft als auch tatsächlich die über der Person stehende Kompetenz der Überlebensstruktur auf den Klienten

selber übertragen. Das Gewicht der Kompetenzen hat sich zugunsten des Klienten, also zugunsten seines gesunden Ichs, verlagert. Seine seelische Mitte hatte somit Lebensraum und Autorität hinzugewonnen.

Das Leitmotiv der Seele, hier „ich bekomme keinen Rückhalt", gehört meist nicht uns, sondern wird über Generationen im Inneren Erleben weitergetragen. Wir erkennen das eigene erst nach Herauslösung des Fremden. Vorher gibt es allerdings nichts eigenes, außer die individuelle Adaption an das Familiensystem. Das Innere Erleben wird allzu häufig bestimmt durch das „Erbe der Muster und Gestalten" (R. M. Rilke) der Ahnen.

Du zuerst mächtige und zornige Gestalt hinter dem Klienten steht für die Instanz des transgenerationalen Verdrängens. Die Rückhaltlosigkeit ist ein tief sitzendes Muster der gesamten Männerlinie und hat eine mächtige Täter-Opfer-Dynamik erzeugt. Den Klient zurückzuhalten ist aus Sicht dieser inneren Gestalt der beste Schutz gegen zukünftige Enttäuschungen. Aus der Zwecklogik des Überlebens heraus, zeigt sich selbst Widerstand gegen „gutgemeinte" Vorhaben. Das Risiko des Scheiterns aufgrund mangelnden Rückhalts ist für dieses seelische Instanz einfach zu groß. Ohne innere Bewegung dieser Überlebensstruktur, kann es keine nachhaltige Lösung auf Sachebene geben, gleichgültig wie sinnvoll und gut durchdacht die Vorhaben sein mögen. Störung hat Vorrang.

7.9 Fallbeispiel: „Den höheren Dingen verpflichtet"

Ein etwa 40jähriger Bio-Lebensmittel Händler ist in einer schweren finanziellen Krise. Durch zu wenige Einnahmen aus den laufenden Geschäften, hohen laufenden Kosten und Verbindlichkeiten aus der Vergangenheit kommt er „kaum noch zum Atmen". Er habe das Gefühl regelrecht „abzusaufen", sehe kein Land mehr und die Last der Schulden erdrücken ihn schier. Er bemerkt, dass er das Thema Geld und Finanzen am liebsten völlig ausblenden und ignorieren wolle. Er sei ein guter Verkäufer, seine Bio-Produkte zum Teil einzigartig und die Kunden schätzen ihn sehr. Was ihm jedoch schwer falle, ist Preise zu erhöhen und harte Verhandlungen mit Lieferanten zu führen. An beiden Ecken fehle es dann schlussendlich. Er habe immer geglaubt, dass es mit genügend Kunden schon hinhauen werde, doch nun muss er erkennen, dass er irgendwie ein Träumer sei, also eben alles andere als ein erfolgreicher Kaufmann. Er könne sich allerdings nicht erklären, warum es ihn trotz aller Intelligenz, nicht gelingt die Finanzen in den Griff zu bekommen. Sein Anliegen formuliert er so: Ich möchte mir den Teil anschauen, der die Finanzen am liebsten ausblenden möchte.

Nach einer Aufstellung des Anliegens zeigte sich das Anliegen als verlorener Anteil. Es fehle ihm der Bezug zur Welt und es wandle in Orientierungslosigkeit.

7.9 Fallbeispiel: „Den höheren Dingen verpflichtet" 177

So fixierte es sich auf den Klienten und alles andere wurde ausgeblendet, kein Weitblick noch Durchblick, eher eine starre Fixiertheit, die den Raum um sich herum nicht erkennen konnte oder wollte. Der Träger dieser Orientierungslosigkeit zeigte sich in einem weiteren Stellvertreter als starke Naivität: „Die Welt ist gut!" Blumen, Wasser, Tiere und auch die Menschen, alles schien gut, schön und faszinierend. Etwas Böses gab es in dieser „Welt der Wunder" nicht.

Der Klient erkannte im Stellvertreter seinen mexikanischen Großvater wieder, der selber in den Tropen als Epidemiologe gearbeitet hatte. Er habe sein ganzes Leben der Forschung gewidmet und wollte den Menschen mit seinen Erkenntnissen eine Hilfe gegen schwere Krankheiten sein. Der hernach aufgestellte historische Ursprungskontext dieser Haltung des Großvaters zeigte eine Atmosphäre von Züchtigung in Form von Backpfeifen und Schlägen auf die ausgestreckten Hände. Dem Klienten fiel nun wieder ein, dass der Großvater indianischer Abstammung in einem jesuitischen Internat zur Schule gegangen wäre. Er habe allerdings immer sehr stolz von dieser Zeit erzählt und das ausgiebige Wissen seiner geistlichen Lehrer betont. Von Schlägen und Strafmaßnahmen habe er nie berichtet. Der durch den Aufstellungsleiter aufgestellte kindliche Anteil des Großvaters verhielt sich wie ein sehr lebhaftes Kind, das kaum zu bändigen war. Weder aggressiv noch hyperaktiv, entsprach es einem Jungen mit sprühender Vitalität. Der Stellvertreter des Großvaters zeigte sich nun sehr aufgeregt und nicht einverstanden mit dieser „Wildheit". Er wolle diesen Anteil nicht annehmen, ja er schäme sich geradezu dafür. Sich so zu verhalten sei nicht im Sinne eines zivilisierten Geistes, noch entspräche es einem kultivierten Menschen. An diesem Punkt wurden zeitgleich körperliche Impulse am Klienten und am Stellvertreter des Großvaters gegeben. Es zeigten sich starke Muskelpanzerungen im Waden- sowie Nackenbereich. Mehr und mehr konnte der Stellvertreter des Großvaters die Schläge der Lehrer empfinden und mit jedem Schlag wuchs in ihm die Kraft des Geistes. Ein Geist der weder Schmerz fühlt, noch an diese irdische Welt gebunden ist. So wurde der Geist immer williger, während das schwache Fleisch keinen Schmerz mehr fühlte. Der Stellvertreter, von dem alle diese Aussagen selber kamen, war wie in Trance – etwas Höherem verpflichtet.

Das Anliegen erstarrte währenddessen mehr und mehr. Nachdem auch an ihm körperlich gearbeitet wurde, kam der Stellvertreter des Großvaters immer mehr in seinen Körper zurück. Seine ausgestreckten Arme und Hände schmerzten und er konnte langsam aber sicher seinen eigenen kindlichen Anteil ansehen und erkennen. Schließlich konnte er sich ihm in einer langen Umarmung wieder ganz zuwenden. Der Stellvertreter beschrieb diese Wieder-Vereinigung jedoch nicht als Rückfall, sondern als ein Zugewinn: „Ich erkenne das Geld nicht das höchste im Leben ist, aber ich erkenne an, das es die Grundlage in dieser Welt ist." Nach einer Grenzziehung zwischen den verstrickten Anteilen des Großvaters und dem System des Klienten entspannte sich das Anliegen spürbar. Der Raum war nun klar wahrnehmbar. Der Klient selber spürte die wiedergewonnene Einheit des Großvaters und wie sie als Verbindung von Geist und Natürlichkeit auch seine Seele berührte. Idealismus und höhere Ziele waren nun kein Gegensatz mehr zu der Erkenntnis und dem Umgang mit den „weltlichen und profanen" Dingen. Der Klient - ebenso wie der Stellvertreter des Großvaters - verspürten nun großen Tatendrang und vitale Kraft, die Dinge hier auf Erden angehen zu wollen, forschend und doch im echten Kontakt mit Mensch und Umwelt.

Fallreflexion und Konsequenz
Der Fall zeigt wie der Geist in Folge einer Existenziellen Grenzerfahrung zur DER bestimmenden Überlebensstruktur eines Menschen werden kann. Geist in seiner unpersönlichen Form spürt keinen Schmerz noch ist er an körperliche Grenzen gebunden. Für den Großvater, gefördert durch das geistliche Umfeld des Internats, war es die Schutzinstanz, die mit der Zeit die ursprüngliche vitale und weltbezogene Persönlichkeit ersetzt hat. Sie half dem jungen Großvater ein hervorragender Schüler und Forscher zu werden. Das Ansammeln von Wissen und die idealistische Bestrebung waren in diesem konkreten Fall gleichzeitig ein „weg von" den Schlägen und der Züchtigung, mit denen sich die ursprüngliche Seite des Großvaters vor erneuter Gewalt schützte.

In der Traumaarbeit, die methodologisch immer eine „Hin-zu"-Bewegung ist, konnte die geistige Überlebensstruktur sich wieder dem ursprünglichen und vitalen kindlichen Anteil zuwenden. Die eigene Ablehnung dieser „wilden" und ungestümen Seite entsprang der Identifikation mit den Tätern, die sich präventiv gegen ihn selber richtete. Wie konnte man der strafenden Übermacht besser entfliehen, als ihre Werte und Ansichten zu den eigenen zu machen? Er wollte nicht mehr länger ein „Wilder" sein. Die vitalen Instinkte nach Selbstbehauptung, Ausdruck von Gefühlen und der Schaffung eigenen Raumes und eigener Grenzen mussten sich den starren Formen der Erziehung im Internat fügen. Das Potenzial der gesunden Strukturen war insofern bereits auf Instinktebene erheblich eingeschränkt worden. Gesunde Strukturen, zu denen auch eine klare Sicht der Dinge in der Welt gehört, konnten sich so nur in einem engen Rahmen herausbilden. So überwog im Großvater eine verklärt-naive und idealistische Weltsicht, die sich kaum mit den materiellen Gegebenheiten und den nötigen weltlichen Dingen – dazu gehören auch die Finanzen – auseinandersetzen wollte und konnte.

Der Klient, selbst ein überzeugter Bio-Händler, folgte unbewusst diesem Muster des Großvaters. Seine Qualitäten halfen ihm einzigartige Produkte zu finden und den hohen idealistischen Ansprüchen seiner Kunden gerecht zu werden. Jedoch hatte er kaum Zugang zu einem realitätsnahen Umgang mit Geld. In der Trauma-Aufstellung konnte dieser verstrickte Anteil mit dem Großvater wieder integriert werden und die abgespaltene vitale Kraft im Klienten so wieder in Fluss kommen.

Der Fall zeigt damit deutlich, dass gesunde Strukturen selber keine a priori gegebenen Strukturen im Menschen sind, sondern auf gesunden vitalen Instinkten aufbauen. Ist bereits die Instinktebene von Traumastrukturen überlagert, ist auch das Potenzial der gesunden Strukturen eingeschränkt.

7.10 Fallbeispiel: „Keine Sexualität in der Ehe"

Ein erfolgreicher Unternehmer Mitte fünfzig befindet sich in einer sehr verfahrenen Situation. Während die Sexualität mit seiner Ehefrau in den letzten drei Jahren zum Erliegen gekommen ist, fand er einen gewissen Ausweg in der diskreten Alternative, die das älteste Gewerbe der Welt anbietet. Seine Ehe verlaufe alles andere als harmonisch, der Kinder wegen wolle er diese „funktionale Zweckgemeinschaft" jedoch nicht gefährden. Wenn er ehrlich zu sich ist, dann muss er zugeben, dass sich in seiner sexuellen Vitalität eine Polarität eingestellt hat: während er seine Sexualität im Beziehungskontext nicht mehr ausleben kann, erlebt sie in einem Kontext ohne Beziehung und Liebe einen unverhofften Aufschwung. Letzten Endes sei er mit diesem Zustand jedoch auch nicht zufrieden und möchte daher den Ursachen dieser Gegensätzlichkeit näher auf den Grund gehen.

In der anschließenden Sitzung wurden die zwei gegensätzlichen Anteile des Klienten aufgestellt: derjenige Anteil, der im Beziehungskontext seine vitale Energie in der Sexualität nicht erleben konnte, sowie der zweite Anteil, der nur in einem unpersönlichen Kontext einen Aufschwung seiner Libido erlebt. Der Stellvertreter des ersten Anteils zeigte sich als eine Gestalt, die sich förmlich zu Tode abrackerte. Sie entsprach einer Bäuerin, die nichts anderes als harte Arbeit kannte und deren Gedanken sich jederzeit nur um das pure Überleben drehten. Der dazu aufgestellte Ehemann der Bäuerin blickte ernüchternd auf seine müde, erschöpfte Frau, die keineswegs vital, geschweige denn sexuell anziehend wirkte. Der einzige Ausweg, den das damals streng katholische Milieu erlaubte, waren Besuche bei leichten Damen, die bei allen moralischen Bedenken zumindest das Erleben und Wiederaufflammen der vitalen Kraft vermitteln konnten. Der Klient berichtete nun, dass seine Familie in der Tat aus einer ländlichen Region stamme und er sich durchaus an Erzählungen des Großvaters erinnern könne, der immer wieder von den „harten alten Zeiten" sprach. Auch seinen Hang zu leichten Damen hatte er mehr oder weniger offen zugegeben. Diese harten Lebensumstände befanden sich spiegelbildlich in den Muskelverpanzerungen des Klienten, die in mehreren Sitzungen mit Körperarbeit gelöst werden konnten. Dabei zeigten sich immer wieder Bilder von zermürbender Arbeit und Trostlosigkeit, die die gesamte Vitalität aufzehrten. Mit der Zeit veränderte sich die Grundstimmung des Klienten zugunsten fließender Vitalität in seinen Lebensbewegungen.

Unabhängig von ihrem Ehemann stellte sich die Frau des Klienten in einer Einzelsitzung vor. Das Anliegen der Arbeit war zuerst ihr nicht funktionierendes Geschäft, das trotz ihres ungeheuren Fleißes und ausgesprochener Begabung kein Erfolg werden wollte. Während der weiteren Arbeit, diesmal einer Kombination aus Aufstellung und Voice Dialogue, zeigte sich der für das ausbleibende Vorankommen verantwortliche seelische Anteil der Frau als tiefe Erstarrung. Sie dürfe sich nicht bewegen, da ansonsten das Leben auf dem Spiel stünde. Sie sehe, wie der Vater die Mutter „windelweich" prügelt. Hören tue sie nichts, obwohl sie die Mutter schreien sehe. Der Vater scheine es anscheinend so zu wollen, dass sie dabei zusehe. Zumindest habe sie sich nie getraut, während der Übergriffe den Ort zu verlassen. Warum wisse sie nicht, es sei „so ein Gefühl" gewesen. Die traumatische Schockladung der Klientin konnte mit einigen EMI-Sequenzen deutlich verringert werden. Danach sprach die Klientin erleichtert aus „Es ist vorbei!" Sie habe lange Zeit nicht gewusst, wen sie mehr verachten würde, ihre Mutter, da diese sich nie gewehrt habe, oder ihren Vater, der die Mutter regelmäßig schlug. Am Ende habe sie niemand in dieser Situation geschützt. Sie habe im Geheimen beide Eltern dafür gehasst. Diesen Hass bekam unterschwellig immer wieder auch ihr Mann zu spüren. Selten direkt, sondern eher in Form einer vergifteten Atmosphäre, die sie ohne einen äußeren Anlass zu Hause verbreitete. Für ihn, das habe er ihr auch immer wieder gesagt, sei es so, dass sie verschiedene irrational Anlässe herbeischaffe, um ihre Ladung und Gereiztheit zu „begründen."

Fallreflexion und Konsequenz
Die seelische Spaltung in Folge von Existenziellen Grenzerfahrungen zeigt sich im Erstarren der vitalen Energie. Die Ursachen der Erstarrung können unterschiedlicher Natur sein. Im Falle des Mannes ist die Grundlage eine Transgenerationale Existenzielle Grenzerfahrung (T.E.G.), die wie ein seelisches Leitmotiv auch die folgenden Generationen erfasst und deren Lebensthemen prägt. Im Falle der Frau führte das Verdrängthalten einer machtvollen Täter- und Opferdynamik dazu, dass der Großteil ihrer vitalen Energie aufgezehrt wurde. In beiden Fällen verhält es sich fast wie im Sinne einer indirekten Proportionalität: Je mehr Energie für das Verdrängen der destruktiven Dynamik aus dem Ahnenfeld verwendet wird, desto weniger steht die vitale Energie in anderen – persönlichen Bereichen – zur Verfügung. So kann die Frau weder dem Mann etwas davon geben, noch der Mann sich der Frau öffnen und nähern.

Vor allem der Fall des Mannes demonstriert wie das familiäre Unbewusste, auch über Generationen hinweg, die immer gleichen Lebensthemen der Familienmitglieder bestimmt. Leopold Szondi hat es so beschrieben: „Die im Erbgut mitgebrachten Ahnen streben alle zur Manifestation. Psychologisch drückt man diesen

7.10 Fallbeispiel: "Keine Sexualität in der Ehe" 181

Manifestationsdrang als „Ahnenanspruch" aus. Da diese Ahnenansprüche zwar dynamisch, doch völlig unbewusst sind, spricht man – tiefenpsychologisch – von einem „familiären Unbewussten". Dies ist der Sitz und Wartesaal jener Ahnenfiguren, die in unserem eigenen Schicksal nach Wiederkehr streben." (Szondi 1977, S. 20) Das man sich dann ausgerechnet Partner und Lebensumstände anzieht, die besagte Wiederkehr befördern, ist vor dem Hintergrund des Heilungsimpulses der Seele (vgl. Abb. 2.9) eine zwingende Logik im Unbewussten. In diesem konkreten Fall wurde das „Abrackern" der Frau zum Trigger des transgenerationalen Musters des Mannes.

Begriffsverzeichnis

8

Existenzielle Grenzerfahrung – eine Erfahrung an der Grenze der menschlichen Möglichkeiten, die mit normalen menschlichen Kräften nicht zu bewältigen ist, sondern nur durch die Spaltung. Bei der Spaltung wird der Schock, die Angst, die Verzweiflung oder das Unzumutbare abgespalten und verdrängt. Eine Existenzielle Grenzerfahrung ist oft eine Erfahrung an der Grenze zwischen Leben und Tod. Dies kann die Erfahrungen eines Frontsoldaten betreffen oder auch das Geburtstrauma. Jede Existenzielle Grenzerfahrung ist stets in dem historischen, gesellschaftlichen und familiären Rahmen zu betrachten und zu behandeln, in dem sie entstanden ist. Deshalb kann sie nicht Gegenstand einer psychologischen Deutung sein.

Leitmotiv die verdichteten existenziellen Erfahrungen, die einen ähnlichen gemeinsamen Nenner haben, der sich wie ein roter Faden in zahlreichen Varianten durch das Familiensystem hindurch zieht, sich im persönlichen Leben des Einzelnen wiederholt und je nach Umständen und Personen in allen Lebensbereichen reinszeniert wird. Die Innenwelt und die Außenwelt bilden wechselseitig die Kulisse dieser Reinszenierung. Leitmotiv ist in diesem Sinne prinzipiell mit dem Begriff COEX (system of condensed experience) von Stanislav Grof verwandt, und die Begriffe COEX und Leitmotiv werden hier beinahe synonym verwendet. Unterschiede bestehen vor allem in der angewandten Methodologie.

Grundstimmung eine Stimmung des Daseins, sei es der Trauer, der Sinnlosigkeit, des Leer- oder Verzweifeltseins, der Gefühllosigkeit u. ä. Dieses existenzielle Gestimmtsein entsteht als Folge der Existenziellen Grenzerfahrungen im System und überlagert das Fühlen und Empfinden des Einzelnen. Da es als Grundstimmung im ganzen System präsent ist, wird es unbewusst aufgenommen und als das Eigene empfunden, während dadurch das wirklich Eigene nicht mehr als das Eigene oder überhaupt nicht wahrgenommen wird.

Spaltung Durch die Spaltung teilt sich die seelische Einheit in Traumastrukturen und Überlebensstrukturen auf (F. Ruppert 2010, S. 30 f.). Die Spaltung ist ein Automatismus des Überlebens, der im Unbewussten einen eigenen Charakter hat. Sie findet ohne den Einfluss des kognitiven Bewusstseins statt, und deshalb sind die Folgen einer Spaltung, wie auch die Spaltung selbst, nicht vom Bewusstsein zu beheben, zumal sie sich auch außerhalb seiner Reichweite befinden.

Die Spaltung ist gleichzeitig und paradoxerweise die stärkste Verbindung zwischen den Trauma- und den Überlebensstrukturen, da es keine Überlebensstrukturen ohne Traumastrukturen gibt – und umgekehrt.

Traumastrukturen durch Existenzielle Grenzerfahrungen erstarrte vitale Kräfte der Seele, in denen die Schockladungen gespeichert sind, sowie auch jene Anteile in uns, die mit traumatisierten Inhalten unserer Eltern derart identifiziert sind, dass sie in der Identifikation ihre eigene Identität sehen.

Überlebensstrukturen bilden die Adaptation auf die Umwelt heraus, bei gleichzeitigem Verdrängen und Verdrängthalten von Traumastrukturen. Somit bilden Trauma- und Überlebensstrukturen die Grundbauelemente der Architektur des Unbewussten.

Gesunde Strukturen Das ursprünglich Gesunde, falls nach einer seelischen Spaltung noch wesentlich vorhanden, kann als gesunde Struktur bezeichnet werden. Gesunde Strukturen zeigen sich als Potenzial zur Reflexion der seelischen Spaltung über ihre Folgesymptome im Leben.

Verdrängen Das Abgespaltene wird durch die Überlebensstrukturen verdrängt gehalten, damit die Existenz weiter bestehen und das Leben erhalten werden kann. So wird es zum Inhalt des Unbewussten, das eben dadurch definiert wird. Derart verdrängt, geht es jedoch nicht verloren, sondern wirkt aus der Verdrängung weiter, ohne dass es dem Betreffenden bewusst ist.

Erstarren Die vitale Kraft, die weder angreifen, noch die Flucht ergreifen kann oder im Geburtskanal nicht vorwärtskommt, muss auf die dritte Möglichkeit ausweichen: sie erstarrt. Schock, Schrecken, Ohnmacht, Verzweiflung, Ausweglosigkeit, Sinnlosigkeit, Erniedrigung, Schmerz, oder herzzerreißende Trauer – all die Existenziellen Grenzerfahrungen werden sozusagen eingefroren. Der Komplex der erstarrten vitalen Kraft wird als ein Seelen-Stück abgespalten. Dies findet parallel auch im Körper statt, da Seele und Körper eine Einheit bilden.

Erb- und Zwangsschicksal wird definiert durch unfreie Wahl in Liebe, Freundschaft, Beruf, Krankheit und Tod (L. Szondi). Es wird vorgegeben durch die unbewussten Identifikationen mit den Existenziellen Grenzerfahrungen, Taten und Untaten der Ahnen.

Frei gewähltes Schicksal Durch das Bewusstwerden und Verwandeln des Erb- und Zwangsschicksals entsteht erst Raum für eine freie Wahl, das frei gewählte Schicksal.

Persönliches Schicksal wird definiert als dialektische Koexistenz der beiden vorher genannten Schicksalskategorien.

Vitale Kraft Sie ist Träger des Kreativitätspotenzial – und, viel umfassender, auch der Bewegung im Leben selbst. Ihr Fließen wird durch das Vorhandensein der Traumafolgen in Stammhirn, autonomem Nervensystem und Körper wesentlich beeinträchtigt.

Seele und Körper Seele ist eine mehrdimensionale Wirklichkeit und lässt sich nie vollständig in einem Begriff fassen. Die Seele vollzieht sich als Bewegung im Leben, angetrieben von der vitalen Kraft, die durch sie fließt. Die lateinische Wortverbindung „anima vitalis" weist auf diese unzertrennbare Einheit der vitalen Kraft und der Seele als ihren Träger und Beweger hin. So sind auch das autonome Nervensystem, das Stammhirn und der Körper von dem Komplex der Seele nicht zu trennen.

Literatur

Bode, S. (2014). *Kriegsenkel.* Stuttgart: Klett-Cotta.
Elias, N. (2001). *Die Gesellschaft der Individuen.* Frankfurt a. M.: Suhrkamp.
Fröhlich, W. D. (2005). *Wörterbuch Psychologie.* München: dtv.
Heidegger, M. (1992). *Was heißt Denken?* Stuttgart: Reclam.
Heidegger, M. (2004). *Was ist Metaphysik.* Frankfurt: Klostermann.
Hillman, J. (1997). *Suche nach Innen.* Einsiedeln: Daimon.
Hölderlin, F. (2011). *Hyperion.* Hamburg: Tredition.
Janov, A. (1984). *Frühe Prägungen.* Frankfurt a. M.: S. Fischer.
Jung, C. G. (1957). *Bewußtes und Unbewußtes.* Frankfurt a. M.: Fischer Bücherei.
Jung, C. G. (1986). *Das C.G. Jung Lesebuch/ ausgewählt von Franz Alt.* Berlin: Ullstein.
Jung, C. G. (1990). *Die Beziehungen zwischen dem Ich und dem Unbewussten.* München: dtv.
Jung, C. G. (2000). *Grundfragen zur Praxis.* Augsburg: Bechtermünz.
Lowen, A. (2013). *Bioenergetik für Jeden.* München: P. Kirchheim.
Reich, W. (2010). *Charakteranalyse.* Köln: Anaconda.
Ruppert, F. (2010). *Seelische Spaltung und innere Heilung.* Stuttgart: Klett-Cotta.
Stone, H., & Stone, S. (1989). *Embracing our selves.* Novato: Nataraj Publishing.
Szondi, L. (1977). *Freiheit und Zwang im Schicksal des Einzelnen.* Zürich: Ex Libris.